Boundary Convergence
Media Innovation in the Digital Era

边界融合
数字时代的媒体创新

黄金 ◎ 著

知识产权出版社
全国百佳图书出版单位
—北京—

图书在版编目（CIP）数据

边界融合：数字时代的媒体创新/黄金著．—北京：知识产权出版社，2022.7（2023.10 重印）

ISBN 978-7-5130-8193-1

Ⅰ．①边… Ⅱ．①黄… Ⅲ．①传播媒介—研究 Ⅳ．① G206.2

中国版本图书馆 CIP 数据核字（2022）第 094241 号

责任编辑：王颖超　　　　　　　　　　　　责任校对：王　岩
封面设计：北京麦莫瑞文化传播有限公司　　责任印制：孙婷婷

边界融合：数字时代的媒体创新

黄　金　著

出版发行：知识产权出版社有限责任公司	网　　址：http://www.ipph.cn
社　　址：北京市海淀区气象路50号院	邮　　编：100081
责编电话：010-82000860 转 8655	责编邮箱：wangyingchao@cnipr.com
发行电话：010-82000860 转 8101/8102	发行传真：010-82000893/82005070/82000270
印　　刷：北京虎彩文化传播有限公司	经　　销：新华书店、各大网上书店及相关专业书店
开　　本：720mm×1000mm　1/16	印　　张：15.75
版　　次：2022年7月第1版	印　　次：2023年10月第2次印刷
字　　数：234千字	定　　价：98.00元
ISBN 978-7-5130-8193-1	

出版权专有　侵权必究

如有印装质量问题，本社负责调换。

INTRODUCTION 绪论

边界（boundary）已成为研究者观照传媒业发展的核心概念之一。传媒业的边界变得模糊，演化出新的行业形态。随着媒体融合走向深度关系，传媒业与"泛媒体"之间存在一个流动且宽泛的边界地带，多种复杂力量交织其中，合力形塑行业，从而出现传媒业与"泛媒体"边界的融合现象。当今，"无边界"或"跨边界"等概念在企业组织的数字化转型中常常被提及，实际上边界是社会学与管理学常运用的理论工具。媒体融合作为国家战略实施已满八年（自2013年习近平总书记"8·19"重要讲话以来），它被认知为一种媒介社会的生态变迁，也被视作一种媒体组织和制度的重构与创新，因而边界理论对于媒体融合的组织形态、职业变迁和社会影响维度的分析具有适用性。本书的写作意图在于运用大众传播学、新闻学、职业社会学、产业经济学等研究方法和理论，梳理媒体组织、新闻活动、泛媒体行业及其从业者的数字化生存历程、现状与关键问题，从而为媒体实践与媒体人才教育提出有益思考。

综观近期同行著述，有关数字时代传媒影响力构建、传播力提升、改革路径的论说较为丰富，是学界和业界持续关注且历久弥新的话题。同类著作中，一类是由传媒实践者提出媒体转型思考，较多采用案例体和报告体，主要针对媒体组织转型创新的成就总结与策略宣讲；而另一类著作从传媒行业的细分领域深入探讨产业创新路径，如电影产业、电视产业、出版产业、数字平台的价值创新逻辑。以上两类著作对于媒体行业的自我建构意识仍以边界维护（boundary-maintenance）为主，未能从媒体行业边界的超越与修复、合界（boundary-blurring）与分界（boundary-making）上予以更宏观的描摹与思考，对技术与媒介、数字与人文的冲突呈现亦较为有限。本书写作内容兼容了业界创新实践与学术理论批判双重视域，是基于以上对同类著作共性思考后的观点补充。

本书从媒体边界、新闻边界、职业边界与产业边界四个部分来描摹数字时代媒体行业的自我建构、扩张实践与驱逐分界，探讨在数字技术发展下新闻传播业的创新规律。本书一方面回顾了八年来传媒业的风谲云诡，另一方面思索了媒介社会化问题的原始积淀与未来创新；既敏锐提炼时代变迁下媒体行业的发展逻辑，又提出对数字时代媒体竞争与人才培育的冷思考。

CONTENTS 目录

第一部分　媒体边界：传播变迁与角色革新

第一章　传播生态主体的影响力变迁 …………………………………… 3

第二章　圈层化传播下的舆情形成 ……………………………………… 23

第三章　融合媒体传播力的重塑策略 …………………………………… 37

第四章　风险社会治理中的媒体角色 …………………………………… 49

第二部分　新闻边界：媒介社会化的挑战

第五章　网络虚假新闻的话语生成 ……………………………………… 59

第六章　网络策划新闻乱象与治理 ……………………………………… 74

第七章　数字社交信息的采集与传播 …………………………………… 89

第八章　朋友圈隐私与信源保护 ………………………………………… 98

第九章　法治新闻的报道边界 ……………………………………………104

第三部分 职业边界：专业共识的建构路径

第十章 融媒新闻从业者的角色调适……119

第十一章 记者职业的形象重塑……141

第十二章 新闻人才的培育创新……164

第十三章 新闻职业的荣誉制度创新……174

第四部分 产业边界：数字劳动、数据价值与媒介规制

第十四章 社会再分工下的数字把关人……197

第十五章 5G 时代视频产品的测量标准……220

第十六章 互联网视听服务的规制变迁……232

后　记……245

第一部分

媒体边界：传播变迁与角色革新

第一章 传播生态主体的影响力变迁

传播生态（ecology of communication）一词源于北美媒介生态学研究，其主要考察"媒介作为环境"是如何塑造人们思维的过程，进而如何决定社会的各项进程。当代媒介生态学领域的核心观点是：传播生态指的是信息技术的结构、组织和易接近性，各种论坛、媒介和信息渠道；它作为一种以媒介控制为核心的系统，为整个社会开辟了一个符号互动的场域，人们在这个场域中形成共识。我们处在社会生活诸多领域发生巨大变迁的社会之中，最具有深远意义的变化是信息技术和传播范式是如何改变诸多社会行为和观念的。因而社会秩序是一种经由传播建立起来的秩序。这些研究开辟了在结构和互动关系中考察媒介的视野，意味着研究方法论的突破；[1]但大多只是在研究媒介传播问题时涉及环境和生态思想，多以描述、分析加批判为主，一般不对媒介生态退化、生态失控、生态危机提出治理、调控和干预的措施。

21世纪后，国内学者引入传播生态学研究，主张传播生态学的任务是找到保持生态平衡、传播适度的内在与外在的控制因素，测量出传播者或媒介对诸种因素的耐度和适应度；[2]主张传播生态学的理论价值和实践意义是对当下媒介研究、媒介生态批判及传播业态和传播行为的引导、规范。[3]

---

[1] 单波，王冰.西方媒介生态理论的发展及其理论价值与问题[J].新闻与传播研究，2006（3）：2.
[2] 邵培仁.论媒介生态的五大观念[J].新闻大学，2001（4）：21.
[3] 于凤静.大卫·阿什德传播生态理论的当下解读[J].河北大学学报（哲学社会科学版），2013（5）：150.

"新兴媒体传播生态"借助生态学知识，强调系统内的各个因子的关联性和彼此作用的观念，这也是目前互联网舆论形成及消散的复杂过程里，存在着的多元主体、多种因子、多种规则、多种观点交互作用的实际情况。国内对新兴媒体的早期研究大部分停留在现象分析，缺乏传统理论意义上的深入研究。目前学界的研究思路主要分为三个方向：一是探求新兴媒体与传统媒体的融合路径，传统媒体要用互联网思维改造自身媒体治理的理念，❶各类传统媒体要如何适应与新兴媒体融合的产业变局；二是细分研究媒介生态变迁中的传播问题，如研究新兴媒体在突发事件中的舆论影响力，❷新兴媒体对新闻专业主义的冲击，新兴媒体传播生态中舆论监督的主体、理想监督模式，新兴媒体作为新主流媒体提升公信力的方式；❸三是研究新兴媒体导致的传播空间的重构和传播生态的平衡，如新兴媒体传播生态构成的公共空间、市场空间与个人空间的三度传播空间，❹从传播生态内各种媒介关系出发，分析在互联网引导的新的以个人为基本传播单位的媒介生态中，传统社会不对称的、单向性的、局域式的传播生态格局被打破的局面。❺前两者的研究成果较为丰富，但仍以对策型研究为主，而第三个研究方向是建立在现象分析之上的理论思辨，是对传播理论的修补与重构，对现实困境具有重要指导意义。

除了多因子互动外，"动态发展"是新兴媒体传播生态的又一个重要特征——系统内部各因子、系统与外部系统间、系统与环境间持续地进行着信息能量的交换。舆论形成、分解和消退等是信息、媒介等因子相互关联下的动态平衡，是一个不间断的动态、连续发展过程。

---

❶ 胡正荣. 传统媒体与新兴媒体融合的关键与路径 [J]. 新闻与写作，2015（5）：22.
❷ 周葆华. 突发事件中的舆论生态及其影响：新媒体事件的视角 [J]. 中国地质大学学报（社会科学版），2010（3）：16.
❸ 王君超. 城市新兴媒体与公信力探讨 [J]. 新闻与写作，2008（10）：21.
❹ 姜进章. 新媒体生态的三度空间 [J]. 编辑学刊，2011（1）：41.
❺ 喻国明，张超，李珊，等. "个人被激活"的时代：互联网逻辑下传播生态的重构——关于"互联网是一种高维介质"观点的延伸探讨 [J]. 现代传播（中国传媒大学学报），2015（5）：1.

一、新兴媒体传播生态的基本特点

历史证明，任何一种媒介的出现都在极大程度上影响了原有的生产力和生产关系。与报纸、广播、电视相比，互联网技术是一个加速发展的媒介，它迅速浸淫了国家、行业、个人，轻易突破了地理位置、时间区隔对于传播主体的限制。当它作用在同样处于社会转型、快速变动的中国社会，各种社会矛盾、各种利益诉求就以舆论热点的方式，密集地蔓延在网络上。也因此，媒介赋权下的技术环境和复杂多变的社会环境互动构成了我国舆论生态的显著特点和背景。并且可以说，目前几乎"一切的问题都是传播问题"。

在这种技术环境和社会环境交互作用之下，网络舆论的偶发性增强，网络非理性舆论表达倾向越发明显。同时，由于"圈群文化"的存在，信息在好友中窃窃私语式的传播，舆论暗流涌动。❶信息的生产和消费日益向社交终端转移，加大了管理者舆情监测的难度。

在网络舆论生成过程中，大致有这样几类舆论主体：一是个人、论坛、网络推手等个体代表，他们一般成为某个舆论事件的启动者或引爆点；二是专业机构的微信公众号，他们在舆论生成中的作用异军突起；三是网络平台、门户网站，他们的介入与参与，是推动和扩大该事件影响的重要条件——专业媒体及其客户端的参与和介入的时间、事实角度的选取、报道的方向和态度，仍然是引导事件行进方向的重要节点（见图 1-1）。学者谢金林在研究了浙江温州钱云会案的舆论发展和报道之间关系后提出一个重要的观点："网络舆论发展高峰期始于传统媒体对事件的报道。"❷

---

❶ 金妍.引导微信舆论的路径探析［J］.东南传播，2015（6）：104.
❷ 谢金林.网络舆论生态系统内在机理及其治理研究——以网络政治舆论为分析视角［J］.上海行政学院学报，2013（4）：97.

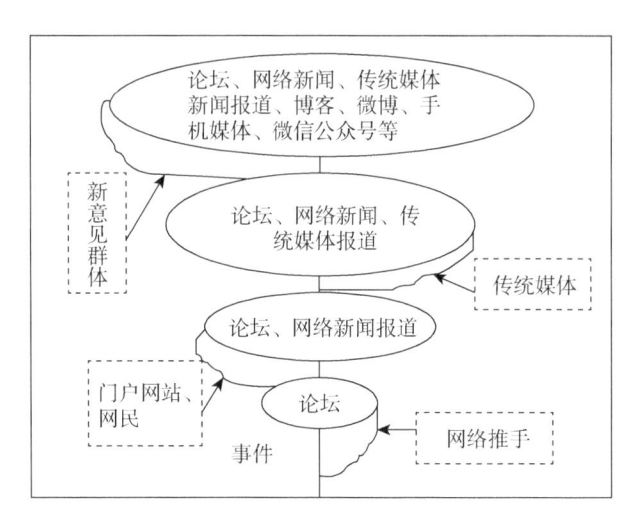

图 1-1 网络"舆论旋风"形成的一般机理

网络舆论规则可以分为内部规则与外部规则，前者是基于网络机构自律而形成的内部规范，后者是"政府对网络行为立法而从外部强加的约束网络舆论主体及其传播行为的法律规范"❶，二者共同构成了当下的网络传播秩序。将其称为"亚规则秩序"的原因在于：外部规则的全面与否、内部规则的执行情况、内外规则如何匹配，仍然处于演变和完善阶段。

具体而言，内部规则属于传播机构自发的自我约束行为，它诉诸组织内部的管理纪律。比如，2012年5月，新浪微博发布《微博社区公约（试行）》《微博社区管理规定》，不过，这些规则的属性决定了其执行情况各异；而微信的管理规则也随着其技术的完善和丰富仍处于变动阶段。外部规则是以法律为依托，由全国人大、各级政府或行业管理机构颁布的法律规章制度。比如，2005年9月《互联网新闻信息服务管理规定》出台，2017年6月1日《网络安全法》开始施行。虽然从网络信息到网络安全，到内容意识形态等各个层次的法律规范陆续颁布实施，但从实际效果来看，它们的合力尚未形成一个完全合理、全面、运行顺畅的规则体系。

---

❶ 杜萍. 我国网络舆论生态嬗变研究[D]. 西安：陕西师范大学，2012.

二、传播生态的新主体

新格局之所以新,一方面在于目前的互联网舆论生态中,有新的主体加入并产生作用;另一方面,旧有舆论主体进行了新的布局和新的行为。这两类、多个主体加在一起,共同构成了目前"互联网舆论生态"的新的传播主体格局。

传统媒体的转型体现在全面进军以微信、微博、微视频、客户端为代表的"三微一端"。传统媒体的"三微一端"成为移动舆论场的新重心。在利用非自主渠道方面,各大传统媒体除了在微博平台上开设账号外,自2014年以来也积极抢占微信公众平台。人民网、新华网、中央电视台等中央重点新闻单位旗下的微信公众号定期发布。同时,主流媒体还加快推进自主渠道的传播布局。如2014年5月,《人民日报》发布手机新闻客户端;6月,"新华社"的手机新闻客户端正式上线。传统主流媒体的微博、微信公众号、各款移动产品App等经过近几年的发展和探索,已经使得如"人民日报官方微博""澎湃""新华社"等带有传统媒体典型标志的互联网传播产品成为人们获取信息的重要渠道。虽然传统媒体的内容权威性近年受到一些质疑与削减,但不可否认的是,主流传统媒体的权威品牌影响力依然存在,这也使得其品牌在"三微一端"中重新焕发了生命力,成为舆论形成与消散过程中引导方向的重要力量。

但从我们每日从网络媒体获取的信息种类和比例来看,网络编辑的编辑原则与传统编辑的编辑原则仍有较大差异。第一,网络编辑最重要的能力是技术能力,制作专题、图表、可视化新闻;了解搜索引擎的原理,提高收录率、点击率。其次是活动策划和组织能力。最后才是新闻价值判断、新闻写作等基础能力。第二,很多地方媒体网站,为了降低成本,更乐于聘请在校实习生,兼职担任网络编辑。

网络媒体商业公司的定位决定其最终和首要的考虑仍然是"商业利益"。也因此,每有事件发生、线索出现,商业媒体公司的首要考虑就是在"安全"的前提下,是否有利于自身影响力的扩大。也因此,他们作为网络主流媒体选发、刊布的信息均能够对信息本身起到巨大的扩散作用。

(一)微信公众号

微信公众号暂时可视为一种新型的电子出版物。根据腾讯公司2015年的业绩报告来看,超过800万的微信公众号、日均1.5万的增长速度以及6.97亿微信用户就是微信公众号信息的"供给—需求"比例。其中,企业和媒体的公众账号是用户主要关注的对象,比例高达73.4%;41.1%的用户关注公众号的主要目的是获取资讯。❶

微信公众号的申请程序和微博账号一样简单和零条件。仅由个人或机构向腾讯公司申请,就可"在微信平台上实现和特定群体的文字、图片、语音、视频的全方位沟通、互动"。公众号刊发的信息中OGC（Occupationally Generated Content,即职业生产内容）、PGC（Professionally Generated Content,即专业人士输出内容）、UGC（User Generated Content,即用户输出内容）混杂。公众号经营者在遵守微信规则的前提下,刊发时间、内容、方式、频率均可自行确定。微信公众号影响力的扩大,逐渐形成了以"自媒体人"为圆心的圈群文化搅动舆论场,其在网络舆论生态中的传播地位日益显赫,"罗辑思维"和"微北京"就是典型代表。

(二)移动政务

我国各级政府本着合理高效行政的原则,积极推动互联网领域的移动政务服务建设。早在2013年10月,在新浪微博上开设的政务微博就已超过10万家,机构超过6.6万家。其中,团委、公安和政府三部门的微博数

---

❶ 腾讯公司2015年业绩报告［EB/OL］.（2015-12-31）［2022-02-21］. https：//www1.hkexnews.hk/listedco/listconews/sehk/2016/0329/ltn201603291388_c.pdf.

远高于其他部门的微博数;❶根据中国互联网络信息中心(CNNIC)的相关数据显示,截至 2021 年 11 月,全国已有 20 多个省(区、市)相继出台数字政府建设的有关规划,为我国互联网政务服务发展注入新的活力。截至 2021 年 12 月,我国互联网政务服务用户规模达 9.21 亿,较 2020 年 12 月增长 9.2%,占网民整体的 89.2%。❷

(三)国外政府、机构及个人自媒体

互联网技术也使得国外政府、政治家、商业组织等得以越过传统的管理壁垒,直接进入我国舆论场,成为我国舆论生态新的参与主体。其中的代表事件如 2014 年 Facebook 和 Twitter 等境外社交平台高调进行入华布局、2014 年的白宫请愿事件,以及 2015 年印度总理莫迪开设个人微博等。与此同时,国外商业组织也纷纷进入中国,其典型行为也大致分为设立并维护新媒体账号、与平台商协作发布广告、通过互联网宣传开展线下活动等。

三、新兴媒体传播主体的影响力变迁

互联网舆论生态以及新媒体舆论生态的双重变迁,导致当今舆论形成机制中出现新主体。研究新主体在舆论形成机制中的运行方式、舆论治理理念的差别及其对舆论形成机制所展现出的特殊影响力,是研究治理新媒体舆论生态的前提。

(一)强关系与弱关系的信息传播方式

中国互联网络信息中心研究表明,社交媒体正在成为网络社会热点事件产生和发酵的传播源头,在形成传播影响力后带动新闻网站、传统媒体

---

❶ 北京市互联网信息办公室,首都互联网协会.中国微博发展报告[M].北京:人民出版社,2014:30-31.

❷ 第 49 次中国互联网络发展状况统计报告[EB/OL].(2022-02-25)[2022-05-03].http://www.cnnic.cn/hlwfzyj/hlwxzbg/hlwtjbg/202202/P020220407403488048001.pdf.

跟进报道，最终形成更大范围的舆论浪潮。❶ 从图1-2中可以看出，如果可以把强关系平台和弱关系平台对个人的影响范围用圆圈来直观表示的话，可将弱关系平台的传播影响力描绘于外围。在这种传播模式下，由于主体接收信息的来源相对分散，且接收到的信息往往未经"深加工"，更为直接地接近于信息的原貌（如图1-2中曲线所示），因此信息不易"以讹传讹"在二次传播中走样，使中性的信息演化成立场偏颇的"舆论"扩散开来。而相对于弱关系平台来说，可将强关系平台的传播影响力描绘于内圈。由图1-2中断线所示，我们可以把此时的信息称为含有主观性的"接受"，较之客观性的"接收"更为贴切，信息除了小部分来源于直接信源外，大部分通过人与人之间的关系网层层传递，最终到达接受主体，在此过程中信息多次"易手"，主体接受的信息或许已经掺杂了多人新的观点和评价，此时的信息是多种主观因素的集合体，经过"发酵"极易形成风险性舆论。加之信息传播路径相对闭合，路线复杂、有重合性，追踪和定位的难度较大。

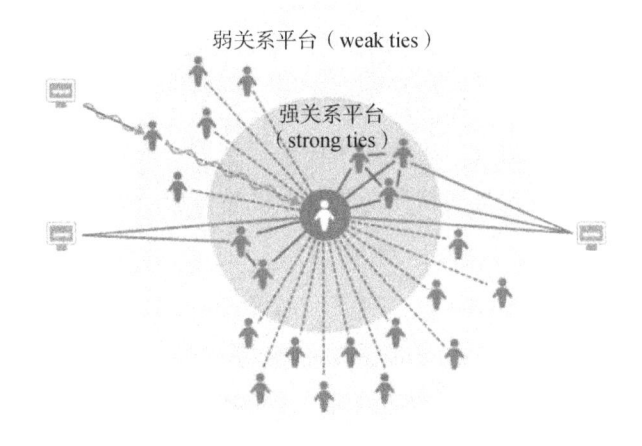

图1-2 强关系与弱关系对个人的影响范围 ❷

---

❶ CNNIC. 2016年中国互联网新闻市场研究报告［EB/OL］.（2017-01-11）［2022-02-21］. http://www.cnnic.net.cn/hlwfzyj/hlwxzbg/mtbg/201701/P020170112309068736023.pdf.
❷ Facebook研究报告全文：重视社交网络"弱关系"［EB/OL］.（2012-01-18）［2022-02-17］. http://blog.sina.com.cn/s/blog_7711e5c20101d4z1.html.

由此可见，基于强关系网络的社交平台相对私密，并不利于信息自净。以微信平台为例，一是因为微信主要依靠朋友圈传播，传播深度明显。由于微信的朋友圈传播，借助腾讯QQ的强关系链，信息内耗比重较大。二是微信公众平台用户参与度较低，现阶段微信的信息主要在相对封闭的熟人圈内互动传播，即时性、到达率较高，形成"自给自足"的闭环。

（二）强关系平台舆论治理难度大于弱关系平台

1. 强关系平台传播方式更为复杂

（1）传播路径对比

微博的传播路径单一、公开，控制难度较小。资讯发布的即时性使得微博平台上的传播主体和客体身份可以自由转换，管理者只要可以有效掌握用户信息，便相当于扼住了舆论产生的根茎，起到一举两得的管控效果。而微信平台中强弱关系混合、公开与私密混合的传播路径使舆论更加不可控。

第一，强关系社交和媒体是有本质矛盾的，把社交和媒体从信息的角度来划分，微信聊天群、朋友圈是典型的强关系型传播渠道，产生社交私人信息；微信公众号是弱关系型传播渠道，接近于媒体提供公共信息。社交化的私人信息最大的特性是互动，特别是以强关系为依托的微信用户（普通用户）之间的互动是严格的一对一互动，由于人的精力有限，能处理的信息数量是极其有限的，所以对于这类社交化私人信息的要求是精，从数量的意义上也就是要少。而公共信息对于人来说首先最重要的就是获取，包括新闻、生活娱乐和知识三类信息，对这些信息的数量诉求，出于喜好和感情因素，当然是在可承受范围内越多越好。❶ 二者统一于微信平台，在舆论的引导中扮演着不同的角色，就使舆论的传播路径更加混沌、

---

❶ 被高估的微信公共平台［EB/OL］.（2012-12-08）［2022-02-17］. http://www.huxiu.com/article/7411/1.html.

扑朔迷离，舆论形成的路径追踪更加困难。

第二，这种传播路径造成微信缺少自净环境，冗杂信息会造成不良舆论二次发酵。微信是一个封闭的双向沟通的社交平台，通信是基本功能，它把 Whatsapp、Instagram、Facebook、Twitter 四种模式融入一体，有一个缺点，就是忽视了人在不同场景下的社交属性。❶ 在微博上，一个被证伪或者过时的消息很快就不会有人再转发，这是因为微博有着优质的内容生产机制，根本是围绕着"信息"本身；但微信的大一统架构，是围绕着人和人的关系，在信息传播上的缺点在于自净能力不够强。微博上一条过时的消息，可能在微信朋友圈、各类群反复出现，许多早已在微博上广泛传播并证伪的信息，会被微信公众号重新"包装"成新闻后推出，在二次传播中走样甚至造成次生危害。这是因为微信的信息太多，每个人都在微信中有着复杂的、多样化的双向和多向关系，信息搬来搬去就易造成冗余。在微博上，环境公开会使发布信息的人对自己的言论更小心，即便存在虚假信息，也可以通过转发中用户的转发语和评论获得其他用户对这个信息质量和真伪的判断。在微信封闭的环境中，非朋友用户看不到其他人对这条信息的全部评论，这就给骗子带来可乘之机。正是自身体系的封闭，使得微信在"私密"社交的同时也伴随着假货、诈骗等案例，且难于追查、追责。

第三，微信传播对象的集群效应以及中心扩散方式使舆论传播范围难以划定。从微信平台的传播群体来看，大大小小的朋友圈形成了熟人之间的社交网络，撕裂了传统上以职业、等级、兴趣爱好等作为受众划分的传播对象关系网。这种各自独立的中心关系网络黏性更强，扩散性更强，传播的范围更广，监管难度更大。

（2）传播类型对比

微博是话题聚类型传播方式，话题感染度高。不同于传统媒体是以划分受众群的方式生产内容，微博的传播模式可以称为"话题聚类模式"❷，

---

❶ 微信：走向世界，还需提升自净能力［EB/OL］.（2014-3-19）［2022-02-17］.http://www.newhua.com/2014/0319/254230.shtml.

❷ 李忠俊.基于话题检测与聚类的内部舆情监测系统［J］.计算机科学，2012（12）：237.

用户通过共同的兴趣关注点聚合产生话题或自发设置话题来主导舆论的产生路径。微博管理者可以轻而易举地找到话题的产生方位，控制话题噪点，采用提升或者降低热度等方式便可以有效控制舆论。而微信的观点集散型传播方式使信息渗透性更强。不同于其他平台以发布资讯为主导，微信公众号采用文章推送的新型传播方式输送内容。由于没有字数限制，没有时效性约束，也没有技术性障碍和专业性要求，微信平台更像是一个各方观点、评论的集散地，形成针对某一热点事件"众说纷纭"的局面，对缺乏专业素养的普通用户渗透力、影响力更大、更深，且短时间内难以消灭。

2. 强关系平台上意见中立方介入难度更大

（1）意见领袖的介入

微博的用户具有大众性、草根性的特征，虽然拥有话语权，但是话语量级不高，传播影响力不大，因此他们更加重视平台上意见领袖的作用，乐于将"话筒"交给其发声。基于上述事实，新浪微博对一些"大V"❶进行约束与监管。在我们调研中，新浪微博负责人表示，有一部分"大V"讨论的话题比较敏感，但大部分的"大V"还是比较理性的，需要对他们进行保护。新浪试图向上为他们争取一些言论的空间，也准备推动他们和一些主管部门进行接触，双方达成一种信任的关系。微博只要在舆论发酵时利用好意见领袖的导向作用，便可以有效控制舆论发展。但微信平台上形成了一个排他性私人聚集的场所，这就使得舆论传播更为隐秘，意见领袖的介入更加困难。监管者难以定位舆论生成的源头，且微信本身不具有话题聚合度，舆论引导中心分散，不易掌握引领舆论动向的领袖方位，难以培养起较为理性、中性的意见领袖为平台舆论做正面引导。

（2）传统媒体的介入

相比其他媒体而言，微博更像是一个"广场"，传统媒体介入更加便利，他们的存在本身就充当了所谓的"大V"或意见领袖的地位，而且传统媒体也可以利用自身的权威性、可信度引领舆论走向。微信的出现是自

---

❶ "大V"是指在微博平台上获得个人认证，拥有众多粉丝的微博用户。

媒体的"狂欢",它第一次为平民提供了与传统媒体、权威机构"平起平坐"的发声机会,在传播影响力上也没有"高低贵贱"之分,因此在这个平台上,传统媒体的信息发布与舆论生成主体的信息发布是处于并行轨道上的,其介入舆论的可能性较小。

四、互联网平台对舆论形成呈现特殊的影响力

互联网公司因其在功能定位、传播方式方面的不同而在引导舆论、制定使用规则方面各有侧重。微信呈现出的是单向传播模式,其讨论更具私密性;在信息传播方面,微信采用微信公众号的方式发布信息,且单独收纳在功能栏里,朋友圈的强关系性质使得信息的传播影响力局限于小范围内,微信评论功能仍未全面放开,这样会有效控制舆论影响力。微博呈现的是网状传播,互动性极强。繁多的信息使得不能期待用户了解所有信息,微博中一部分人的片面解读与跟风式的评论、转发会导致谣言的产生。百度贴吧呈现出的传播模式是一种在虚拟的社区里,由于某个共同点而形成的组织成员相互之间的传播,结合了组织传播与个人传播的特点。

尽管这三家互联网公司的服务功能不同,但在控制舆论生成的方式方法上大同小异,并且对舆论形成呈现出特殊的影响力。

(一)互联网公司是舆论生成的重要决定者

1. 互联网公司掌握了舆论交互的大数据

互联网公司是社交服务的提供商,同时也是舆论生成场域的平台商,百度旗下的百度贴吧、新浪旗下的微博、腾讯旗下的微信作为目前用户量最大的互联网公司,因其庞大的用户基数,具有对舆论进行有效监控的能力。

不仅如此,由于互联网公司大都采用后台实名、前台匿名的注册方式,因而掌握了大量的用户数据,包括用户的身份信息及用户访问记录。在注册过程中,有时还需填写学历背景等;微博加 V 用户还需提供职业证明。大量用户数据使得互联网公司在某些敏感事件发生以后,能快速追踪

事件的源头，掌控用户行为，分析舆论传播渠道，在必要的情况下，能通过技术手段迅速控制舆论传播。

2. 互联网公司提供判断舆论热点的依据

传统主流媒体依靠互联网公司提供的交互数据来判断舆论热点，从而设置报道议程。如人民网、新华社的舆情频道是通过统计某一事件的媒体曝光率、博客篇数、论坛篇数、微博条数、微信条数等数据来对整个舆论环境进行判断分析。不过，互联网公司选择性地公开用户信息的后台数据，使其成为舆论发生、扩大、衍变及消失的全过程的唯一判定者。例如，微信公众订阅号中，阅读量是可以直观看到的公开数据，而订阅量、分享数、转发数等需通过后台看到并不对外公开；不仅如此，这些后台不公开的交互数据往往是互联网公司用以指导其内容制作的重要指标，如腾讯订阅号的内部考察依据细分为腾讯送达数、图文页阅读量、原文页阅读量、分享转发数、收藏数。

3. 互联网公司掌控了舆论引爆的节点

从以搜索功能为优势的百度推出的百度指数可以看出，百度后台可以监控某个事件的整体搜索指数、移动搜索指数、整体同比、整体环比、移动同比、移动环比。并且，以网民在百度的搜索量为数据基础，以关键词为统计对象，科学分析并计算出各个关键词在百度网页搜索中搜索频次，可以掌握某一事件中被搜索的上升速度最快的词语。这样也就掌握了各个舆论事件相关的敏感词。互联网公司可以掌握其平台上对某个特定关键词的关注程度及持续变化情况。

另外，互联网公司可以掌握对某个敏感事件所关注的用户区域分布特征，以及用户年龄分布情况。

（二）互联网公司是放大或减小舆论的实际控制者

1. 培养意见领袖

微博上的信息单向流动，形成了特有的"信息聚合—临界点—信息裂变"传播模式❶，使得大部分信息枢纽节点为"大V"所把持，普通人的声音如果不经"大V"转发，很难传播开来，这就造成了"大V说，众人听"的局面。从目前微博用户的结构来看，年轻人是主力军，乐于接受新鲜事物、分享信息和观点，但限于阅历与思想深度，明辨是非的能力和左右舆论走向的分量较弱；"意见领袖"则能够及时地体察网民的关注点和迷茫点，积极参与到网民中去，起到舆论引导的"及时雨"作用。

基于这一在实践中形成的传播特点，为了使平台上的舆论更加可控，微博通过实名注册机制掌握使用者信息，再通过日常的监控，发掘和鼓励一批中性"大V"增强其发言权，提高注册号权重，或者在舆论形成阶段将其意见作为热点予以推送等；同时适当控制极左或者极右"大V"的言论，来使整个平台的舆论更加平衡，趋于理性、全面。

2. 控制热点的推送

互联网公司基于商业利益的考虑，有时会与商业公司合作，采用类似于传统媒体的新闻策划方式在热搜榜单上或者热点排行上推荐热搜词和热门话题，策划一部分舆论热点。在舆论逐步发酵的过程中他们通常通过控制话题热度、降频或升频话题讨论度、扩大或缩小话题传播范围等逐步跟进、控制舆论的走向，以达到商业宣传的目的，形成双赢。

在调研中我们也了解到，除人为策划的以外，许多热门的话题是按机器的算法推送上去的，新浪公司可以选择性地"拿下"某个热门话题，但是他们不会轻易这么做，除非他们认为这个话题是不适合传播的。

另外，在非突发性事件中，微博会通过控制转发中的攻击性言论，清理违背"七条底线"的内容，有意识地选择中性和正能量的事件作为热点予以推广；对于政治事件、敏感事件，在有官方结论以前，通过控制事件的传播范围、消除噪点等来引导舆论。

3. 加权话题热度

在2014年10月17日微博官方发布的《热门微博管理规范（试行

---

❶ 王婧. 微博在网络与现实中共振［J］. 网络传播，2010（4）：64.

版）》中，第一次明确了对热门微博的规范标准，首次说明热门微博榜以热度为标准进行排序，单位时间内全站发布的微博，会由机器计算热度增量。热度数值是根据该微博转、赞数和微博发布时间等各项因素，算出热度基数，再与热度权重相加，得出最终热度值，按照热度值由高至低排序，形成热门微博榜。❶为了不断提升社区用户的阅读体验，确保一个更完善的内容消费生态，站方会适时对特定类型的内容做加权处理，例如：所发微博含多图加权；所发微博含#标签话题加权；所发微博含站内长微博加权；实名用户加权（绑定手机账号、完善个人资料、认证用户等）。以此人为地提高话题热度，引导舆论发展轨迹。2021年8月23日，微博公布《微博热搜管理规则》，热搜词计算公式纳入搜索量、发博量、互动量、阅读量等数据指标，并加入排水军和反垃圾机制，也明确公开了平台方的调控干预规则，如防止社会负面新闻、突发性应急事件在热搜榜密集展示；设置正能量推荐位；适度调控明星娱乐类话题总数等。❷

4.降低微博权重、强制下榜

通过微信、微博的日常监控，对注册号的内容发布量、阅读数、评论数、点赞数、活跃指数、内容原创度等数据进行定期汇总、评估，如发现有多次误导舆论等不良表现的公众账号、注册号，采用降低其权重的方式在一定程度上可降低其舆论影响力和公共引导力，消除舆论的"长尾效应"。例如：外链降权；同一时段榜单，同一用户最多有两条内容上榜，第二条内容热度降权；相似内容第二条降权；图片长微博降权；非原创段子类账号降权。另外，微博对存在以下违规行为的用户和违规内容将会强制其下榜，下榜行为由微博管理员监督并执行：被用户举报并判定违反社区公约的内容；信用积分低于75分的用户发布的内容；涉及商业营销类的内容。

这些方式，可以看作是与培养意见领袖相对应的反向措施，用以削减

---

❶ 热门微博管理规范（试行版）[EB/OL].（2014-10-17）[2022-02-18].http：//weibo.com/p/1001603766710724380562.
❷ 微博热搜管理规则[EB/OL].（2021-08-23）[2022-05-03].https：//m.weibo.cn/status/4673288234863216.

部分意见集成者的话语权，弱化公众账号、注册号的"品牌效应"，从而遏制民众对不良舆论领跑者的信赖惯性。

5.限制网民互动的权限

（1）筛选跟帖评论及控制转发

微博的强互动性以及弱关系传播的特性集中体现在跟帖评论的高度自由方面，因此把控舆论走向的一个重要方式便是在后台尽可能地删除可能引爆不良舆论的跟帖评论，避免以讹传讹，以防形成小范围意见集合，最终汇集成大范围的舆论中心，进而扩散。

互联网公司会采用"人控＋机控"的方式控制舆论的生成和发展路径。以新浪为例，新浪每天都会审核微博评论，控制转发、清理具有攻击性言论、违背"七条底线"的评论。

（2）开放或关闭评论

微信公众号的评论功能需要经过申请方可开启。运营者可以通过后台筛选，最后只保留精选的评论内容。可见，微信对于灌水、恶意评论等滋扰用户体验的情况早有准备，评论内容总体保持积极向上、平和理性，这也为微信平台上的舆论引导提供了便利。

（三）互联网公司是舆论利益冲突的实际裁决者

互联网公司会通过制定相关的服务协议、运营规则等指引性规范，预先告知网民进入平台后合法化行为、禁止性行为，以及违规行为的惩罚性警告等。作为网民使用平台所必须接受的协议，此协议不仅是互联网公司在面对侵权诉讼时的"免责事由"，也是对网民行为的约束性限制，赋予网民对其行为后果合理的期待可能性及预判。协议通过一系列禁止性规定以及惩罚性措施使得平台本身拥有删帖和封号的权限，成为网民行为的制约者。此外，互联网公司也有自主制定惩罚内容与惩罚措施标准的权限。

1.自主制定惩罚内容标准

在禁止性规定中，除了遵守刑法、民法、行政法等所规定的一般条款以外，各大互联网公司都会根据自身媒体的特点来制定禁止性规范条约。

微博社区公约规定的禁止性内容包括危害信息、不实信息、用户纠纷类信息等。对某种禁止性信息的界定标准也会因媒体而异，如新浪微博中界定淫秽色情信息标准包括以下两方面。

第一，淫秽：具体描绘性行为或者露骨宣扬色情的诲淫性信息。

第二，色情：露三点的图片、视频，带有色情意味、暗示、挑逗或引起其他人类似感受的音频、文字。

而由于微信是一种社交性更强的媒体，所以在界定色情相关的禁止性内容时，会体现其社交属性，具体标准包括如下三方面。

第一，散布淫秽、色情内容，包括但不限于招嫖、寻找一夜情、性伴侣等内容。

第二，发送以色情为目的的情色文字、情色视频、情色漫画的内容，但不限于上述形式。

第三，长期发送色情擦边、性暗示类信息内容，以此来达到吸引用户的目的。

百度贴吧的《贴吧协议》并没有对什么是色情淫秽帖子作具体的规定。

另外对于谣言的界定，微博的信息部门有一个专门的专家委员会，专家委员会有权投票判定消息是否属于谣言。微博平台在大数据的支持下，也可以按照案例库的比对直接判定其为不实消息，并通过打标签、系统通知、私信回推等机制进行处理。

2. 自主制定处罚措施标准

互联网公司的营利目的决定了其必须在政府控制的范围内，注重用户体验。在这种前提下，互联网公司不会轻易关闭或者永久性关停某个人的账号，而是会经过评估，认为内容确实不适合传播或侵害了公共利益的，微博、微信及百度贴吧会采用删帖以及封禁账号的手段来维护网络空间的纯净。对于封禁账号以及删帖的底线，各大社交媒体也各不相同。以新浪为例，当某个账号发布了敏感信息、不实信息或者色情信息时，新浪会首先选择删除相关微博，只有以上信息累积发布达到 5 条时，才会选择采取禁言 48 小时或者关闭账号的处罚措施。微信并没有对具体微信条数作规定,但是对于涉及政治性事件的,微信的处罚规定非常严格,规定"微信公众账号用户及运营者应避免因使用本服务而使腾讯卷入政治和公共事件,否则腾讯有权暂停或终止对你的服务"。

3. 关键字删帖的执行权

除了"一乱一治"的集中处理方式外,互联网公司利用其掌握的大数据分析技术手段,以及后台人员对于敏感词汇、事件的敏锐性,以法律为依据,人为地设置一部分"敏感词",这些敏感词并非一成不变。在发生重大敏感、突发事件时,互联网公司会主动采取前台屏蔽、删除微博、删除负面评论等方式进行舆论控制,使整个舆论按照新闻传播的正常发展态势进行传播。互联网公司平时会通过控制关键字、联想词、链接、敏感词,禁止发布敏感内容等方式控制不良事件的舆论方向。

五、新型主流媒体生态位的拓展

新兴媒体时代,传播主体呈现出多元化趋势,除了传统的媒介组织,每个网友都可以是"公民报道者""公民评论员",媒介组织、微博"大V"以及各种微信公众号也是新兴媒体空间不可小觑的力量。

在新兴媒体舆论场上,舆论表达的内容非常丰富,图片、文字、链接、视频、表情包等各种形式丰富多彩,内容也鱼龙混杂,政治类有害信息、宣扬有害思潮、虚假信息、色情信息、侵权信息等层出不穷,都给新型主流媒体的构建带来了困难。

新型主流媒体被提出的现实语境,是媒体融合时代传播生态的变迁造成了传统主流媒体传播影响力由强变弱的转折。目前学界对于如何塑造新型主流媒体的研究集中在两个层面:一是政府规制层面,二是传统主流媒体对策层面。针对第一个层面的研究较为丰富,主要认为新型主流媒体建设的困境来源于媒介规制改革落后,以及主流媒体自主性、积极性、创造性的牵制；❶而政策规制的取向是打造新型主流媒体和现代传播体系能否得以实现的关键。但在我国传媒市场经济不够发达的情况下，新型主流媒体的培育很大程度上还有赖于政府的直接引导、干预甚至预设，以及社会经济资源的倾斜与集中投入；同时尊重市场运作规律，满足社会对传媒的需求和传媒集团对各种形态媒体市场行为运作政策支持的需求。❷有学者认为在放松管制的背景下，传播话语权的控制机制不能得到保证，主张应该结合我国媒体业"分类改革"现实，对构建媒体产业市场和媒体公共服务平台两种效率机制作出相应的探讨；❸也有学者主张政府在新传播生态下社会角色要实现从传播机构的管理者到社会传播生态的共建者的转换，通过制定规则、搭建平台、共营生态，为系统中每个主体提供最基础的保障与约束。针对第二个层面的研究相对滞后，仅有少量文献从新的传播生态格局来研究传统主流媒体如何提升传播影响力的具体对策。主要代表观点有：新型主流媒体是在互联网思维指导下，以服务用户为主体价值取向，以开放平台为功能转型，以产品迭代为技术支撑的新型传媒主体。围绕新的媒介生态，新型主流媒体通过渠道、平台的融合提高综合传播力，通过"内化"反应塑造媒体公信力，通过强化主流话语的认同感，提高话语权和影响力。❹

当前，新型主流媒体构建研究的政策思维较重，而学术思辨较浅，特别是对如何打造新型主流媒体的研究缺乏完整的理论体系和逻辑框架；对新型主流媒体构建的外部因素研究重于对内部因素的研究；对外部因素的研究又集中于政府规制一点而其余关涉不足。

传统主流媒体要想在新兴媒体上拓展生态位，则需要转换传播战场，转变传播思维，创新传播手段。转换传播战场，是指传播渠道的升级策

---

❶ 唐远清.新型主流媒体建设的困境与对策［J］.新闻爱好者，2015（7）：21.
❷ 童兵.论新型主流媒体［J］.新闻爱好者，2015（7）：7.
❸ 朱春阳，刘心怡，杨海.如何塑造媒体融合时代的新型主流媒体与现代传播体系？［J］.新闻大学，2014（6）：15.
❹ 石长顺，梁媛媛.互联网思维下的新型主流媒体建构［J］.编辑之友，2015（1）：5.

略，塑造新型主流媒体的影响力，既要把内容做好，也要占领良好的技术平台和渠道支撑，进行生态位的拓展，形成一体化、立体式的融媒体传播体系。转变传播思维，是指深刻理解新兴媒介的传播逻辑，在主流媒体内部制定传播范式，用新媒体的技术特性提升主流媒体在新舆论场域的传播策略，使其重新获得传播话语权。创新传播手段，是指在舆论漩涡中及时甄别信源的质量、把握介入舆论的有效时机、善于选择展现事实的角度、系统制定发声的原则。这些传播策略建立在合理的舆情数据化搜集与分析的基础之上。

总而言之，新兴媒体传播生态中的传播主体在发展过程中并不站在一条起跑线上，会出现"劣币驱逐良币"的现象。构建新型的主流媒体实质上是提升新兴媒体传播主体群体的社会责任感，最终利于传播生态自净机制的形成。

第二章　圈层化传播下的舆情形成

网络亚文化是一种新型文化生态，个体交往需求使碎片化的网络社会再结构化，进而形成圈层化的社会交往，即拥有不同文化认同的用户在网络交流中被逐渐分化为具有层级结构的小团体，并按照其固有的行为模式在网络平台中进行集体文化展演。"饭圈"是其中最具代表性的网络亚文化圈层之一，近年来异质粉丝的互动行为频繁引发网络群体极化，尤其是粉丝对偶像形象的网络公关引发不同趣缘圈群之间形成交错张力。圈层间的流动性使粉丝行为不止作用于"饭圈"，其制度化的集体行为对公共评论话语也产生巨大影响。2021年6月15日，中央网信办开展"清朗·'饭圈'乱象整治"专项行动，各互联网平台稳步推进建立言论发布和管理的长效机制，共同推动营造风清气正的网络精神家园。总之，"饭圈文化"如何实现良性发展，仍需要了解其圈群集聚行为以及圈层流动的形成机理。

圈层流动性一方面表现为圈层扩散，即具有高度传染性的圈群行为模式将游离的个体吸纳进来，扩大圈群边界；一方面表现为以群集互动为主要方式的圈际传导，后者也提供了多样化、流动性的亚文化传播路径。值得注意的是，网络控评作为"饭圈"行为之一，日益成为圈层结构流动的主要方式，粉丝为维护其文化生活而自主形构为控评联盟，并以一种程式化的行动形塑公共话语场域内的评论偏向，即话语模式及文化实践等基本生活方式——惯习。❶惯习不仅以集体情绪进行圈层扩散，亦推动集群行为模式拓展至圈外。因此，网络控评作为一种显著的文化实践，为我们理解网络亚文化圈层提供了新角度。本章意图解析网络控评成为"饭圈"的

---

❶ 蔡骐.网络虚拟社区中的趣缘文化传播［J］.新闻与传播研究，2014（9）：20.

一种话语生产规则，其隐藏的群体连接机制是什么样的？置于圈层结构中的个人为何参与控评集体行动？网络控评作为一种文化风格如何对其他文化圈层产生影响？或许借助思考网络控评形成及其影响，可以帮助我们理解圈层生态的特征与意义，并以此反思圈层社会中媒体传播的适应方式。

一、圈层话语化约的文化意涵

在约翰·费斯克（John Fiske）的定义中，所谓"粉丝"就是"过度的消费者"。社交平台将零散分布的粉丝个体积聚成有着共同兴趣的社群（文化圈层），并由此产生独特的粉丝文化。[1]不同文化规则下的社群行动即异质粉丝的互动行为，是近年来连续引发网络群体极化的主要诱因。文化圈群就像是一个共同体，粉丝以共同属性为核心聚合，在强烈的文化认同下，结成一个同呼吸、共患难的"我们"。粉丝间除了参与讨论、共享资料、提供帮助之外，逐渐具有了行为上的高卷入，"通过狂热的行为方式表达态度并形成认同"，同时又通过"改写、颠覆和延伸一些重要话语形式的使用方式"将"他者"异化。[2]如此圈层内的文化交流呈现出一种相对封闭的状态，对于文化圈层之外的身份归属较为敏感，"一方面逐渐凝聚为共同体的意义与价值观，另一方面又生长为共同体成员认同的对象和划分内与外的边界"。[3]在具有广场效应的社交平台，文化圈层所具有的高卷入度、相对封闭与自发秩序的特征得以展演。当圈层文化与其他圈层文化相悖时，集体通过有组织、有规模地在"广场"上发布大量一致内容，将"他者"社群的言论挤出，来达成同化其他场域话语偏向的目的。如论坛"爆吧"行动，黑粉（对某一特定对象进行抹黑或

---

[1] PRICE L, ROBINSON L. "Being in a Knowledge Space": Information Behaviour of Cult Media Fan Communities [J]. Journal of Information Science, 2017（10）：1.
[2] 蔡骐，黄瑶瑛. SNS 网络社区中的亚文化传播——以豆瓣网为例进行分析 [J]. 当代传播，2011（1）：15.
[3] 肖珺，秦博昱. 粉丝社区的面子协商：一种跨文化传播视角 [J]. 现代传播（中国传媒大学学报），2019（3）：43.

抨击的网络用户群体）源源不断地发送负面信息或言论，使网络论坛中的相左言论被顶出热度排名或时间线排名，以达致意见交流的不对等性，对被"入侵"的论坛而言往往极具破坏性。作为抗争的另一方群体若发现"黑粉"的言论，则采用集体"点赞"目标言论而使其出现在头部位置，甚至不惜通过"水军"黑产业从而控制场域内的主体言论风格。

文化对抗次数愈多，社群内部抵抗意识更甚，在应对复杂言论时，"化约公式"比理性辩论、双向沟通更为有效、直接。化约路径之一是"集体反黑"。聚集在社交平台上的异质粉丝展演文化对抗，与传统的线下抵抗行为不同，前者呈现出一种高度媒介化的特点——对抗双方都以社交媒体作为文化抵抗的平台，以复制专属文化符码作为主要的对抗方式。"对抗式的风格实践最终建构且强化了被抵抗对象的文化表征"，并"强化了圈内的身份认同"。❶除刷帖、举报之外，言论化约路径以攻击对方的"粉籍"来占据言论上风，即借揭露其"隐藏"的文化身份来驳斥其观点依据，并以此剥夺"被揭露者"的申辩立场。如某教授讨论社会议题的视频之下就有网友以该教授是某明星粉丝的理由，对视频内容进行全盘否定。粉丝利用言论化约式的内容生产模式逐渐形成一种制度化、集体性的惯习行为，并以此形成圈层内的结构生态，这种话语模式一旦稳固便形塑了圈层形态与结构，其本质是圈群成员对虚拟社会关系的认同以及由此所集聚的生活方式。

二、圈层化情感的扩散逻辑

圈层扩散，是指信息在传播过程中，由于传播主体或受体在地域、职业、性别、文化等维度存在相似性或相关性，从而导致该类群体在信息扩散过程中形成圈层化信息行为特征。❷"控评"行动之所以能在文化圈层内

---

❶ 蔡骐.网络虚拟社区中的趣缘文化传播[J].新闻与传播研究，2014（9）：19.
❷ 阳长征.网络突发事件中信息级联对受众认知偏差的影响研究[J].情报杂志，2020（2）：122.

实现个体行为的集合，是因为圈层内的社会关系是基于一致的认同感，通过设置共同情景，松散的社交关系形成组织化连接，个体意识被集体意识收编，并"应运出与这一情景相适的行动路线，从而再生产对他们产生影响的那一惯习"。❶ 而"饭圈"中的认同感源自更广泛的社会心理病征，粉丝群体放大了个体在现实中的焦虑与孤独，网络空间则给予其消解自身情感矛盾的场域。

（一）情感替代引发的病理性肢体操演

心理学研究将人的情感病征与媒介参与相连接，发现孤独感与手机依赖度成正比。❷ 当代人由高节奏的生活速度等引发孤独感与焦虑心理，致使其急于从虚拟世界中汲取情感补位，尤其是面临自我同一性确立问题的青年人，学习、工作等压力带来的现实落差使其亟须情绪迁移，现实中经历的被孤立与被排斥演变为网络世界中的关系化建构。这首先体现在粉丝与明星本人的虚拟情感连接。文化研究者针对受众与媒介人物的情感关系提出准社会关系的概念，用来形容受众对以电视为代表的媒介当中的人物产生的一种情感依赖，并以此为基础发展出一种想象的人际关系。这种假想关系因其虚拟性并非固定，而是掺杂了想象者本人对于所缺失的情感关系的替代性索求，比如"女友粉""妈妈粉""姐姐粉"等。粉丝将现实中所期盼得到的情感抚慰寄托于偶像身上，并以此引发相应的媒介使用行为。经由虚拟社交圈层的连接，粉丝原本私密的、孤独的追星生活逐渐"部落化"，以情感共同体验为内核构建起关系中心与簇群，并逐渐模糊其虚假属性，形成强烈的集体意识。粉丝的情感需求也继而被群体化、圈层化，现实中的孤独感转化为丰富的关系想象与同仇敌忾式的边界意识。

圈层内拥有一定象征资本的意见领袖即"大粉"，常常是促成群体情

---

❶ [法] 皮埃尔·布迪厄. 实践与反思——反思社会学导论 [M]. 华康德, 译. 北京：中央编译出版社，1998：274-275.
❷ 刘红, 王洪礼. 大学生的手机依赖倾向与孤独感 [J]. 中国心理卫生杂志，2012（1）：69.

感病理行为的重要节点。"任何既定的迷文化（粉丝文化）不再只是一个社群，也是一个社会等级。"❶ 虽然社交平台给予了每个用户发言的权利，但是社群中的话语规则是"去中心化"与"再中心化"的演进形态，互联的巨大网络会制造多面的不平等，比如微博就在活跃粉丝的ID后添加"铁粉"标志，通过"超话等级""特殊认证"等方式，在微博广场内设置了隐蔽的"权力高塔"，由此等级秩序在网络化的社会组织里被赋予一定的合法性。❷ "大粉"常常以家长式口吻发布规训话语，打通现实世界与虚拟空间，将现实中的个人矛盾转译为集体动能，促成控评行动，如："娱乐圈女生本来就很难，如果粉丝再不努力，再不给底气，谁帮某某某？"在这里粉丝自身的职场困境体验被唤醒，而"底气"与"帮助"则被转译为制造流量、刷高数据等自发的偶像形象公关。由此，网络空间整齐划一的指尖控评成为粉丝们获得情感补位的"救赎之路"。

圈层扩散传播呈现出组织化、秩序化的形态。"在信息的发布、回复、评论、分享过程中，影响力总是倾向于从信息位较高的用户流到信息位较低的用户那里去。"❸ 粉丝们在内部的层级分化中自发形成相应的行为秩序，个体的偶发行为由于"在群体中顺利达成内容认同和情感共鸣"，之后即转化为一种具有向心力的"意识形态行动"。❹ 控评任务并非由个人而是由集体协同承担，个体粉丝被纳入责任共担的群体结构中。在这种日常性的团体任务中，参与控评的粉丝日复一日的群体行动，"大粉"与其他粉丝的层级化身份被不断强化建构，并在不同情境中协作共同的文化实践。于是，对于缺失情感的替代性追求最终被转变为"直接施力于物体的侵略快

---

❶ ［英］齐尔格特·鲍曼.通过社会学去思考［M］.高华，吕东，徐庆，等译.北京：社会科学文献出版社，2004：24-25.

❷ ［英］尼尔·弗格森.广场与高塔：网络阶层与全球权力竞争［M］.周逵，颜冰璇，译.北京：中信出版社，2020：435-436.

❸ 蔡骐，黄瑶瑛.SNS网络社区中的亚文化传播——以豆瓣网为例进行分析［J］.当代传播，2011（1）：15.

❹ 蔡骐.网络虚拟社区中的趣缘文化传播［J］.新闻与传播研究，2014（9）：18.

感"以及"身体连续性的'惯性滚动'",❶无论是批量转发还是千篇一律的评论,都由粉丝按照操作指令机械地点击虚拟按钮,甚至出现了强迫症式的病理现象——粉丝时刻紧盯实时榜单与追随控评任务,精神紧张与心理依赖体现在不眠不休的肢体操演之上。

(二)工业化"赋魅"促成的病态行为延伸

粉丝控评行动的圈层扩散为偶像制造高赞流量,娱乐工业与社交平台稍加合谋,粉丝的情感劳作便成为可货币化的商业数据,与之相随,圈层关系成为一种生产关系。正如布迪厄所说,媒体在文化工业下扮演真理裁决者的角色,同时媒体内外还存在一些"互惠互利"的隐秘合作。❷社交媒体时代,热度榜、热门话题等仍然以一种隐秘的方式贯行文化生产中的商业规则,粉丝之间纷争不罢的文化对抗恰恰为媒体与偶像制造商贡献了源源不断的流量货币。粉丝以单一规模化的"刷屏"方式排除异己言论,必然会破坏其他文化趣缘群体的假想关系与身份归属,于是在为各自文化身份的媒介宣战中,双方粉丝用机械式无差别的发言充填场域空间,以热度榜作为舆论高地,自发有序,日夜劳作,最终奴化为媒体平台与偶像工厂的"数字劳工"。

如果说网络空间中圈层对抗带来的工业化效益尚是文化冲突引发的排他性竞争,那么"奶票事件"则是利益链条下延所带来的圈层情感病征扩大化的体现。在某档大热选秀节目中,投票规则被设置为购买赞助商的牛奶产品,粉丝需要扫描瓶盖中的二维码才算助力成功。为使偶像票数更高,粉丝们便雇人直接倾倒牛奶以求多而快地获得投票码,由此不断推动制奶商的虚高销量并引发严重浪费。偶像制造商、赞助商和数据中介并不钟情于制造线上流量的数字劳工,而是看重粉丝真正拥有的现实消费

---

❶ WERNING S. Swipe to Unlock How the Materiality of the Touchscreen Frames Media Use and Corresponding Perceptions of Media Content [J].Digital Culture & Society,2015(1):59.

❷ JÜRGEN H. The Structural Transformation of the Public Sphere [M]. Cambridge:MIT Press,1989:161-162.

力，据此刺激出一道线下的畸形数据生产链，数据中介等衍生的新型雇佣关系及服务类别不仅引发数据泡沫，还对整个经济环境起到负面影响。而相关数据规则往往由平台与娱乐工业制定，深陷情感代偿的粉丝群体由于缺乏话语主权与反抗意识只能默认规则，文化工业与粉丝群体共塑了流量怪圈，至此数据上瘾由指尖强迫性地机械点击延伸到现实中的消费行动与结构性利益链条的延伸。在这个过程中，粉丝的"情感被裹挟在资本复制的进程中"❶，看似是一种自发行为，其实仍被文化工业所裹挟，"通过粉丝互动把握资本的前进方向"。❷ 如果说粉丝偶发的控评行为是出于维护自我喜好之心，那么集体协作下的"奶票行动"则像是文化工业生产线上的链条，将粉丝捆绑为不断付出情感、社会关系和物力的消费者，最终服务于以流量为硬通货的"情感资本"（emotional capital）❸市场。

至此，粉丝与文化工业结成某种隐秘的生产关系，粉丝由情感缺失所引发的行为被物化为货币资本，文化工业与媒体联手形塑粉丝的话语与行为规范来合理化其生产制度。控评行动表面上看是粉丝自发形成的，但其行动逻辑却以消弭个人意志为前提，实质上是一种工业化形式的文化"赋魅"。粉丝在对抗式文化展演下内化了不平等的话语规则，用大量重复的数字搬运来维护意见领袖与媒体平台的话语霸权；粉丝也在控评等固化情感连接的惯习中被进一步削弱个性，沦为丧失独立意志的、去个性化的单个流量，因而对网络空间话语民主也是一种隐匿性极高的侵害；而原本借此弥补现实中情感缺失的粉丝群体，深陷于虚拟的替代性满足中，不仅于情感缝合无益，反而加深了其自身的病理性特征，并逐渐演变为一种病态化的行为模式。

---

❶ ［美］亨利·詹金斯.融合文化：新媒体和旧媒体的冲突地带［M］.杜永明，译.北京：商务印书馆，2012：53, 112, 119–121.
❷ 孟威."饭圈"文化的成长与省思［J］.人民论坛·学术前沿，2020（19）：56.
❸ 杨馨.情感劳动的传播政治经济学批判——以 L 后援会为个案［J］.新闻记者，2020（9）：23.

三、群体情绪的圈际传导效应

由于每个人具有不同的文化身份并身居多个文化圈层,因此不同圈层之间具有了某种随机的"结构性连接",当圈层与圈层之间结构性连接增多,就会刺激圈层之间的融合互动。比如,"出圈"在饭圈中意为某位明星或事件从饭圈走向大众,[1]后也泛指某些事物、行为模式等由圈内溢出至圈外。当某一节点将信息或生产信息的行为带入另一个圈层的时候,就打破了原本圈层组织的平衡状态,圈子里具有适应性的个体在系统的变化过程中会调整自己的行为,寻找能给自己带来更有价值、情感能量更丰富的互动机制,[2]这就使得某一圈层专属的文化行为模式具有了圈际传导效应,其在异质圈层扩散时必然产生圈层化连接或圈层化干涉。不过这种圈际间的行为互动,往往并非理想化,而是受圈层内病理化特征的影响,产生负面效应。

(一)晕圈效应下的文化能动乱象

"晕圈效应"又称"晕轮效应"(Halo Effect),1920年被桑代克(Thorndike)第一次正式提出,是指对某一主体进行评价时,由于"该主体的某一方面特征或品质从观察者的角度来看非常突出",因此会对主体其他方面的评价产生影响,而突出的这一方面则会被演绎、扩展形成晕轮效果。[3]正如某"爱豆"粉丝通过众筹资金等方式将专辑销量数据刷至榜首,由此认为"专辑销量第一就能得到路人关注",但由于反复购买刷高的销量数字并非等同于真实听众的数量,其知名度仍仅限于"饭圈"当中,粉丝却极易产生心理"晕圈",由此推动圈层结构向外流动。上文已言明,文化圈层的

---

[1] 周葆华. 出圈与折叠:2020年网络热点事件的舆论特征及对内容生产的意义[J]. 新闻界,2021(3):22.
[2] 唐云锋,孙萍萍. 圈层化连接、虚拟公共场域与微信舆情治理[J]. 学术界,2021(2):178.
[3] THORNDIKE E L. A Constant Error in Psychological Ratings[J]. Journal of Applied Psychology,1920(4):25.

形成是以某种文化认同为向心力的社会集合，遵循虚拟社交资本对文化权力的差序分配，文化权力通过演变又能转化为社会政治权力和社会经济资本，因而使"文化具有创造与分化特性，即文化能动"。❶ 圈层内的文化能动构建并维护了话语规则与行为秩序，但圈层外的文化能动"一定程度上冲击和解构了主流文化场域的秩序和规则"。❷ 晕圈效应会模糊粉丝行动时的自我认知界限，更促使其将圈内的话语规则与行为秩序推行至圈外，破坏其他圈层的文化生态。

为了达成控评对象的"出圈"优势，饭圈会摸索各个平台的内容审核条约，动态调整粉丝的集体控评行动。《微博举报投诉操作细则》《微博社区公约》等为用户提供了话语治理权，如果被认定为机器人用户或文案相同的"水军"即会被平台处理；豆瓣设立的"入组审核制"，即由小组管理员对每名申请入组的用户进行审核，则更易于将"水军"或"僵尸粉"拒之"圈"外。平台制定社区公约是为了保持用户生产内容与平台属性的一致性，减少因态度或兴趣的分化而导致的文化区隔，维护平台空间的公域化。然而控评行动是"求同"而非"存异"，以群体认同的最大化为目标，饭圈甚至为实现全网评论的一致性而发明了"养号"来规避其他平台的"反控评"规则。

"养号"，一般是指以培养账号权重或等级而发布内容的行为，"饭圈"中的"养号"更有养成"路人账号"的意图，将发布的日常内容作为掩体，而使控评内容更具有说服力和公正性。粉丝的"养号"行为挤占了真实读者的话语空间，不同圈层的认知逻辑分歧势必引发非粉丝群体的文化抵抗，而这种文化抵抗仍然是通过狂热的态度表达和话语颠覆将"他者"异化。例如无论是否读过此书，非粉丝通过盲从式的追评来表达对"养号"粉丝的抵抗，围绕作品本身的讨论被挤出热评；这最终

---

❶ 吴正英, 王晓凌. 文化权力与文化能动：太平洋岛国多元文化之生成[J]. 上海交通大学学报（哲学社会科学版），2020（6）：76.
❷ 刘明洋, 李薇薇. 社会集合、过渡媒介与文化形态——关于传播圈层的三个认知[J]. 现代传播（中国传媒大学学报），2020（11）：151.

导致"饭圈"结构的圆心流动到以图书内容为核心的知识社区，破坏了后者原本的圈层形态。

（二）文化排异情绪"出圈"阻隔认知纠偏

圈际间的行为拓展促成了文化迁移，饭圈的行动模式流动至其他圈层，于是不同文化集群间出现了互动方式的仿效竞争。一方面，圈层也是群体情绪传播的载体。互动仪式链理论提出，个体在群体交流中能够获得共同的情感体验进而点燃情感能量。❶个人通过集体参与促进了圈内交往的身份认同，群体交往也以圈层内的情感共鸣为前提。带有情绪偏向的信息一旦获得同一圈层内他人的点赞认同和回复讨论，就使得个体情绪扩散成为群体情绪。另一方面，圈际间的文化抗争往往多以负面情绪为表征，愤怒、震惊、批判和讽刺等叙述方式为信息传播按下了"情绪设置"，"能影响人们带有情绪地想，且影响人们倾向于带有负面情绪地想"。❷因而，在此基础上的群体互动中，圈层起到了催化群体情绪"涟漪"的作用，使得负面情绪更易于"出圈"，群体情绪的对抗性进而加剧不同圈层之间的认知鸿沟，相似的互动模式更加剧了不同圈层的排异性，致使文化的平等交流演变为简单粗暴的流量比拼，病态化的思维模式进一步加剧，最终引发集体空间的意见失焦。

2021年4月，豆瓣读书社区围绕《休战》翻译讨论发酵出一场声势浩大的"一星运动"，即大量用户给最低分"一星"来集体抗议"既有的正常评价的内容体系遭遇某种外力入侵"。❸早在2013年，豆瓣网读书版用户就因对图书"虚假宣传"而自发掀起了"一星"抗议行动，这逐渐发展为网络评价平台用户抗衡圈层外权力制约的一种话语实践模式。评分原

---

❶ ［美］兰德尔·柯林斯.互动仪式链［M］.林聚任，王鹏，宋丽君，译.北京：商务印书馆，2012：79.

❷ 王朝阳，于惠琳.新闻短视频传播中的情绪偏好效应——基于梨视频社会版块的实证研究［J］.新闻与传播评论，2019（3）：53.

❸ 豆瓣"一星运动"，天然正义还是以暴制暴？［EB/OL］.（2021-04-03）［2022-02-18］.https：//m.thepaper.cn/baijiahao_12020083

本就是一种简化的情绪表达，比评论更易于聚和集体性的赞否态度，"一星"所隐含的负面情绪设置在圈层冲突中才会更易于影响群体情绪偏向，进一步推动群体的极化信息的再生产与扩散，导致舆论自纠偏机制失灵。以豆瓣读书社区为例，由于社会化阅读盛行，用户参与阅读与分享阅读体验构成了网络阅读社区的交流形式，亦搭建出作者、出版方与用户交流的双向通道。❶ 但与此同时，网络书评对于用户的购书意向产生影响，也会造成营销过于依赖用户评分体系与平台算法推荐机制。其中，网络口碑倾向对图书的营销至关重要，极端负面倾向阻碍了评分对图书内容的真实质量的反映。❷

由此可见，"一星运动"最终产生的结果与控评行动无异，都造成了作品评分与作品水准的相关性降低。圈层化传播一旦侵蚀图书口碑社区，个体用户的评分行为就难免会受到群体情绪的驱动，干扰了有效客观的图书检索推荐机制，最终影响网络环境中阅读行为的演变。怀有不同文化的圈际之间未达成良好互动，反而使圈层界限更加窄化，圈际壁垒加重固化。

四、圈层困囿下的传播

粉丝控评所致的圈层扩散与圈际传导引发了"饭圈"文化症候的流动，于再结构化的网络社会而言更易造成社会认同弱化、共识脱嵌等问题。❸ 公共议题因此突破圈层壁垒的障碍愈大。于是有不少学者提出，传播媒体"要努力'破圈'，形成圈层和圈层之间的沟通互动"，❹ 更要"破壁圈

---

❶ 李明. 网络书评的多元价值与社会文化传播功能 [J]. 图书馆杂志，2013（11）：32.
❷ 阳杰，刘锦宏，陈迪. 中文图书网络口碑测评研究——以豆瓣读书为例 [J]. 出版发行研究，2017（11）：51.
❸ 晏青，侯涵博. 作为症候的粉丝文化：社会融入的价值逻辑与可能路径 [J]. 福建师范大学学报（哲学社会科学版），2021（3）：105.
❹ 喻国明. 有的放矢：论未来媒体的核心价值逻辑——以内容服务为"本"，以关系构建为"矢"，以社会的媒介化为"的"[J]. 新闻界，2021（4）：15.

粉",由外向内或自上而下打破圈层壁垒。❶ 区别于"出圈","破圈"更强调由圈外进入圈内,将主流议题渗透进亚文化群体,借助圈层结构连接的行为动能,使其传播意图更好且更广泛地被接受。把传媒源语转译为圈层文化话语,以圈群青年所习惯的表达方式来传达元话语,不过这种聚集流量的传播策略是否真正有助于实现公共议题的传播价值,还需进一步思考圈层流动的利弊。

(一)传播议题的圈层嵌入路径

遵循圈层传播规律,把传播议题嵌入圈层中心,引导圈群成员的文化能动性,可达成传播方式的赋能与传播效应的规模化,是媒体适应圈层化传播的方式之一。传播媒体进行内容生产制作或分发时,打通媒体圈层与饭圈的结构性连接,从而让传播内容"破圈"。由于明星的偶发的媒介表现常常引发其饭圈与媒体圈的层级连接,传播媒体的权威地位也为其合作的偶像明星带来主流价值"赋魅",更进一步唤起粉丝情感需求中的替代性满足;而在此过程中,传播媒体成功连接不同圈群,获取更高的内容流通量。比如,央视新闻在微博中发布的有关"七七事变84周年"的图文信息获得了高达3021万次转发量,绝大多数由明星及他们的粉丝贡献,排名靠前的明星群体转发量均超百万次;《人民日报》与明星王一博合作的励志短片也在微博获得了145万次的转发量,远超其日常内容发布的关注数量。

媒体除了"草船借箭"引流"破圈"外,也逐渐懂得了如何善用饭圈思维来制造媒介奇观,例如发掘具有青年文化气质的主持人,聚合饭圈成员,进而构建更为健康积极的圈层生态,以获取"破圈"效应。央视记者王冰冰因其萌妹气质不同于官媒主持人的刻板形象而在bilibili(简称B站)扬名,此后央视迅速精心为其策划了多个社交账号,度身定制媒体

---

❶ 朱天,齐向楠.内涵、逻辑与影响:媒介化社会中的互联网"出圈"现象解析[J].新闻与写作,2021(6):15.

矩阵；其报道内容、表达方式和传播渠道也多迎合青年粉丝群体，将新闻议题赋予更多圈层文化符号。于是原本关注度较低的新闻内容也可以借此"破圈"，如王冰冰介绍查干湖文化的 vlog 在 B 站获得了 2258.8 万次播放量。传播媒体通过王冰冰的形象叙事突破了新闻传播的圈际壁垒，进而使主流议题获取更高引导力。

（二）认知级联固化下的"伪破圈"反思

然而，传播媒体试图利用圈层传导以获取关注的是议题本身，但有时吸引而来的巨大数据量可能并非来自新闻真正的受众，突破边缘化圈层的传播也易于使议题偏离公众焦点，并不利于媒体的社会角色。一方面，圈群所关注的重点仍旧是原始的圈层中心，即流量明星本人，不仅媒体的传播意图较难得到与传播量相同的接受度，就连其内容在圈群记忆中的留存时间都难以保证。在这种传播模式下所获得的数据量，也可能只是来自粉丝机械性的指尖重复，在圈层结构召集下的集体行动终是一场病态性的数字竞争，甚至引发圈际间的行为对抗。追根溯源，粉丝贡献的也仅是数字层面的加一，而非议题影响力的加乘，利用饭圈结构流动构建传播媒体信息传播渠道，并不像热度榜看上去那么声量浩大，数据泡沫褪去之后只剩下空虚的口号式的转评赞，并不能带来更多积极的评议与有益的思考。另一方面，持续将传播媒体内的人物塑造为圈层中心，使其吸引网民关注媒体议题的方式也并非良策。正如央视记者王冰冰的视频虽然获得了巨大的播放量，但其视频下的评论反馈却少有与视频中所要讲述的新闻内容相关，多数观看者仍旧停留在对王冰冰颜值的关注，其主旨议题反而被冲刷。由此可见，群体围观所制造的高度关注仍可能是一种"伪破圈"，传播媒体借助圈层化传播搏位，引来的受众亦难免不带有"晕圈"心理，进一步沉溺于数字构筑的认知偏差之中。

由上所述，我们还应思考传播媒体是否需要如此"合围"流量？带着泛娱乐化色彩的新闻制作与传播方式，挤压了媒体的其他社会功能，消遣娱乐成为主流而告知功能则被弱化。同时，硬新闻软化也侵蚀着民主进程，严肃议题被形塑为娱乐大众的媒介景观，在全员围观的新闻环境中，风险感知度降低，边缘群体的话语权更弱。更需要警惕的是，饭圈文化症候渗透传播媒体生态，使其呈现出新闻制作重心偏移和病态化数据追求的行为趋向，某种程度是对编辑部信息决策权的瓦解。传统媒体时代，编辑部以其专业性筛选信息并巩固其主流地位，而流量需求使市场成为拥有决策力的赋权者，从而背离了根本性的社会信息需求。圈层的流动性同时也带来了社会结构的不确定性，其引发的媒介景象充斥着"伪公共性"的圈层"共同表演"，❶ 而媒体在虚高数据的掩饰下其社会功能进一步被削弱。

文化是多元共生的。不同趣缘圈层不断产生交集，形成一个涵盖更大的场域空间，居于其中的个体受到不同圈层的吸引与规约，实践着丰富多样的文化生活。本章研究发现，网络控评行为作为一种抵抗式的言论化约方式，在高卷入度、相对封闭且秩序稳定的网络圈层中被塑造为一种集体主义的行动逻辑，帮助圈群成员强化其身份归属与情感连接。不仅如此，控评惯习随着不同圈层间"结构性连接"的增多而具有了圈际传导效应，逐渐具有更为广泛的文化能动，释放了不同圈层的群体情绪能量。总体看来，网络控评行动及其所引发的衍生行为都是圈层化社会的表征形式，是不同圈层文化之间、圈层文化与主流文化之间的对抗与消融、收编与反收编的过程中值得关注的问题。与此同时，媒体力图破除圈际壁垒时不仅应理解这些问题的形成机制，更应该反思其在圈层文化生态中的位置与价值，在公共事件的传播中扮演更为积极能动的社会角色。

---

❶ 陈龙，李超. 网络社会的"新部落"：后亚文化圈层研究［J］. 传媒观察，2021（6）：11.

第三章　融合媒体传播力的重塑策略

中国媒体融合发展在政策层面、实践层面进一步加深。一方面，政府对传统媒体发展新媒体的思考和认识，不仅体现在政策层面，更深入体现在实践层面具体指导意见上。中央全面深化改革领导小组高规格研究媒体融合发展问题，表明党中央对媒体发展的高度重视和清晰布局，保障媒体发展的顶层制度设计逐步得以完善。另一方面，在诸多热点传播事件中，传统媒体与新媒体交替引导公众议程、互为信息补充管道，为公众提供了更为全息的信息景象，意见市场益发活跃。在新老媒体聚焦的报道"战役"中，更不乏新闻生产立体化的亮点，但媒体融合转型仍须及早从布局谋篇阶段迈入精耕细作阶段。对于各家地方传统媒体而言，重新审视产业大环境中的自身处境，号准市场发展的脉象，有针对性地部署符合自身发展的业务发展策略，才是当前新形势下最为迫切的问题。

一、融合新壁垒：互联网内容生产方式之变

互联网经过十多年的发展，内容生产方式已经有了很大转变，而这种转变给传统媒体设置了新的融合壁垒，增加了推动融合的阻力。

首先，新媒体逐步抛弃与传统媒体内容共建模式，以资金优势搭建自己的内容平台。互联网初创时期的内容生产方式是先从传统媒体直接汲取，再用数据技术聚合信息产品。在这种生产方式中互联网对传统媒体的内容具有强依附性。2013年之后，互联网开始寻求突破旧有内容生产方式，力图冲破传统媒体的版权交易束缚，将部分资本注入自己的内容平台，而不仅仅是从传统媒体购买版权内容。例如，没有新闻采访资质的互联网公

司，招募了一批优秀评论员生产内容，因此提升了网络评论栏目的口碑。其实不难发现，传统媒体内容在新兴媒体平台上的重要性在逐步下降。

其次，新媒体自制内容在传播活动中崭露头角，并进一步返销传统媒体。这一点，在互联网视频产业中更常见，自制电影、自制电视剧及自制节目不仅让各大视频网站主导了网民的娱乐时间，甚至成功返销传统媒体。此外，传统媒体引用网络新闻和评论的比重也越来越高。甚至，在某些事件传播中，社交媒体完成了传统媒体所没有完成的信息采集与信息筛选工作，前所未有地挑战了传统媒体的舆论引导能力。

最后，众包、众筹等互联网新闻生产模式逐步消解传统媒体垄断型新闻生产模式。传统媒体的新闻生产过程最初是一个闭合的信息回路。随着传播技术和媒体介质的发展，媒体对新闻信息资源的开发手段越来越多样化，也不断地解构了信息传播的闭合通道：一方面，开放信源采集过程，利用新媒体技术从受众直接征集新闻信息；另一方面，开放信息编码过程，让受众参与新闻生产的程度不断加深。众包新闻是一种更深层次的开放方式，成为新媒体生产新闻的高效模式。众包新闻生产模式实质上就是传统上由媒体内部员工承担的工作，通过互联网以自由自愿的形式转交给大众群体来完成的一种组织模式。例如，2009年《卫报》针对英国议员花销的调查性报道（MPs' expenses）被视为众包新闻的成功案例。[1] 而众筹新闻打破了新闻生产传统的融资模式，媒体业者可以通过向大众募资的方式，而不是像先前那样靠"政府"或"商业机构"支持来从事新闻报道。[2] 众包、众筹新闻消除了传统媒体新闻生产的专业壁垒，原来只有专业媒体机构才能完成的深度新闻生产，也可以在媒体组织之外完成。

互联网内容生产模式的这三个转变，足以让新兴媒体超越传统媒体内容生产的人才优势、渠道优势和效率优势。新兴媒体逐步抛却传统媒体的内容，舆论生成的场域频繁始自互联网，这给传统媒体内容生产带来不小

---

[1] 方洁，颜冬.全球视野下的"数据新闻"：理念与实践［J］.国际新闻界，2013（6）：79.
[2] 栾轶玫."众筹新闻"：新闻生产的新模式［J］.新闻与写作，2014（2）：27.

的压力与困扰。

二、融合契机：移动互联网消费增长

截至2014年6月，手机上网的网民比例为83.4%，首次超越80.9%的传统PC上网比例，手机作为第一大上网终端设备的地位更加巩固。移动互联网带动了整体互联网各类应用发展，手机旅行预订用户增长达到194.6%，是增长最快的移动商务类应用，手机网购、手机支付、手机银行等手机商务应用高于其他手机应用增长幅度。❶其中，手机用户的新闻消费行为也在增长，新闻类应用产品在移动客户端上占据下载排行榜前列。在互联网跨越式发展中，传统媒体已经难以与综合门户商业网站相争，但在移动互联网领域或许具备后发优势，结合手机消费的迅猛势头，还可开发出新的产业蓝海。

其一，对于新兴媒体而言，新闻生产牌照仍是稀缺资源。不少传统媒体已意识到抓住移动互联网发展的契机，纷纷开发移动新闻客户端，但其中真正具备互联网思维的移动客户端仍较少。因此，类似"今日头条"这样聚合类新闻产品才得以生存并壮大起来。不过，就像门户网站发展的初级阶段一样，版权问题仍然是移动互联网公司的症结所在。2015年6月，今日头条"不做新闻生产者，只做新闻搬运工"的侵权行为受到传统媒体发难，但不久之后又陆续与《广州日报》等达成庭外和解。移动新闻客户端不容忽视的用户保有量是今日头条等新闻聚合平台与传统媒体谈判和解的重要砝码。2018年9月，国家版权局在京约谈了包括今日头条、一点资讯、百度百家号、微信、网易新闻、搜狐新闻、新浪新闻、凤凰新闻、腾讯新闻等13家网络服务商，要求其进一步提高版权保护意识，切实加强

---

❶ 中国互联网络信息中心.第34次中国互联网络发展状况统计报告［EB/OL］.（2014-07-21）［2022-02-18］.http://cnnic.cn/gywm/xwzx/rdxw/2014/201407/W020140721559080702009.pdf；中国互联网络信息中心.第35次中国互联网络发展状况统计报告［EB/OL］.（2015-02-03）［2022-02-18］.http://cnnic.cn/gywm/xwzx/rdxw/2015/201502/W020150203456823090968.pdf.

版权制度建设，规范网络转载版权秩序。2018年10月，今日头条所属北京字节跳动科技有限公司因未经授权转载《现代快报》4篇稿件，被判赔偿经济损失10万元，这是目前网络违法转载传统媒体原创新闻稿件判赔金额最高的案例。随着版权法的贯彻，在厘清转载媒体与被转载媒体之间的责权关系之后，移动互联网必将像早期的综合门户网站一样迎来新的发展阶段。在此之前，传统媒体如能把握内容优势，顺应融合形势，积极转变发展战略，或许能抢占移动市场的制高点。

其二，传统媒体的另一个发展契机在地方新闻市场。大多数地方传统媒体的主打市场不是国际、国内重大新闻，而是地方新闻或本土新闻。综合门户网站在地方新闻市场，尤其是更为强调地理特征的社区新闻方面的内容生产力仍然有限，对地方传统媒体的冲击不大。尽管综合门户网站也在大力发展地方频道，但实际上仅是粗放型的区域频道。如先前腾讯网联手地方媒体打造的大渝网、大楚网、大粤网及大湘网等区域频道，相较于以一城一镇为据点的地方日报，其内容生产与信息服务就无法做到细致且贴近本土。2013年10月，百度与上海报业集团共营百度新闻"上海频道"，双方开展的战略合作涉及上海本地新闻搜索引擎、媒体资源购买、云服务器资源提供、舆情报告、手机阅读服务、人才合作、战略资源购买等七个方面。❶百度城市频道战略表明，互联网公司正在抓紧为其产品及服务寻求落地；但从另一个角度来看，门户类或搜索类网站唯有与地方媒体合作才能进驻地方市场。地方传统媒体长期以来所掌握的社区资源、本土品牌资源以及地理接近性优势，使其可以提供其他媒体所不能提供的"超地方化"内容与服务，这也恰是地方传统媒体融合发展可资利用的最大竞争资源。

传统媒体如何结合移动互联网的发展时机和社区新闻服务优势？这一点并不难回答。移动互联网中一个重要的技术应用就是移动定位服务

---

❶ 上海报业集团成立 将合作开通百度新闻上海频道［EB/OL］.（2013-10-28）[2022-02-18］. http://www.chinanews.com/cul/2013/10-28/5433628.shtml.

（Location Based Services，LBS），一旦确认用户的地理位置就能明确社区新闻服务的推送对象。同时，手机等移动设备的使用方式极为个人化，不同于电视机、报刊这类可分享的传统媒体，因而个人用户的定制信息需求累加起来将无可估量。传统媒体或可更进一步开发基于社区新闻的移动互联网产品，如能结合日渐普及的移动支付行为发展出盈利模式，一条可行的融合业务发展路径就清晰起来。

三、融合之道：重塑内容生产制式

内容生产是传统媒体的强项。传统媒体融合发展之路，必然是坚持发挥内容所长，但内容生产模式必须转向互联网思维。"互联网思维，本质上是用户的思维、产品的思维。……还把互联网看成是对内容延展性的一个平台。这本身是一种传统逻辑的惯性。互联网是对社会资源重新分配、重新匹配、重新组合的一种技术性力量。"❶ 笔者认为可从以下三个方面重塑内容生产制式。

（一）生产项目化

受国有资本支持，2014年7月，上海报业集团开创全媒体新闻资讯平台澎湃新闻；2014年6月，新华社以"新华社发布"新闻客户端为总入口、总龙头、总集成、总发布、总后台，同步打造国内党政客户端集群。2015年5月，"新华社发布"更名为"新华社"客户端，明确定位为国家通讯社的移动门户和新媒体旗舰，通过本地频道和基于地理位置的服务，与1200多家党政企客户端集群互联互通。❷2014年初，中国经营报社宣告取消广告部，彰显了传统媒体机构改革转向扁平化组织的魄力。项目团队的存在是动态的，盈利即生，亏损即亡。内容生产力必须转化为市场价

---

❶ 范以锦，张志安，喻国明.媒体融合：尝试产权多元化［N］.东莞日报，2014-8-25（B02）.
❷ 周继坚.新华社客户端：持续创新引领自主终端建设［J］.传媒评论，2022（5）：9.

值。传统媒体对待自办新媒体的思维观念不应停留在"以大养小"的桎梏里，转型不是将内容的搭载介质从纸上搬运到网络上，转型是要利用新媒体技术，聚合受众转化为用户，聚合客户转化为项目投资人，最终实现市场价值。因此，生产项目化是生产方式从旧有体制向互联思维的彻底转变。

可以想见，在澎湃新闻及新华社发布的示范效应下，势必引发各地各报各台纷纷上马移动客户端项目，客户端市场竞争会日趋激烈，但客户端后续的功能维护和用户开发之难不容忽视。其背后都有强大的国有资本支持，并且短期内其市场接受情况尚不明朗；地方媒体若盲目投入客户端项目开发，或许是重走早期报社自办网站的"烧钱"之路。

因此，传统媒体在开创自己的客户端之前，或可借力法人微博、微信公众号等成熟客户端，实现定制信息精准推送，发展忠实用户与客户。微信、微博等移动客户端的用户群体庞大且持续上涨，传统媒体也皆在两个平台上开设账号甚至账号群，但有的账号在平台上的影响力并未得到最大开发，问题在于传统媒体对新媒体的运营投入不够重视，对客户端服务的个性开发不够深入。例如，《潇湘晨报》微信订阅号的"M.news系列"偏民生信息，符合年轻一族手机党的"轻阅读"习惯；但服务开发稍落后于内容开发，公众号设置了少量活动报名和话题互动，理应成为用户集聚窗口，但活动及话题更新周期长，对用户的聚合度不高，就难以把内容转化为服务、将服务转化为盈利方式。有些自媒体公众号的市场定位比起传统媒体来更为精准独到，在公众号功能的设计上强调与商业价值的勾连。例如，作家连岳的微信公众号"连岳"内置有"连叔好货"小程序，将新闻动态、粉丝讨论、附属商店等聚合在一起，实现用户阅读体验与消费行为勾连。传统媒体的新媒体开发亟须琢磨透彻移动用户的消费需求，潜心学习互联网公司的思维模式，紧紧跟随电子商务的市场节奏，真正地开发出贴合受众需求的产品及服务。

（二）信息立体化

在新媒体的冲击下，传统媒体积极创新报道形式。经过一段时间的融合发展，跨媒体平台生产方式已经被大多数传统媒体所采纳；随着受众的阅读习惯偏好的转变，传统媒体的内容生产已经做出适应性的变化。

1. 视觉先行，突破报道的象形方式

随着网络带宽的提高，视觉信息的传播速度得到提高、运用范围不断拓宽，"视觉先行"的报道理念被越来越多的传统媒体所确定。视觉报道理念主要表现在两个方面。

一是数据的可视化。从 2013 年开始，数据的可视化报道风行传统媒体。报社对版面的配置重心转向图表设计，采编部门与设计中心对接，重大新闻报道广泛采用以图解文的方式，视觉传播与文字传播效果并重。有的报社还打破了跨平台传播，制作图解视频以专供互联网传播，如党的十八大报道中有关领导人的动画视频，深入浅出，通俗亲切，深受网民喜爱。

二是全景与 VR 沉浸体验。随着全景拍摄技术的普及，高像素的新闻图片也受到新老媒体的重用，采纳 360 度全景图片的报道具有超强视觉冲击，通过屏幕窗口最大还原新闻现场。VR 报道比全景图片报道更强调受众的沉浸体验。VR 技术是利用计算机生成模拟真实的虚拟环境，将多源信息融合成具有三维动态视景并提供用户实体交互行为的技术，VR 新闻报道让用户深度沉浸在新闻现场场景中，给用户提供了超过传统纸媒、广播电视所能提供的感官刺激。

2. 文字短打，逆袭移动新闻市场

随着电子屏幕代替纸媒成为常用阅读介质，长篇报道也逐渐成为一种"贵族"消费，满足人们的精致阅读需求；而短小精炼的报道更易于满足手机用户的快消式阅读需求。此外，互联网信息更新速度快，新闻保鲜期愈来愈短，短文报道更适用于时效性竞争。一般来说，微博、微信和客户端以短文实时报道为主，背景报道、阐释性报道等长文报道则以传统媒体方式输出。但最近几年，文字短打，全时发布，已成为传统媒体新闻报道的常态。在一些重大新闻的报道中，社交媒体成为新闻事实的传播源头，传统媒体更为依赖社交媒体平台来争夺话语权、建立传播影响力。随着受众的流失，报社必须抽调人力加大对短文报道的投入比重，相应地减少对精致阅读的投入比重。

3. 观点为营，紧守新闻竞争的法门

无可否认，在重大新闻的及时报道中，自媒体已抢占了传播的源头。因此，传统媒体更应强调对专业信息的及时解读。报社以"售卖事实"为重转为以"售卖观点"为重。由于新媒体上信源的不确定性，以及传播过程的噪声增多，信息失真、信息误读的情况增多；而权威的专业解读信息仍然是稀缺资源，受众更愿意购买的也正是这类信息。2014年马航MH370航班失事报道中对比国内外报道就可看出，掌握拥有专业知识的人才资源是新闻竞争中的不二法门。CNN的独家报道多来自强大的专家团队的解读观点，国内媒体却以"祈祷"框架、"搜寻进度"框架、"家属反应"框架等为主，❶由此可以看出中外报道资源的悬殊。另外，媒体几乎都在拼抢新闻资源、拼抢新闻时效，却没有耐心证实来自社交网络的信息，若不能对失实报道及时正音，可能助长民众不理智情绪的宣泄。传统媒体不应仅习惯于做权威机构的传声筒，更要招纳解读新闻的专业人才，在复杂新闻事件的报道中既要能先于发声，更要去芜存菁，精于引导舆论。

（三）服务产品化

过去传统媒体只重视内容生产，而不重视服务生产。随着媒体融合发展的逐步深化，一些媒体通过创新，扩展了内容生产的外延，设计出多种增值服务，并把服务产品化。

1. 数据库服务

报社建立数据库服务具有得天独厚的优势。依靠长期积累的内容服务和发行通路打造基于吃、穿、住、用、行的生活服务数据库，结合读者数据库和广告客户数据库精准推送信息，如读者通过数据库搜索本地气象信息、旅游信息、美食信息、买房信息、买车信息等，报社向潜在用户推送

---

❶ 张伦，钟智锦. 社会化媒体公共事件话语框架比较分析［J］. 新闻记者，2017（2）：69-77.

广告信息，然后达成线下购买，即O2O商业模式，较易实现数据库的市场价值。

另外，电视台、有线电视运营商可将丰富的节目内容资源数字化、云端化，增强电视用户行为的大数据分析，依据推荐算法智能推送内容和服务。如北京电视台2014年建立的"新媒体云平台"不仅打通了所有新媒体通道，对内部资源进行有效整合，还对分布在这些新媒体通道中的用户进行沉淀、导流，将正确的内容输送到正确的终端上。

2. 定制信息服务

传播信息分析是近年来传统媒体较多涉足的服务领域，如《人民日报》社的舆情信息报告，《21世纪经济报道》的高端用户财经信息定制业务，都为报社带来了较大的收入。类似的服务创新表明，过去报业的信息服务只有B2C模式，即面向读者的信息服务，而面向企业用户只出售广告版面。利用信息数字化程度的加深，报社可以面向企业用户开发B2B定制信息服务产品，商业价值补偿模式从单一走向多元。

以地方政务信息管理服务为例。在媒体融合发展初期，不少地方报社与地方政府合作建立政务网络论坛和报纸专栏，成为老百姓与政府之间的沟通桥梁，解决了不少实际的民生问题。微博发展起来之后，很多地方政府也开设了法人微博来对外发布政务信息，或应对舆情危机。传统媒体具有专业的舆情监测和危机应对能力，可协助地方政府部门管理及运营法人微博；在突发事件发生之时，还可培训政府官方微博的危机传播应对能力，引导网络舆论。

3. 终端服务开发

为了守住传统业务的疆土，电视台和有线电视运营商开始反向"入侵"商业视频服务的阵地。央视牺牲巨额的版权分销收入，只授权自家的新媒体平台CNTV及与其合作的终端点播春晚节目；湖南广电通过"独播战略"收缩节目内容的版权分销，2014年4月整合旗下新媒体金鹰网推出"芒果TV"视频平台。随着各家电视台独播策略的实施，国内视频行业的演进发生重大改变。"爱（爱奇艺）—优（优酷）—腾（腾讯）—芒（芒果TV）"如今成为国内长视频领域的四大阵营，直到2020年底，芒果TV仍然是四大长视频网站中唯一盈利的企业，足以说明优质内容仍然是视频服务的核心竞争力。

有线电视运营商加入互联网电视"盒子"的群雄之争：湖南有线电视运营商发放东方红机顶盒，歌华有线推出"歌华云盒"，国广东方与中兴九城合作发布"饭盒"（Fun Box）。2014年6月广电总局对互联网电视盒子的"整改令"要求停止盒子提供电视节目时移和回看功能，关闭各类视频App及互联网浏览器软件的下载通道。这一系列政策实际上为传统广电转型发展争取了时间。像"歌华云盒"之类的广电网络终端不仅提供时移、回看等高清电视基础业务，还配备了"电视院线"、游戏商城等交互应用，甚至增设电力缴费、手机充值、预约挂号、电视购物等本地生活服务功能。可见，传统广电也越来越意识到搭载本地生活服务对增加用户黏性的重要性。

四、融合要诀：转变媒体业务定位

为了应对新兴媒体对传统媒体的新闻挑战，传统媒体将全媒体的、数字的、网络的信息技术运用到新闻生产流程中，包括对新闻生产流程的再造以及新闻生产管理机制的改革。但在某些新闻传播中，传统媒体的竞争力仍然较弱。通过复杂传播事件中传统媒体的表现弱点，传统媒体应从三个方面来转变其业务定位，从而深化融合媒体的业务发展策略。

（一）管理制度须向新兴媒体倾斜

为了配合融合生产模式的转变，传统媒体的新闻生产流程管理须尽快向新媒体平台倾斜。由于网络等新兴媒体成为新闻信息传播的源头，传统媒体的新闻报道更多地依托新兴媒体来获得良好的宣传效果。大部分报社都鼓励记者"一稿多投"，发展全媒体采编能力，甚至强制要求记者供稿给自办网站。例如，《人民日报》的记者必须为人民网撰写报道，并且这一要求体现在月度工作质量考核指标之中。[1] 除了要求网络供稿之外，特别强调记者和编辑在网站、微博等移动客户端上与读者和社会的及时互动。因为在一些重大报道的进程中，媒体法人微博与社会话题的响应更能形成舆论的热点和焦点，最终获得良好的传播效果。因此，传统媒体内部业绩考核标准须转向以新兴媒体平台为前导，应从稿酬系统上给予倾斜支持，把记者和编辑在社交媒体上的报道文字也纳入正式的稿酬体系之中，并以他们的传播效果来设立合适的奖励制度。

（二）自媒体倒逼下传统媒体须审慎发声

近年来，自媒体倒逼传统媒体报道议程的现象越来越多，其中不乏部分传统媒体盲目跟随报道，致使虚假信息恶性扩散；或是被个人或网络推手牵制报道议题，沦为他们的商业炒作工具。大多数传统媒体理应惜爱自己长期以来打造的品牌和权威性，对待源自于自媒体的新闻更应讲求策略性。首先，在碎片化信息中提炼主题，不盲目转载热点话题，而是要紧跟热点解读，时时刻刻保持媒体的中立及清醒。其次，对谣言或不实信息及时正音，特别是在复杂新闻事件发展过程中进行新闻修补，重塑传播地位。最后，社交媒体往往易成为社会情绪宣泄的场域，传统媒体在社交媒体上的导向角色是疏导社会负面情绪，把新闻报道从感性导向拉到理性导向上来。

（三）地方传统媒体须发挥社区生活组织作用

如前文所述，地方媒体在国内外重大新闻话题上不占优势，但绝对影响着民众对地方政务、经济和民生议题的关注。基于本地社区的信息市场尚未被充分发掘，可结合移动手持设备创造具有地域性的特色服务产品，如社区生活服务客户端等。另外，可结合媒体融合商业模式进行探讨，这

---

[1] 北京市新闻工作者协会.中国媒体融合发展报告（2012）[M].北京：中国铁道出版社，2013：21.

一部分将有继续开发的空间，如对基于同一地理社区形成的兴趣社区、消费社区，媒体可精确推送供应商信息。总之，地方媒体未来应在社区生活的方方面面扮演多功能的角色。

总体上看，新媒体优于技术更新、内容创新和服务创新，代表了未来传媒产业的发展方向；但新媒体的生产规管仍有空白与不清晰的地带，导致冗余信息、虚假信息及不正观点滋生。因此，加快推动传统媒体和新兴媒体融合发展，一方面有益于以新兴媒体盘活传统媒体发展，创造更高的产业价值；另一方面有益于将传统媒体中的新闻专业主义发扬到新兴媒体中，净化互联网传播环境，建构具有竞争力的新型主流媒体，形成融合发展的现代传播体系。

第四章　风险社会治理中的媒体角色

新闻媒体作为国家治理现代化的重要参与者与推动者，在新冠肺炎疫情期间释放巨大能量。行业媒体作为中国媒体的重要组成部分，也立足行业、面向社会讲述行业内的"战疫"故事，为大众提供专业、权威的行业信息，助力国家疫情治理。本章以中检报业旗下各平台2020年1月23日至3月15日的爆款作品为例，分析检察类媒体在此次疫情中的表现，探讨在重大疫情期间媒体如何提升社会治理效力。

一、紧扣法治工作与"战疫"工作的契合点

在疫情期间，中检报业迅速调整报道节奏，重找定位，挖掘检察行业与疫情的契合点，主要从三个方面展开疫情报道：疫情期间检察系统内如何开展日常工作；检察系统对外形象宣传报道；面向大众的普法服务。中检报业旗下网站、微博、微信、抖音等传播矩阵推出百余件爆款作品，80余篇优秀报道被网信办指令全网转发，极大地提升了社会影响力。通过作品分析，中检报业优秀疫情报道呈现以下特点。

（一）立足法治系统，披文入情

行业媒体的特点和优势都在于其丰富的行业资源，在此次疫情报道中，中检报业不提供重复的信息碎片，未对医护、患者群体做一般性见闻报道，而是立足"检察"两字，展现"战疫"工作与检察系统相关的温情故事。一是展现检察系统内部防疫工作，如《最高检检察长进门量体温，

保安大哥神回复亮了！》❶，凸显出检察系统内部防疫工作的严格；二是从"小人物"入手，通过奋战在抗疫一线的检察干警及其家属的感人事迹，来展现各地检察机关抗击疫情的积极作为，如《"疫"线告白：你是人民的铠甲，却也是我的软肋》❷，图文并茂地展现检察人员与医护人员结合家庭的独特疫情故事。

（二）权威解读政策，以法为基

疫情期间中检报业各新媒体平台近一半的爆款作品涉及疫情相关的法律、案件解读，从政策到个案，从理论到实践，全方位、多细节地承担起疫情法律知识科普。一是解读相关政策法规，及时传递最新法治动态。比如《全面禁止非法野生动物交易！〈决定〉全文来了》❸，及时向大众普及最新规定。二是解读疫情期间违法行为，普及法律知识。在疫情初期，各平台就发表多篇文章，如《确诊了还去坐公交？明知是野味还买来吃？注意！这些行为可能都是犯罪》❹《向路人吐口水、涂抹电梯按键……这些行为如何认定？》❺，对疫情中卖假口罩、拒绝隔离等行为进行法律风险解读。三是面向大众，提供法律咨询。在发布多形式的普法作品后，正义网还推出法律答"疫"平台，提供疫情防控相关法律咨询服务。

（三）聚焦热点问题，荣以为先

中检报业聚焦疫情中出现的热点、难点问题，在事实准确、观点正

---

❶ 最高检检察长进门量体温，保安大哥神回复亮了！［EB/OL］.（2020-02-08）［2022-02-18］. https：//v.douyin.com/sRccyW/.

❷ "疫"线告白：你是人民的铠甲，却也是我的软肋［EB/OL］.（2020-02-15）［2022-02-18］. https：//mp.weixin.qq.com/s/q3RifVqgu2GmGmXDpv8UdQ.

❸ 全面禁止非法野生动物交易！《决定》全文来了［EB/OL］.（2020-02-24）［2022-02-18］. https：//mp.weixin.qq.com/s/L9VdjjeeIPe-pzsr5StayQ.

❹ 确诊了还去坐公交？明知是野味还买来吃？注意！这些行为可能都是犯罪［EB/OL］.（2020-02-10）［2022-02-18］.https：//mp.weixin.qq.com/s/wZW1xfrkQNDpI5MhQY8mJw.

❺ 向路人吐口水、涂抹电梯按键……这些行为如何认定？［EB/OL］.（2020-02-09）［2022-02-18］.https：//mp.weixin.qq.com/s/dK0OOGqmsiPpJ2GWYO-jSw.

确的基础上，做到第一时间发声。2020年2月26日下午北京市疾控中心回应黄某进京事件后，19时31分正义网公众号便推出《武汉确诊患者何以一路绿灯回到北京社区？》❶，发挥媒体监督功能，站在公众的立场上，对该事件中的不合理之处提出疑问，成为"正义锐评"栏目开办以来首件阅读量达"10万+"作品。正义网"两微一端"发布《没回过湖北的湖北人，隔离他们凭啥？》❷，对"一刀切"隔离湖北人的现象进行批判，指出"需要隔离的是病毒，而不是湖北人"，总阅读数达到521万，并入选腾讯新闻3月6日公布的"TOP计划双周优质内容"榜单，提升了中检报业的社会影响力。

二、重大疫情下法治媒体面临的挑战及尝试

行业媒体专注于某一行业内的信息传播，市场化程度不高，具有受众范围窄、传播门槛高等特点。在重大疫情下，行业媒体受社会关注较高，面向全社会提供行业疫情通报和服务，因而面临诸多挑战。

（一）受众面向更为广泛

中检报业的日常受众多为公检法系统人员及相关行业读者，在全民"战疫"的情形下，普通大众的法律需求增加，检察类媒体需要面向全社会传播，其原有报道方式、表达话语受到挑战。检察类媒体囿于其专业发行渠道，需重视社会化商业平台，多矩阵、多通道做全媒体报道，面向更广的受众进行普法宣传。疫情发生后，中检报业充分利用旗下MCN新媒体公众号第一时间推出抗击疫情专题报道。同时，报道要转向疫情中事关人民群众根本利益的问题，并用多种形式展现优质内容，吸引行业外受

---

❶ 武汉确诊患者何以一路绿灯回到北京社区？[EB/OL].（2020-02-26）[2022-02-18].https://mp.weixin.qq.com/s/RiXLx6tEQr4LRyKkvrGKag.

❷ 没回过湖北的湖北人，隔离他们凭啥？[EB/OL].（2020-02-29）[2022-02-18].http://www.jcrb.com/xztpd/ZT2020/202002zt/zyrp/202002/t20200229_2121848.html.

众。中检报业及时洞察疫情中的假口罩、高价防疫物品等乱象，采用百姓易于接受的漫画、动漫、H5、表情包等多形式作品细致入微地阐释其危害。如H5作品《2020依法战"疫"统一考试（全国卷）》❶，用有趣且互动的方式进行防疫科普。在重大疫情下，检察类媒体只有面向全平台受众，尤其是获得行业外受众的认可，才能在舆论场中发挥更大作用。

（二）公众情绪更为复杂

行业媒体大多为机关报，内容发布需要审核，新闻时效性不及市场化媒体。随着自媒体力量凸显，重大疫情中的舆论信息流更迭更加迅速，谣言易生，舆论场混乱，公众情绪构成更为复杂。一方面，大众对行业媒体报道的及时性要求更高，各行业报要及时回应相关行业信息，避免谣言产生和扩散；另一方面，在与自媒体的竞争中，行业报要挖掘自身独有内容，用内容的独特性和权威性弥补时效性的欠缺，放大行业媒体声量，正向疏导情绪。如正义网抖音号发布的《检察官提审涉嫌销售伪劣口罩嫌疑人》❷，发掘提审现场这一检察类媒体的独家资源，展现对医护人员的担忧，法律正义与温情并存，最终创下检察题材短视频传播记录。行业类媒体要密切关注舆论场中的争论点，随时回应社会关切，才能对敏感的公众情绪产生积极影响。

（三）推动社会进程更为迫切

随着疫情加重，更多负面信息披露，尤其需要以建设性新闻的实践理念来促进社会问题的解决，理性引导社会情绪。建设性新闻试图通过引入积极心理学的跨学科视角，探索如何从曝光揭丑、放大反常和冲突，转变

---

❶ 2020依法战"疫"统一考试（全国卷）[EB/OL].（2020-02-15）[2022-02-18].https：//mp.weixin.qq.com/s/ufPRL2FxYUCxI4jSX497qg.

❷ 第1集 | 检察官提审涉嫌销售伪劣口罩嫌疑人［EB/OL］.（2020-01-30）[2022-02-18].https：//v.douyin.com/srS575/.

为发掘新闻事件的积极意义和强化解决问题的报道导向。❶中检报业尝试以建设性新闻去报道疫情中出现的各种问题，如《探索野生动物保护公益诉讼，做好重大疫情防控源头治理》❷，承认现存问题，体现冲突与归责，但更以解决问题为归宿，积极邀请相关专家提供立法和司法建议。建设性新闻报道须防止泛泛而谈，后续乏力，在重大公共危机事件中，媒体仍须持续跟进报道，减少两极分化，重新将新闻业作为推动社会发展进步的引擎。

三、法治媒体如何持续提升社会治理效力

当前中国新冠肺炎疫情防控取得阶段性重要成果，充分体现了新闻媒体在疫情治理中的价值。通过此次疫情大考，我们需要思考行业媒体如何构建参与社会治理的长效机制。

（一）加强媒体行业监督，提升抗风险意识

重大公共事件后，政府公信力受挫，行业媒体要以行业监督和舆论引导的方式参与社会治理，重建社会信心。各行业中百姓的难点是社会治理的起点，行业媒体要加强行业监督，对行业存在的问题及时披露，增强社会风险评估能力。法律作为社会的底线，是各行各业进行监督的基础，尤其是法治相关媒体要以法为预警红线，提升监督的长效实施。同时行业媒体要积极充当公众情绪的调节器，信息透明化，对百姓难点问题的治理成果充分进行正能量报道，共建社会自信。

---

❶ 史安斌，王沛楠.建设性新闻：历史溯源、理念演进与全球实践［J］.新闻记者，2019（9）：32-39，82.
❷ 探索野生动物保护公益诉讼，做好重大疫情防控源头治理［EB/OL］.（2020-02-17）［2022-02-18］.https://mp.weixin.qq.com/s/2R0uvfhDdjj8CR_rABlSrA.

（二）发挥媒体复合功能，服务平台常态化

行业媒体服务领域应更为宽广，体现出更多的复合功能。行业媒体聚焦专业领域，具备向行业和社会提供专业服务的能力，理应成为行业公共服务平台。不是每个人都关注法律宣传，但每个人都会有法律需求。疫情期间正义网推出互联网疫情防控法律咨询平台，适时满足了特殊时期百姓的法律需求，也聚合了一大批忠实用户，拓展了检察类媒体的用户资源。各行业媒体要立足民意民生、创新服务模式，满足大众的各种需求，使行业媒体成为辅助政府职能实现的公共服务机构，在社会治理的各个方面发挥作用。

（三）注重建设性新闻报道，预防和化解社会矛盾

我国社会发展迅速，各种矛盾相继凸显，行业媒体要以建设性的报道来深度参与国家治理，提供预防和化解社会矛盾的方案，促进积极的公民参与。一方面，行业媒体要直面现存问题，发掘事件的积极意义，情感动员与解决方案两手抓，获取公众认同，推动各行业和公众有效参与社会治理。如《遇到卖假口罩、卖野味怎么办？这是我看过最好的解决办法！》一文，以"对国家做贡献"来获取公众情感支持，群策群力来治理疫情中的违法乱象。❶另一方面，行业媒体要把握行业走向，对可能出现的潜在风险提出具有前瞻性的报道，邀请引导专家、公众讨论，从而切实落实行业问题的治理。

（四）打造媒体智库，推动社会进程

较于政府智库和高校智库，媒体智库最大的优势是了解基层、贴近实践，自备强力传播平台，具有丰富传播经验，可以通过有效传播，提升智

---

❶ 遇到卖假口罩、卖野味怎么办？这是我看过最好的解决办法！[EB/OL].（2020-02-14）[2022-02-18].https://mp.weixin.qq.com/s/GE5MEEJjRmYcr97RdBTwTw.

库产品知名度，扩大智库成果影响力。❶ 行业媒体深耕专业领域多年，拥有丰富的行业资源，可利用自身的品牌力量，通过专家座谈、行业峰会、访谈报道等组建专业智库团队，为行业治理提供智力支持。中检报业可汇集全国公检法系统的专业人士，对司法理论与实践中的问题建言献策。同时，行业媒体要连接公众，在民众情绪和政策制定中做双向沟通。

在重大公共事件的报道中，行业媒体固然面临许多挑战，但通过实践创新，在参与社会治理方面仍大有作为。以中检报业为代表的行业类媒体，在此次疫情中呈现了一批优秀作品，普及防疫知识，促进公众参与防疫治理。作为社会治理多元化主体之一，行业媒体要全面提升监督能力，以建设性报道理念关注行业中的难点，转变媒体功能，打造服务平台，使媒体成为政府与公众之间的转换器，更好、更深地参与社会治理。

---

❶ 刘红兵. 媒体智库与智慧媒体——南方报业传媒集团打造传媒智库、推进智慧转型的实践与思考［J］. 传媒，2019（4）：9.

第二部分

新闻边界：媒介社会化的挑战

第五章 网络虚假新闻的话语生成

新闻工作的原则有其行业性的传统，以一种默会的知识（tacit knowledge）被一代一代新闻工作者所实践检验。[1]新闻话语的规范化、标准化通过传统成为共同体接受的行业规则。而发端于网络空间的自媒体新闻是一种大众话语实践，[2]并不遵循专业媒体书写的规则和技法。在网络空间话语权竞争激烈的背景下，以自媒体为代表的底层书写反而为新闻消费者提供了更多的话语阐释与意义消费。然而，网络空间的话语生成与修辞策略受到民粹主义的影响，是网民独特的政治表达与交往行动。[3]加之新闻生产的规模和复杂性，以及新闻分发的速度和效率远非昨日之景，虚假新闻泛滥似乎成为网络空间的传播现实。网络社群的构型特征、网络发展与晚期现代性的融合以及话语主体的多元，造成今天我们对虚假新闻的辨别和治理愈加困难。虚假新闻往往以部分真实情况与情绪修辞夹杂而成，其生产与传播亦是一种"话语施事"，即通过话语完成行为效果。[4]因此，审视虚假新闻生成与网络空间话语范式之间的联系，或许可以帮助我们了解虚假新闻的时代语境，为新闻话语规则的再合法化建构提供重要依据。

---

[1] 刘海龙，连晓东.从默会知识到公共知识：《新闻的十大原则》与新闻专业理念的形成[J].新闻记者，2011（3）：88.

[2] 尹连根，王海燕.失守的边界——对我国记者诠释社群话语变迁的分析[J].国际新闻界，2018（8）：16.

[3] 陈龙."借题发挥"：一种中国特色的网络舆论话语生成模式[J].新闻与传播研究，2019（12）：72；陈龙.民粹化思维与网络空间底层叙事的天然正义性话语修辞[J].社会科学，2018（10）：168.

[4] 曾庆香.话语事件：话语表征及其社会巫术的争夺[J].新闻与传播研究，2011（1）：7.

一、虚假新闻的研究脉络

（一）虚假新闻研究

国外学者对虚假新闻（fake news）的研究可追溯至"一战"时期的政治宣传，特朗普执政时期又因其作为政治工具的作用而备受学术圈关注。但虚假新闻的界定并不明晰，往往与其他信息失序混同，如错误信息或误导信息（misinformation）和意图欺骗人们的虚假信息（disinformation）。❶自2016年美国大选以来，四大文献数据库（SSCI，ESCI，SCOPUS和EBSCO）中关于虚假新闻的研究显著增多，似乎是受互联网和参与式媒体的影响，这极大地扩展了虚假新闻研究的媒介视界，譬如以喜剧和讽刺新闻秀而闻名全球的批评性伪新闻（criticizing fake news）。❷这些研究因其局限于北美国家的议题、受众和现象，亟须从不同学科领域、不同学术版图来加以丰富与拓展。

国内学者除了从维护新闻的真实性来批判虚假新闻外，❸研究仍以虚假新闻的防治角度为主诉，❹也略有探讨虚假新闻的生成机制，如新闻写作范式的异化研究。❺学者们也较为关注网络对于虚假新闻生成及传播带来的影响。❻

---

❶ LAZER D M J, BAUM M A, BENKLER Y, et al. The Science of Fake News[J]. Science, 2018, 359（6380）：1094.

❷ ARQOUB O A, ELEGA A A, DWIKAT H, et al. Mapping the Scholarship of Fake News Research: A Systematic Seview[J]. Journalism Practice, 2020（8）：23.

❸ 郑保卫. 呼唤新闻良知 杜绝虚假新闻——浅谈虚假新闻与道德误区[J]. 新闻界, 2001（2）：34；杨保军. 认清假新闻的真面目[J]. 新闻记者, 2011（2）：4；赵振宇. 进一步厘清虚假新闻概念的几个层次[J]. 新闻记者, 2011（6）：65；郝雨, 张晓伟. "类虚假新闻"再批判[J]. 上海大学学报（社会科学版）, 2011（3）：120.

❹ 周灿华. 传播心理学视野下虚假新闻的防治[J]. 中国出版, 2014（19）：64-68；陈绚, 张文祥. 假新闻治理的路径革新[J]. 国际新闻界, 2012（12）：76；董天策. 虚假新闻的产生机制与治理路径[J]. 新闻记者, 2011（3）：35-37.

❺ 钟克勋. 透析新闻写作范式的变异[J]. 新闻界, 2009（4）：120-121.

❻ 柳汉娜. 网络虚假新闻的诱因及治理对策[J]. 中州学刊, 2009（2）：250；吴晓明. 网络虚假新闻的生成形态[J]. 上海师范大学学报（哲学社会科学版）, 2006（1）：88-89；常红. 网络传播中虚假新闻现象剖析[J]. 新闻记者, 2005（6）：48.

近年来虚假新闻研究关注的重点在于媒介生态和受众心理变化对于整个新闻业的影响，主要受"后真相"概念的触发，考察受众对虚假信息的接受心理[1]和认知框架[2]，反思虚假新闻所承载的镜鉴价值和工具功能，[3]进而确立新闻业权威的重塑路径。[4]

（二）虚假新闻话语研究

新闻话语的研究议题大致可以分为与新闻话语相关的理论研究和传播实践中的新闻话语研究两大类。与新闻话语相关的理论研究主要起源于梵·迪克（Van Dijk）的新闻话语理论，包括新闻文本的结构分析、新闻话语生产的分析、新闻话语理解的分析等部分。[5]西方学者对于虚假新闻研究兴趣是基于政治认同（political identity）对受众所感知的新闻可信度的影响，新闻媒体认为虚假新闻的流行是由于政治环境、技术平台和新闻受众，把责任和解决路径置于新闻工作的边界之外。[6]然而，学者们却发现关于虚假新闻的精英话语可能会比接触虚假新闻本身带来的危害更大，会影响人们对真实新闻的评价；[7]反而，数字媒体的新闻行动者突破了传统媒体的新闻工作边界，成功地提供了一种更为广义的新闻话语并使其合法化，其发布的评论和报道可以促进而不是分散新闻核心——真实性。[8]这

---

[1] 刘自雄，王朱莹.被信任的假新闻——虚假信息的受众接受心理探讨［J］.现代传播（中国传媒大学学报），2011（7）：56；周灿华.传播心理学视野下虚假新闻的防治［J］.中国出版，2014（19）：64-66.

[2] 胡杨，王啸.什么是"真实"——数字媒体时代受众对假新闻的认知与辨识［J］.新闻记者，2019（8）：10.

[3] 张振宇，喻发胜，王然.讽刺画、预警器和烟幕弹——对国内假新闻研究的反思与重构（1980—2018）［J］.国际新闻界，2019（11）：158.

[4] 熊江武.后真相时代主流媒体话语权的消解与重构［J］.新闻战线，2019（16）：59；张广昭，王沛楠."后真相"时代西方社交媒体的政治传播［J］.人民论坛·学术前沿，2020（16）：102.

[5] DIJK J V. Handbook of Discourse Analysis［M］. London：Academic Press，1985.

[6] TANDOC E C，JENKINS J，CRAFT S. Fake News as a Critical Incident in Journalism［J］. Journalism Practice，2019，13（6）：673.

[7] VANDUYN E，COLLIER J. Priming and Fake News：The Effects of Elite Discourse on Evaluations of News Media［J］. Mass Communication and Society，2019，22（1）：29.

[8] ELDRIDGE S A. "Thank God for Deadspin"：Interlopers，Metajournalistic Commentary，and Fake News through the Lens of "Journalistic Realization"［J］. New Media & Society，2019，21（4）：20.

些研究不但证明了新闻话语的规范与边界的消融，也证明了当下对虚假新闻的研究需要突破原有的学术边界与专业认知。

网络传播时代新闻话语生成并不完全尊崇传统新闻话语范式，也导致了网络空间话语权的变迁与复杂化，❶ 因而引起了国内学者的关注：一是探讨新闻话语方式的创新和话语体系的建构；❷ 二是延续话语批判视角，探讨新媒介新闻文本的话语权鸿沟❸、话语危机❹等；三是提出新媒体上虚假新闻的话语生产特征及其影响，如表达元素和话语符号建构的特征，❺ 新闻话语规范的失序。❻ 虚假新闻研究的传统多以新闻实践中的个案或议题展开话语批判，其研究落脚点仍沿袭了新旧媒体分野的辨析方式，把新闻话语体系或规范的重构建立在专业媒体报道应对新媒体传播环境的对策上，或者是从法律层面上治理虚假新闻的源头。❼ 在新闻生产"液化"（liquid）的当下，这两种治理路径的效用发挥有限。

（三）文献反思

笔者搜寻了中国知网以"假新闻"和同义概念为关键词的学术文献，

---

❶ 苗艳，陈佳钰.新媒体事件中"媒介话语格局"的变化［J］.新闻界，2017（2）：84.

❷ 尹韵公，王凤翔.新闻评论传播范式的话语转型与构建——以中央电视台《今日观察》栏目为例［J］.现代传播（中国传媒大学学报），2010（1）：35；董天策，梁辰曦，夏侯命波.试论《人民日报》官方微博新闻评论的话语方式［J］.国际新闻界，2013（9）：81；史安斌，刘滢.从"倒金字塔""斜金字塔"到"正金字塔"——基于社交媒体的新闻话语体系和传播模式初探［J］.新闻记者，2014（7）：14；童兵.在文化合力中推进新闻学话语体系建设［J］.现代传播（中国传媒大学学报），2017（6）：10；姜红.新媒介形态下新闻传播学话语体系的转型［J］.南京社会科学，2017（1）：16.

❸ 张羽，侯逸君.微博中农民话语权缺失现象分析——以关中农村地区微博新闻使用情况调查为例［J］.西北大学学报（哲学社会科学版），2013（1）：147；高丽娟.从网络新闻标题看跨文化传播意识的差异［J］.求，2010（1）：193.

❹ 田大宪.网络流言与危机传播控制模式［J］.国际新闻界，2007（8）：55；郝明工.漫议网络新闻传播的法"神圣化"［J］.新闻界，2007（2）：129.

❺ 李彪，潘佳宝.自媒体时代虚假新闻的话语空间生产与修辞研究——基于2010—2018年的81个虚假新闻文本的分析［J］.新闻大学，2020（4）：53.

❻ 张晁宾，庹继光.论网络社群失序中媒体话语表达权的规范——以"95后萌妹发帖征集男友旅游"事件为例［J］.新闻界，2015（1）：48.

❼ 庹继光，刘海贵.虚假新闻中的传媒法律责任探析［J］.新闻记者，2012（4）：36；顾理平.契约精神视野中的虚假新闻［J］.现代传播（中国传媒大学学报），2008（5）：36.

发现国内学术界界定虚假新闻时多以专业媒体报道为分析对象，如《新闻记者》年度虚假新闻研究报告及以其遴选案例为研究对象的期刊论文；亦有少数学者将产制于新媒体平台的虚假新闻界定为"策划新闻"或"反转新闻"，❶但后者的学术内涵并不严谨，从其产生的社会影响以及对传播秩序的损害来看，外延亦常与虚假新闻重合。因此，仅以刊发媒体性质来界定虚假新闻的研判标准在当下的传播语境中已然失效，各类虚假信息的传播路径变得更为模糊难辨。❷鉴于此，本章认为考察虚假新闻生成机制也需要引入"边界工作"❸的理论视角。

以往新闻话语研究的逻辑起点是表现专业媒体应对网络民意裹挟时的专业优势，以"我群"与"他者"新闻叙事差异来论证"记者作为诠释社群"❹的合法身份与职业地位。但通过公众对新闻事件的集体言说，研究者已发现公众假新媒体之力业已直入新闻报道的诠释场域，参与对新闻产品边界的建构。❺在新闻专业范式受到公众话语的修补、挑战甚至形塑之下，传统媒体与社交媒体的边界之战将会如何塑造各自的合法性与新闻权威就更值得审视。❻本章由此确立了研究目标，即以虚假新闻话语与网络空间话语范式的相关性来探析新闻（话语）是否存在边界模糊问题，进而审视传统新闻业的边界受损是如何形成和演化的。❼

---

❶ 黄金，张娜.网络策划新闻乱象及治理对策［J］.传媒，2014（12）：44；曾祥敏，戴锦镕.新媒体语境下新闻反转、舆论生成机制和治理路径探究——基于2014—2020年典型反转新闻事件的定性比较分析（QCA）研究［J］.社会科学，2020（7）：169.
❷ 年度虚假新闻研究课题组.2019年虚假新闻研究报告［J］.新闻记者，2020（1）：22.
❸ GIERYN T. Boundary Work and the Demarcation of Science from Non-Science: Strains and Interests in Professional Ideologies of Scientists［J］. American Sociological Review，1983，48（6）：781.
❹ ZELIZER B. Journalists as Interpretive Communities［J］. Critical Studies in Media Communication，1993，10（3）：219.
❺ 尹连根，王海燕.失守的边界——对我国记者诠释社群话语变迁的分析［J］.国际新闻界，2018（8）：18.
❻ 陈楚洁，袁梦倩.新闻社群的专业主义话语：一种边界工作的视角［J］.新闻与传播研究，2014（5）：64.
❼ 白红义，李拓."边界工作"再审视：一个新闻学中层理论的引入与使用［J］.湖南师范大学社会科学学报，2020（2）：153.

二、追赶时间性的新闻叙事捷径

新闻是对社会生活的实时反映，新闻话语也体现一定的时代性。互联网时代之于传统媒体最大的革新性是新闻的时间性（temporality）变迁。新闻业建立了自己作为一个与时间赛跑的事实讲述者的专业权威（authority）和社会正当性（legitimacy）。❶抢占事件的首发权越来越意味着抢占事件的话语权。我们常常见到新闻事件的发生发展与媒体报道、舆论场同频共振。社会化网络的高连接性给予人们评议发声的时机与空间，互动交流的时距被缩至为零。新闻编辑部在追赶时间性下，选用经过刻意修辞的标题，以唤醒受众的认知格式塔，提升新闻议题的传播效果。

（一）二元对立下的"意外"

人们对于某几类主题事件的高关注度是媒体乐于报道的重要原因，而使人们产生关注欲望的源头在于新闻的可读性。能够引发社会反响的新闻议题往往都容易被嵌入二元对立的叙事框架。二元对立模式蕴含着关系张力，是文学作品中读者熟知的叙事策略。超越二元对立或解构二元对立的第三种故事结局，往往是读者难以"意料"的，也被广泛运用来增添虚假新闻的文本魅力。

2016年2月7日，《华西都市报》微博以"女孩跟男友回农村过年，见到第一顿饭后都想分手了"为题，报道了一则蕴含"贫"与"富"、"农村"与"城市"对立关系的新闻，后经查证该新闻来自论坛，不仅新闻中的"上海逃饭女"为虚构，其"江西农村男友"也是假的。同样的还有2013年齐鲁网的《视频曝济南一路口中年夫妇当街殴打白发老太太》，将患病老夫妇与其保姆的正常雇佣关系张冠李戴成虐老暴力事件。

---

❶ 王海燕.加速的新闻：数字化环境下新闻工作的时间性变化及影响[J].新闻与传播研究，2019（10）：53.

（二）事实拼盘下的价值输出

社会对新闻速度的期待超出了新闻机构可以提供的范围，平衡时新与真实的做法是一边进行事实调查一边用不够完整的信息"拼图"叙述故事，由于事件全貌并未全部展现，新闻的重要性在残缺的事实叙说中难以显现，于是，新闻叙事必须强化价值输出来警示公众。这种报道方式也正契合了互联网时代人们碎片化的阅读习惯，由此引发对事件细节及结果的超前预判，以合理化其报道目的。

2018年10月的重庆万州公交车坠江案中，新京报网等多家媒体抢先以"重庆万州大巴坠江前曾与逆行轿车相撞"为题，在事故原因尚未有定论的情况下就推断为"女司机逆行"，利用人们的性别刻板印象来构建价值共识，以彰显报道的重要性。

由上所述，追赶时间性的新闻叙事捷径是突出新闻议题的可读性和重要性，而完整性和客观性在网络传播空间中的叙事地位弱于前两者。"时间与速度终结了任何机构以文本的方式来认定事实的可能性，事实的传播主体成为幽灵，导致多极化传播主体在互联网信息平台上的狂欢。"❶

三、新闻话语边界的消融

梵·迪克认为，理解新闻话语可以从文本和语境两个视角来进行，语境视角关注新闻话语的风格和修辞。❷ 理解新闻话语的变迁，则需要关注新闻话语生成的语境。网络空间的新闻传播具有与传统传受时代不同的特征，阅读场景的变迁也在悄无声息地影响着读者在接收新闻消息时的心理，参与式传播实践了另一种阅读范式。苗艳和陈佳钰认为，以网民群为基本样态的新意见阶层产生，表明中国社会产生了一种新的话语言说方式，这种新的言说方式将对中国新闻话语产生深远的影响。更进一步地

---

❶ 胡翼青.再论后真相：基于时间和速度的视角［J］.新闻记者，2018（8）：28.
❷ ［荷］梵·迪克.作为话语的新闻［M］.曾庆香，译.北京：华夏出版社，2003：52.

说，它标志着大众话语权力的产生。❶

（一）空间折叠下的阅读场景

早在 20 世纪，街头读物就是人们茶余饭后消遣的最佳工具，其类型丰富且常以解压或娱乐话题吸引阅读。街头读物的受众横跨各个年龄阶层，阅读它们并不会占用人们的工作时间，不但能起到放松的作用，还能成为闲暇时的轻松谈资。随着互联网时代城市文化空间的变迁，街头书摊逐渐减少，屏端碎片化阅读盛兴，人们在各种场景下的阅读空间折叠，于是八卦秘闻与严肃新闻被一并陈列在 App 界面的屏窗里供选点读。

信息技术的现代化加速消除了新闻信息原有的独特地位和阅读"神圣"。作为"新闻游牧者"❷的人们不再专门留出时间正襟危坐地阅读报纸上的新闻，而是会在闲暇时间消遣式阅读中穿插点击几条新闻。新闻消费场景与街头读物的阅读场景并轨了，人们开始以更为游戏的心态来理解新闻、解读新闻和评论新闻。威廉·斯蒂芬森（William Stephenson）曾一语道破阅读天生自带的游戏特质，认为从人的主观性方面来讲，新闻阅读具备了游戏的所有特性。他将新闻阅读总结为一种"纯粹游戏态度"的主观性游戏。❸非正式的语言表达迅速入侵新闻写作并形成娱乐化的趋向，2020 年 4 月，一张经过 PS 的图片被北青网等媒体转载并配上《泰国猫咪因违反外出禁令被逮捕　网友：看表情就是社会猫！》的标题在社交网络上流传甚广，"社会猫"这一戏谑的表达瞬间激发人们阅读时的游戏心理，又将之与疫情期间的封城规定相联系，将严肃的疫情期管制解构成可被游戏的娱乐信息。

由此视之，人们在阅读新闻内容的时候并不是简单地接收，而是带有

---

❶ 苗艳，陈佳钰. 新媒体事件中"媒介话语格局"的变化［J］. 新闻界，2017（2）：85.
❷ ［美］比尔·科瓦齐，汤姆·罗森斯蒂尔. 真相：信息超载时代如何知道该相信什么［M］. 陆佳怡，孙志刚，译. 北京：中国人民大学出版社，2014：179.
❸ 柯泽，宗益祥. 媒体只是受众自我取悦的玩具——传播的游戏理论及网络语境下对传媒业的启示［J］. 新闻记者，2014（2）：47.

强烈的参与欲望,这种参与的欲望可细化为期待新闻事件中的剧情反转、挖掘新闻主角身份等游戏心理。社交平台为网民提供了追踪、分享、再制新闻的行动者网络,对反转剧情的期待、对人物秘闻的热衷可视作人们寻求信息的"多巴胺"奖励。

(二)算法投喂下的话语图式

以"算法"技术进行分发是网络空间新闻分发的重要模式。在互联网上,搜索引擎通过技术汇聚海量的网页内容,然后通过用户主动输入的关键词给用户返回想要的信息。基于用户数据(如动作、环境和社交特征)挖掘的媒体平台,如"今日头条"采用了推荐引擎的方式来满足用户获取个性化信息的需求,即基于用户阅读情况判断其喜好,推送与其息息相关的信息。❶

基于推荐引擎对用户信息分发的投喂机制,人工编辑可采纳更易被机器读取的话语图式(schema)以帮助新闻提高搜索引擎中的自然排名(SEO原则),将关键词嵌入标题的前半部分,赢得机器抓取的优先排序权,而在后半部分进行细节补充。这种话语图式虽然容易被算法推送,但是也更易导致虚假新闻的扩散,易被读取的关键词通常都带有一定的修辞结构,不但能引起机器的注意,而且能引发人们的情感反应。迎合算法的新闻话语图式也逐渐成为新闻信息修辞的一种主流规范,新闻写作的中立、客观标准让位于人格化、煽情性的过度修辞。新闻标题常常用的图式包括:

震惊!/痛心!/暖了!/定了!+……

"你那么忙,一定很焦虑吧?"(《人民日报》微信公众号阅读量"10万+"标题)

比如2013年被证实是摆拍的小女孩为中暑清洁工撑伞事件,标题

---

❶ 张一鸣.机器替代编辑?[J].传媒评论,2014(3):38.

《孩子，谢谢你！》颇具对话体风格。2020年4月，红星新闻关于记者探访河南4名儿童被埋事件中的报道《愤怒！我们的记者被打了！》，"我们"这一人格化的指称让读者与记者的心理距离拉近，由此点燃共同的"愤怒"，而后随着新闻核实的跟进，事实的多面向被展演，如此出现了新闻的反转。

（三）召唤结构下的意义同构

"召唤结构"是指文本自身具有的召唤读者阅读的结构机制，表现为文本中的"意义空白与未定性"可以召唤读者创作能动性，进行文本意义生产。❶

浅层次的召唤结构是寻求认同，运用朴实直白的话语策略。例如在标题中直接嵌入召唤话语：速转，分享，扩散，点赞。

进阶版的召唤结构是延宕核心新闻要素的叙事来制造悬念，召唤读者的求知心理。史安斌和刘滢认为这是一种基于社交媒体的"正金字塔"新闻话语体系。最底层是社交媒体层，其核心特点是网络语言和对话式新闻，信息包含丰富的细节、多媒体形态和大量互动元素。❷比如通过运用疑问句在题目中造成悬念，用问号、省略号等标点符号以及"点到为止"的文字描述，营造出一种"犹抱琵琶半遮面"的阅读情境，使读者产生好奇心理，进而引导其点击标题深入阅读，由此增加文章的点击量和阅读量。

高阶版的召唤结构是以心理偏离效应来勾连共识。沃尔夫冈·伊瑟尔（Wolfgang Iser）认为，当文本对读者习惯视界进行"否定"时，就会引起读者心理上的"空白"。文本的否定性结构成为激发、诱导读者进行创造性填补和想象性连接的基本驱动力。❸新闻文本召唤结构能实现媒体与公

---

❶ 刘锐.微信谣言元文本的召唤结构、受众期待视野与辟谣策略［J］.情报杂志，2016（12）：35.

❷ 史安斌，刘滢.从"倒金字塔""斜金字塔"到"正金字塔"——基于社交媒体的新闻话语体系和传播模式初探［J］.新闻记者，2014（7）：16.

❸ 朱立元.略论文学作品的召唤结构［J］.学术月刊，1988（8）：43.

众的意义同构，激发读者补叙、联想与意义的主动建构。

2020年10月27日凤凰网刊发《学生当全职太太回来为女高捐款　张桂梅直接拒绝：滚出去！》，引发全网对女高校长与全职太太之间的对抗性意义勾连。校长的完整采访语境与全职太太学生的人生处境都被忽略，只保留叙事的冲突性和悬疑性，语焉不详之处恰好能对读者习惯视界里的"女性选择"产生否定性驱动，刺激其参与"当全职太太正确与否"的媒介辩论。又如封面新闻2020年10月24日的发文《警方回应女子将同伴推下水库：两人均已溺亡，推人者曾服用抑郁症药物》，也会让读者把抑郁症患者与杀人嫌犯之间建立意义勾连，尽管报道话语的"字面"是真实的，但由此诱导读者做出虚假因果关系的"联想"与"续写"，其产生的传播效果与虚假新闻并无差异。

四、媒介议题中的母题再造

"母题"（motif）最早是音乐艺术中的一个概念，主要指一部组曲中不断反复出现的一个旋律，后来有人将其引入文化人类学的研究中，以探讨文学创作经常出现的主题，其体现了人类反映世界、表达情感与认识的共通心理图景模式。❶ 虚假新闻的话语策略也呈现出母题趋势，这种媒介议题中的母题叙事更易调动网民的认知原型和集体无意识。❷

（一）模因认知与民粹表达

模因（meme）是英国生态学家理查德·道金斯（Richard Dawkins）用于指代文化传播的单位，在互联网文化中，模因往往意指由文本、图片或其他形式组成的信息包裹，因其可以不断被仿制和传播而成为一种文化基

---

❶ 陈龙. 纳入母题框架叙事：一种网络传播的修辞策略［J］. 西北师大学报（社会科学版），2018（5）：30–31.
❷ 陈力丹. 文学的叙事和"母题"［J］. 东南传播，2016（9）：30–34.

因。❶ 流行模因语汇大多来自公共事件和社会热点，是网民运用隐喻和象征手法表达其对公权力的适度反讽。❷ 与新闻议题相关的模因产生于司法不公、贫富差距大、官民矛盾深的社会状态中，是网民民粹化的修辞策略，以"弱者天然正义"的底层叙事来转化社会共识。❸

2010年"地沟油"事件被曝光以来，"地沟油"一词被塑造为与"黑产业"同义的模因。2014年5月14日人民网报道的新闻《地沟油去哪儿了？起底京畿地沟油黑色产业链》，一经发布便引起关注。后经证实是记者将处理废弃油脂的"嘉里油脂化学（天津）工业有限公司"误认为是"嘉里粮油（天津）有限公司"。但因新闻中的"地沟油"模因迅速唤起公众对黑产业的痛点认知，触发网民负面的话语偏向。

"青岛天价虾"事件之后，有关各地黑心旅游的新闻屡见报端。2016年2月，在对哈尔滨某饭店鱼类价格的调查报道中，《新京报》、新浪新闻等媒体均使用了"天价鱼"一词，即便后来证实该饭店并非价高宰客，但"天价"一词已然成为网民表达的新闻模因。新闻模因的仿制与流行，在公众脑中植入了一个固有的新闻框架，在相似新闻语境中被反复提及与叠加使用，让公众记忆与并不同质的社会现实混同，是一种对社会问题的叙事简化，最终仍是新闻议题"类同化"与"再问题化"。

（二）原罪论说与情绪堆叠

简化新闻议题的叙事，将导致在既有认知框架下做类同归因。虚假新闻之所以能迅速地扩散，正是因其诉诸了简单的原罪论说方式。假消息往往是借助尚未明晰的事实细节，而只在几个模糊的人物中去建构关系，并与媒介母题建立话语勾连，以原罪论说的方式不断刺激网民表达负面情绪。

---

❶ 何自然.语言中的模因［J］.语言科学，2005（6）：54-55.
❷ 葛厚伟，别君华.强势网络流行语模因的传播要素与社会性［J］.中国出版，2017（5）：55.
❸ 陈龙.民粹化思维与网络空间底层叙事的天然正义性话语修辞［J］.社会科学，2018（10）：166-167.

首先,以商业原罪论说"劳工神圣"母题,譬如新劳工阶层的悲情故事仍是以相似的母题叙事来获取普遍关注。2018年11月18日《北京青年报》发表了《快递小哥因快递被偷雨中痛哭20分钟》,同类的还有"外卖小哥丢车雨中痛哭"等相似事件,后皆证实为虚假新闻。之所以仅凭几张图和拼凑的话语就能带动全网迸发对抗性情绪而冲上热搜榜,是因为强化"劳工神圣"的建构更能赢得普通大众的共情。

其次,以权力原罪论说"性与暴力"母题,在婚恋关系、师生关系、职场关系等主题的虚假报道中较为常见,似乎故事中的权力关系一定隐含着不公平的剥削与交易。2020年源于自媒体平台上的公共传播事件,如"广州一小学体罚哮喘儿童至吐血抢救"及"梁颖告罗冠军性侵",均是涉事人为达成其话语施事的目的而有意传播了虚假信息。尽管专业媒体在尚未调查全部事实时保持了克制与冷静,如《人民日报》、央视新闻等媒体微博均在当地教育局以及警方介入调查之后转发了新闻公告,但因这些个人议题借助论说师权、男权的"原罪",早已调动全网情绪而上升为公共议题,具有虚假新闻传播的典型属性,应非仅以谣言视之。大量机构自媒体运用"权力即是原罪"的思维惯式在新闻中亦刻意放大强权的丑恶,如@头条新闻在报道性侵事件时使用了"渣男""血泪控诉"等话语激起人们对性剥削的想象,以此作为公众情绪堆叠的基点。

另外,以制度原罪论说"复仇英雄"母题,多集中于司法监督报道。2017年3月在山东聊城于欢案中,《南方周末》的报道《刺死辱母者》以及转载网媒在改编标题中突出"辱母"情节,公众由此解读成在紧急情势下的悲凉义行,"过当防卫"的法律事实被旁置;2018年在昆山反杀案件审理过程中,围绕着反杀者于某某与被反杀者刘某某出现了各种虚假信息,甚至虚构了一位因上传案件现场视频而被开除的"幕后"民警。这些虚假言说所构建的"末路英雄"故事,有其鲜明的复仇母题内核,即以小人物的人性光辉来揭露结构性的社会不公,以情感动员合理化其复仇动机,并以宣泄抗争情绪来形成集体性的话语协同。

（三）戏说成瘾与新闻观演

虚假新闻还常因事实离奇而被收编为"都市传说"[1]，用戏说情节来重新编排元话语。从"江歌遇害法律案件"到"刘鑫道德审判事件"的话语演变中，不难发现大量以戏剧性虚构情节为主的虚假报道。事件伊始，媒体关注焦点是案件进展报道，与警方调查路径基本一致，舆情在该阶段没有大幅涌现。案发四个月后，江歌母亲发起线上活动并在社交平台发布文章，"独女""单亲""闺蜜"等身份信息在这个阶段进入大众视野，伴随着刘鑫"享受生活"的个人行踪及其父亲"大言不惭"的电话录音曝光，一时之间，关注焦点从事件转向人物关系戏说。大量自媒体报道将江歌、刘鑫、江歌母亲作为"故事"人物加以续写，比如"她刊"的文章《江歌，你替刘鑫死去的100天，她买了新包包染了新头发》一文，作者就调用了想象力，来描述尚不确定的现场状况——"外面尖叫声，撕扯声混成一片，江歌喊着救命，喊着报警，而刘鑫关紧了门"。又如2020年2月华商汉中头条号对于抗疫人员的报道《孩子出生不到20天，他却主动申请投入抗疫一线……》中，让不到20天的幼童"开口说话"，为悲情英雄强行渲染气氛。

对比自媒体的话语策略和专业媒体的同时期报道可以看出，专业媒体聚焦的矛盾与问题常常并不具备"戏剧特点"。虚假戏说以满足公众的知情权为幌，实则是用魔幻情节造就了网络空间的"新闻观演"，将网民异化为观演新闻剧目的观众。新闻失实所导致的新闻反转剧给读者带来的心理冲击不亚于观剧体验带来的愉悦。虚假新闻的"剧场效应"最终导致"剧场"与现实的偏离，增大人们政治生活的异化风险。

五、新闻话语规范的再合法化

本章试图用新闻叙事特征来总结虚假新闻在网络空间的话语生成方

---

[1] [美]布鲁范德.消失的搭车客：美国都市传说及其意义[M].李扬，王珏纯，译.北京：生活·读书·新知三联书店，2018：5-17.

式。虚假新闻往往也是以真实新闻为蓝本的衍生品,但更容易引起读者的"意外"之情,产生"续写"欲望和制造流行"母题"。但我们在搜寻虚假新闻案例之时,也同样不难寻到真实新闻文本中对这些话语图式的"借鉴"与运用,甚至我们在辨别话语的规范与失范时也越来越难以划分清晰的界限,只是借助被证伪的"事实言说"来确定比对坐标。本章列举的虚假新闻案例大致可以分为两类:一类是核心事实的虚假言说,一类是导致公众认知偏差的话语策略。前者的辨别与证伪路径历来依赖于新闻工作的事实核查和专业机构的阐释佐证;而后者却展现了网络空间中机构话语与民间话语体系的互动建构,这也是本章试图阐释虚假新闻生成的时代语境。这是否说明新闻话语的规范需要被更新,新闻话语的规范主体需要扩大,因而新闻话语规范的再合法化是需要行业内外去共同建立的新常识和新共识,这样才能对虚假新闻与网络传播的伴生关系以及治理思路提供另一种新理解。

　　本章研究的意义在于通过分析虚假新闻的话语范式,发现新闻业传统话语规范的迭代与话语边界的消融,或许专业记者并不总受"新闻模式和路径的驯化",而是通过网络开放的话语空间重拾了社会文化中"悠久的言说传统"——母题再造,新闻话语边界的流动性就更值得关注。加之专业记者本身也是一个不断确立职业边界的概念,"何为记者""何为新闻""如何做新闻"才成为在时代场景中需要重新确立答案的知识社会学。提升对新闻专业领地的理解,不仅需要考察新闻媒体与新新闻行动者如何融入,还需要考察这些行动者如何表现其新闻记者的身份认同和实践意图,以及公众如何认知其角色。[1]那么,以传统新闻行动者和新新闻行动者所"共享的诠释策略"[2]来讨论新闻话语规范的再合法化,将是未来值得研究的题目。

---

[1] ELDRIDGE S A. "Thank God for Deadspin": Interlopers, Metajournalistic Commentary, and Fake News through the Lens of "Journalistic Realization" [J]. New Media & Society, 2019, 21 (4): 1.

[2] FISH S. Is There a Text in This Class? [M]. Cambridge, MA and London, UK: Harvard University Press, 1980: 56.

第六章　网络策划新闻乱象与治理

"策划新闻"不等同于"新闻策划",后者是对新闻报道形式的策划,而前者是对报道内容的策划,指对尚未形成的事件经过媒体的精心组织和安排,使其成为完整的事实,为媒体报道提供依据。[1]学界对此的认知基本可归纳为两点:一是"策划新闻"容易导致虚假新闻;二是"策划新闻"并不就是虚假新闻或失实新闻。[2]例如"公关新闻"也是"策划新闻"中的一类,即媒体通过报道自己发起的活动来宣传自己。因此,早期学者对"策划新闻"的讨论是媒体如何恪守两条原则:一是杜绝策划虚假新闻;二是保持媒体对策划新闻的"冷"报道。

随着自媒体及社交媒体的繁荣,网络上出现了大量由非媒体实施策划的"策划新闻",有些新闻甚至通过网络转载不断叠加舆论声量,反而影响了专业媒体的报道议程。网络策划新闻的策划者不再局限于媒体,新闻当事人也可以通过自媒体成为新闻报道者;加之媒体职业道德对网民和新闻当事人并不具备约束力,导致新闻乱象增多。如虚假新闻增多,商业公关与公共事件混淆不清。可见,网络策划新闻的治理路径需要革新。

本章选取2013年度网络策划新闻的典型案例,从分析网络策划新闻的策划方式和传播特征角度,试着梳理该类新闻的治理盲点并提出相应对策。

---

[1] 杨爱国,刘学芬.新闻策划与策划新闻[J].采写编,2003(6):39.
[2] 董天策.虚假新闻的产生机制与治理路径[J].新闻记者,2011(3):34.

一、策划新闻的传播特点

网络策划新闻是"策划新闻"在网络传播环境下的变种,它符合"策划新闻"的信息传播过程,都是用新闻报道过程介入新闻事件发展过程。但网络策划新闻的传播起源、过程与方式有了很大的扩展。

(一)策划者:草根与行业并存

网络上人人平等,人人都有可能成为引导大众传播的自媒体。过去,由于媒体对传播发布资源的垄断,策划者往往是新闻从业者。例如,"纸馅包子"虚假新闻策划引发了对我国新闻行业管理的反思和对新闻从业者队伍的整顿。如今,大量网络策划新闻的发布源是非新闻从业者。一部分策划者是草根,如"帮汪峰上头条"是来自粉丝的微博话题,"电死外星人"完全是网友通过论坛一手策划的虚假新闻。另一部分策划者是营利性的公关企业,如"深圳最美女孩"是经网络推手炮制。公关企业的策划行为一般具有隐蔽性,往往藏匿在新闻当事人的背后为其出谋划策,如"夏健强的画"事件。

(二)策划对象:攀附社会热点事件

新闻策划不都是对虚假新闻的策划,也有对真实事件的策划。网络策划新闻也不可避免地导致了很多虚假新闻,但越来越多的策划是跟随公众热点事件或社会关注度高的事件。后一种策划行为模糊了公众对社会热点事件的焦点,非常难以辨别人为策划因素,还原事件真相。如"农夫山泉质量门"事件中的被诉与反诉,"夏健强的画"的公益性与商业性,如今成了似是而非的问题,更加无法简单地将网络策划新闻中的虚与实划分清晰的界限。

(三)策划目的:商业动机为要义

过去媒体"策划新闻"讲求公益性第一,或者是通过公益性来宣传媒体自身或赞助企业的品牌，间接促进其经济效益。因此业界认可"公关新闻"或"非独立型报道策划"的存在价值。但如今网络策划新闻很多不考虑公益性，纯粹是出于商业动机。其中也不乏利用公益性来达到商业动机的策划行为，如"雅安地震中微博接力寻人""深圳最美女孩"。新闻首先是公共信息，网络策划新闻介于公共信息与商业信息的交叉地带，它不像广告这类纯粹的商业信息，又因为攀附了社会热点事件而具备公共信息要素。正是这种含混不清的性质，网络策划新闻能迅速广泛地传播开来。

（四）网络声量：震荡式放量与回跌

通过追踪2013年度的网络策划新闻的百度搜索指数，我们发现网络策划新闻的传播呈现出起落较大的波峰。往往是在新闻发布的24小时内，迅速升温，随即达到搜索的顶峰，但很快搜索回落到平均值。实际上，这种震荡式放量与回落，与网络传播快速复制的特征有很大关系。

网络策划新闻始于网络发布，一旦经社交媒体引入，易形成病毒式扩散效应，受众量迅速增放，新闻持续发酵。这时候如果主流网站不加思索地转载就可形成反哺效应，进一步刺激社交媒体上的关注与讨论，直至传统媒体跟进，民众获知的信息渠道增多，网络搜索量便迅速回落。

二、策划手段及其影响

尽管网络策划新闻的现象多变，规律难以把握，但笔者试着从选取的2013年度网络策划新闻案例中总结出三种策划手段。

（一）虚构异常新闻，带动网络搜索

网络虚假新闻有很大一个比例来自网友天马行空的虚构，而这些看似非同寻常的新闻却能迅速地在各个网站之间传播开来，甚至传统媒体也趋之若鹜。这类炮制的新闻一开始都希望用吸引眼球的词汇引起网友的关注和转发，如"500亿"数字分量足够；或善用网络热词贴合搜索优化，比如"最美某某"。更重要的是炮制新闻一定会符合当下的社会心理需求，比如"买奶粉送袋鼠"契合当时网友对"萌宠"的热捧，"深圳最美女孩""雅安地震中微博接力寻人"是利用了人们的善心，"美国公司500亿求购中药药方"又吻合了民族自豪感。加上这些炮制的新闻往往还巨细靡遗地叙述事件始末，让受众容易陷入细节陷阱，产生信任。比如"网友海购奶粉意外收到袋鼠"新闻中特别提到这位网友买了几罐奶粉，袋鼠如何藏匿在包裹中，甚至还配发了图片。

这类策划手段是靠新闻噱头增加网络搜索量，这几则案例中都是在原文中嵌入实际要推广的商业名称，通过虚假新闻的大肆传播来拉动商业名称的搜索排名。由于异常新闻多是社会新闻，不涉及公共事件或政治事件，它的传播危害较小，最多是涉嫌商业欺诈或干扰社会秩序。

（二）紧贴娱乐话题，开展媒体公关

利用娱乐话题策划新闻其实并不鲜见，而且这类新闻无论是在网络搜索还是微博搜索中普遍占据榜首，本节无意赘述。但2013年度娱乐圈出现的这两则策划新闻也有需要我们关注的新现象，特别是反思媒体的做法。

"帮汪峰上头条"原本只是来自草根网民的策划，却被汪峰宣传团队和主流媒体挤占，顺势成为策划这则新闻最大的受益人。汪峰趁机宣传新专辑无疑，主流媒体为何也要纷纷应和？显然，号召粉丝顶帖转发，第二天又以刊登汪峰大幅照片的版面博得网友关注，正是利用微博平台好好做了一把的公关新闻。

"抵制郭德纲"则体现了娱乐人物的"反策划"能力，把"封杀"新闻反策划成对自己有利的公关新闻。郭德纲与北京电视台的恩怨，郭德纲的负面人格评价一直以"类虚假新闻"流传。"类虚假新闻"在基本事实或主体事件上是比较确定、有据可查的，只是在事实的延伸部分或者表达倾向与观点的部分有着较强的主观性乃至虚构性。❶"广大网民在一种'亢奋'情绪的推动下不断对此事件作出种种推测,到底真相如何?在网络强大舆论引导下真相已不再是真相,受众也已搞不清什么是真相。"❷但郭德纲及其团队并没有以侵犯名誉权提起诉讼,与其说是维权成本太高,还不如说是其深谙"争议性"在娱乐圈生存的意义。此时,北京电视台用行政杠杆"封杀令"来回击,倒是正好"成人之美"。

和政治类的谣言不同,娱乐类虚假新闻的炮制办法简单,效应显著而且几乎不会构成"事故"。❸但媒体利用娱乐话题策划公关新闻时,应当慎重考虑,如果出现扎堆版面,起的是反效应。另外媒体报道议程也应当防止"被"娱乐过分策划,最终影响媒体口碑。

(三)借托社会热点,实施社会化营销

这类新闻的策划者往往本身是热点事件的当事人或一方,他们借托社会对自身的关注度,实施社会化营销。这其中既包括个人社会化营销,也包括企业的社会化营销。

个人社会化营销,指的是个人以社会化媒体为平台进行自身或作品的策划推广,以扩大影响力或获得经济效益的营销活动。❹这种行为本身无可厚非,但新闻当事人或受推手组织的唆使成为投机者,则可能利用公众的高关注度而获取暴利,伤害网络信任。如吴虹飞被释后从声明希望"淡忘此事"到条条微博秀"苦难"、汪峰对粉丝发起话题由冷转热,态度转折如此之大,都恰好配合了其个人作品的推广时机。显然,如果态度不转变,事件很快就会平息,而他们也会被公众淡忘;如果继续延续公众热议,保持高社会关注度,趁机推广自己的作品也就顺理成章。又如夏俊峰

---

❶ 郝雨.媒介批评与理论原创[M].上海:上海三联出版社,2009:251-261.
❷ 郝雨,张晓伟."类虚假新闻"再批判[J].上海大学学报(社会科学版),2011(3):124.
❸ 吴晓明.网络虚假新闻的生成形态[J].上海师范大学学报(哲学社会科学版),2006(1):87.
❹ 陈滢.个人社会化营销引发的问题及应对[J].青年记者,2012(6):33.

之妻张晶在微博奔走呼吁试图影响司法判决之外，还推销起儿子夏健强的画作，其在微博上的"高调"活动，模糊了公众本应投射到两个受难家庭的焦点。"农夫山泉质量门"是企业利用社会化媒体进行危机公关的典型案例。农夫山泉原本应当开放媒体采访、接受公众监督，结果却在微博上发表对媒体监督公正性的质询，把自己形容成市场恶性竞争的受害者，使得不少公众忘却了企业之前对媒体质询的傲慢态度，迅速转向对媒体监督的信任危机，扭转了舆论风向。

从网络策划新闻的策划手段来看，网络新闻策划者的影响有两个方面：一是通过策划新闻传达意见，满足权力诉求，致使少数声音主导公共空间，操纵公共议程；二是通过策划新闻获得公众关注度，商业力量隐蔽地操控网络舆论，变相榨取网民的"剩余认知"，破坏社会公平。

三、政府治理的对象

（一）平台资质

随着互联网的蓬勃发展，网民在互联网上获取信息的平台渠道越来越多。不可否认，新媒体在为人们的生活和工作带来极大丰富和便利的同时，其弊端也日益显现。不加甄别的各类信息经过新媒体平台发布之后，使广大受众的思想产生了难以掌握的混乱，积极信息与消极信息并存，真实信息和虚假信息共有，健康信息和污秽信息同现，人们在偌大的信息海洋中有时难免会迷惘和误入歧途。而获取信息的平台渠道往往成为影响新媒体舆论生发的关键所在，从源头上治理新媒体舆论，严控新媒体信息服务平台资质，就成为政府新媒体舆论治理的重点之一。

针对新媒体信息服务提供者，政府实行许可制与备案制。早在2000年，国务院出台的《互联网信息服务管理办法》就明确规定，国家对经营性互联网信息服务实行许可制度；对非经营性互联网信息服务实行备案制度。未取得许可或者未履行备案手续的，不得从事互联网信息服务。之后国务院新闻办、信产部2005年出台的《互联网新闻信息服务管理规定》、文化部2011年出台的《互联网文化管理暂行规定》又进一步对互联网新闻信息服务和文化产品提供者资质进行了严格的规定，从"准入资质"上抬高了新媒体信息服务提供者的门槛，同时通过许可制、备案制，政府对新媒体信息服务提供者进行把控。随着以微博、微信为代表的新媒体平台的兴起，准入机制的零门槛和信息互动的无边界，使得其越来越成为社会舆论的主要阵地。2014年8月，为了抵制谣言等不良信息在互联网上的传播，并对谣言源头进行查证和严惩，国新办制定、发布了《即时通信工具公众信息服务发展管理暂行规定》，确立了公众号审核备案制，发布、转载时政类新闻的公众账号须取得互联网新闻信息服务资质。

随着新媒体信息服务平台资质管理越来越规范化，个人用户作为新媒体信息服务平台的最终使用者，也逐步被纳入政府对平台的治理范围之内，即逐步要求新媒体平台推行网络实名制，以实现对前台与后台管理的对接。2012年全国人大常委会通过了《关于加强网络信息保护的决定》，明确规定网络服务提供者为用户办理网站接入服务，办理固定电话、移动电话等入网手续，或者为用户提供信息发布服务，应当在与用户签订协议或者确认提供服务时，要求用户提供真实身份信息。这意味着，在使用微博、博客、BBS等提供信息发布的互联网服务时，用户必须实名注册。国务院办公厅关于实施《国务院机构改革和职能转变方案》任务分工的通知规定，2014年6月底前出台并实施信息网络实名登记制度，由工业和信息化部、国家互联网信息办公室会同公安部负责。2015年国家网信办针对互联网用户账号名称的"十大乱象"，制定《互联网用户账号名称管理规定》，就账号的名称、头像和简介等，涉及在博客、微博客、即时通信工具、论坛、贴吧、跟帖评论等互联网信息服务中注册使用的所有账号，按照"后台实名、前台自愿"的原则，充分尊重用户选择个性化名称的权利，重点解决前台名称乱象问题。

（二）用户权益

新媒体因其匿名性与快速传播性极易成为谣言的"助推器"和"放大

器"。畅通的言论通道与开放型舆论环境给人们交流思想提供了极大的便利。网络空间的本质是现实社会的虚拟化，由于网络的特性，网络用户在其中有着比现实中更多的自由，这种无节制的自由却带来各种各样的侵权行为。在虚拟的网络空间里，每时每刻都有真假难辨的信息在传播，一条虚假信息很有可能侵犯他人的隐私权、名誉权，"人肉搜索"等网络暴力行为屡有发生，缺少监管而无序混乱的网络自由言论损害他人财产权利与人身权利的情况数不胜数。在保障公民言论自由的情况下，有效地规制网络上的言论行为，防止其侵犯用户合法权益，成为当前政府推进新媒体舆论治理的当务之急。

一方面，注重新媒体用户的个人信息及隐私保护。2011年，工信部出台的《规范互联网信息服务市场秩序若干规定》，明确提出互联网信息服务提供者应当妥善保管用户个人信息，不得擅自提供给他人，保管的用户个人信息泄露或者可能泄露的，应当立即采取补救措施。2012年，《关于加强网络信息保护的决定》规定网络服务提供者和其他企业事业单位及其工作人员对在业务活动中收集的公民个人电子信息必须严格保密，不得泄露、篡改、毁损，不得出售或者非法向他人提供。2013年，工信部出台的《电信和互联网用户个人信息保护规定》，进一步完善了电信和互联网行业个人信息保护制度。2014年，最高法出台的《关于审理利用信息网络侵害人身权益民事纠纷案件适用法律若干问题的规定》，首次将个人信息保护权从隐私权中分离，把个人信息权保护上升到类似于人格权保护的高度；国家网信办出台的《即时通信工具公众信息服务发展管理暂行规定》，也明确规定即时通信工具服务提供者应当配备与服务规模相适应的专业人员，保护用户信息及公民个人隐私。

另一方面，禁止侵犯用户合法权益的其他行为。2011年，工信部出台《规范互联网信息服务市场秩序若干规定》，针对新媒体信息服务过程中易于出现的侵犯用户合法权益的行为，规定了新媒体信息服务提供者不得实施的八种行为，包括：无正当理由拒绝、拖延向用户提供服务或者产品；限定用户使用其指定的服务或者产品；无正当理由擅自修改或者删除用户上载信息等。2013年，最高法、最高检联合制定《关于办理利用信息网络实施诽谤等刑事案件适用法律若干问题的解释》，对利用信息网络实施诽谤等案件适用哪些法律作出司法解释。2014年，最高法出台的《关于审理利用信息网络侵害人身权益民事纠纷案件适用法律若干问题的规定》，严厉打击利用互联网侵害网络用户姓名权、名称权、名誉权、荣誉权、肖像权等违法犯罪行为。

（三）非法传播行为

随着新媒体传播的日趋碎片化和网络生态的复杂化，新媒体在保障公众自由表达权和社会监督权之外，其潜在的负面效应也越来越明显地表现出来。某些网络"大V"粉丝数量众多，不经核实转发一些谣言，扩大了谣言的负面影响。此外，某些网络公关公司为了商业利益，编织和传播谣言。网络上存在诽谤、敲诈勒索、非法经营，以及利用网络虚假信息扰乱资本市场等非法行为。非法传播行为的治理成为政府新媒体舆论治理的又一重点。

至今，政府针对侵犯网络信息传播权、网络侵权盗版、网络谣言、网络诽谤、传播淫秽色情信息、网络敲诈和有偿删帖等违法犯罪行为，出台了一系列的法律和规章。2000年，全国人大常委会通过《关于维护互联网安全的决定》，严厉打击利用新媒体进行的各种违法犯罪行为。2012年，针对侵犯网络信息传播权的行为，最高法出台《关于审理侵害信息网络传播权民事纠纷案件适用法律若干问题的规定》，为正确审理侵害信息网络传播权民事纠纷案件，依法保护信息网络传播权提供了法律支持。2013年，针对利用新媒体造谣、传谣的行为，国家网信办举办"网络名人社会责任论坛"，并与网络名人达成"七条底线"的共识，共同抵制虚假有害信息，特别是恶意谣言的传播；最高法、最高检共同发布《关于办理利用信息网络实施诽谤等刑事案件适用法律若干问题的解释》，首次明确编造虚假信息在网上散布起哄闹事可入罪，明知虚假事实而散布可入罪。2014年，国家版权局、国家网信办、工信部、公安部四部门联合发布《关于开展打击网络侵权盗版"剑网2014"专项行动的通知》，严厉打击网络侵权盗版。此外，相关部门开展"打击网上淫秽色情信息专项行动"与"'网络敲诈和有偿删帖'专项整治工作"，集中力量治理新媒体上的淫秽色情信息与网络敲诈、有偿删帖。

四、政府治理实践

（一）政府治理实践的特点

1.逐步由行政约束向法治管理过渡

现行的新媒体舆论治理规范绝大多数都是管制性的行政部门规章，以"解决问题""管制问题"为导向。例如，为了规范互联网新闻信息生产单位及其新闻信息产品的内容，国务院新闻办和信产部联合发布《互联网新闻信息服务管理规定》；为了规范互联网文化单位及其文化产品的内容，文化部出台《互联网文化管理暂行规定》，这些都是部门规章。而针对新媒体的不断扩张和发展，法治不仅能够在制度层面提供治理的渠道，也有利于实现不同价值和利益之间的协调和利益主体的自我约束，政府逐步将新媒体舆论纳入法治化治理轨道。

2013年8月，多部门联合整治网络谣言、非法网络公关正式启动。曾先后制造"动车事故向意大利籍乘客赔偿3000万欧元""红十字会强行募捐""少将罗援兄弟任职外企""雷锋6元工资穿90元行头"等谣言并叫嚣"谣言止于下一个谣言"的网民@秦火火被北京警方以涉嫌寻衅滋事罪和非法经营罪刑事拘留。与@秦火火几乎同时被刑事拘留的，还有曾是其老板、热衷于编造虚假事件和话题的@立二拆四。随后，最高人民法院、最高人民检察院公布的《关于办理利用信息网络实施诽谤等刑事案件适用法律若干问题的解释》，明确了利用信息网络实施的诽谤等犯罪的定罪量刑标准，厘清网络谣言犯罪的边界。

2.逐步由刚性控制向柔性引导过渡

当前采取法律强制，对于新媒体舆论治理确实具有立竿见影之效。但互联网毕竟是个开放系统，新媒体舆论治理会出现许多难以预料的新困难和新问题，而法律的制定、出台具有滞后性，不可能依靠法律解决新媒体舆论治理中的所有问题。同时，刑法是一把双刃剑，用之得当则能较好地惩罚犯罪与保护法益，用之不当则两受其害。并不是刑法管得越多就越好，政府过多地用法律来对新媒体舆论进行刚性控制，往往会钳制舆论的正常生态。近些年，政府在新媒体舆论治理中逐步探索柔性引导的治理方式，以促进新媒体舆论治理的时效性和针对性。

2014年11月26日，针对App市场存在的非法窃取个人信息、利用App从事非法经营、传播恶意软件病毒软件、违法开展新闻信息服务活动等四大乱象，北京市网信办、首都互联网协会召集50多家移动客户端、App应用商店、App工场，签署《北京市移动互联网应用程序公众信息服务自律公约》和承诺书，规范和引导App公众信息服务活动。2015年6月1日，国家网信办出台《互联网新闻信息服务单位约谈工作规定》，要求各地网信部门对存在不同程度违法违规问题的28家网站实施约谈，取得了良好整治效果。通过柔性引导，既不激化管理机构与新媒体企业之间的对立情绪，又能更好、更有效地促进新媒体舆论治理的时效性和针对性。

3. 逐步由事后追责向事前预防过渡

新媒体舆论的发展是一个动态的过程，新媒体舆论生成的自发性与舆论发展的不确定性加剧了政府治理的难度。事后追责主要体现在对于利用新媒体进行的违法犯罪行为的惩治，如对于侵害信息网络传播权、利用信息网络侵害人身权益、利用信息网络实施诽谤等违法犯罪行为的法律规定，以及针对网上淫秽色情信息、网络侵权盗版、网络敲诈和有偿删帖等行为开展的专项治理活动。不可否认，通过事后追责，可在惩治犯罪的同时对于类似的违法犯罪行为产生警示作用。然而，仅仅强调事后追责，过分强调事后追责的"亡羊补牢"，忽视了事前预防的"未雨绸缪"，往往无法消除负面舆论带来的负面影响与损失，还会徒增治理的成本。因此，政府在新媒体舆论治理中，越来越重视事前的预防。

一方面，政府逐步推进网络实名制，新媒体信息服务提供者须经相关部门进行资格审查，这在某种程度上便于政府对新媒体信息发布的监测把控，以此来限制可能造成的舆论信息混乱。另一方面，政府对新媒体舆论治理实行归口管理，落实相关部门的监督管理责任，这就意味着，相关的主管部门有责任对新媒体舆论进行实时监管，以便及时发现网络谣言等可能产生不良舆论效果的信息，及早采取措施。目前我国新媒体舆论控制最常见的技术手段是对网络舆论进行分级与过滤，通过过滤词的设置阻挡有关内容的进入。通过信息过滤软件将那些明显带有反动性、煽动性、恶意性和破坏性的有害信息屏蔽在网络用户所能获取的范围之外，有选择、有层次地监控、审查和控制网络信息。❶

（二）政府治理实践的难点

网络策划新闻最大的隐患是策划者往往把商业利益与公共新闻交织在一起，利用网民对公共事务的关心，最终为商业利益集团牟利。有时候这种策划方式僭越了公共利益的底线，把商业利益凌驾于公共利益之上（如图6-1所示）。目前来看，网络策划新闻往往成为政府或网络媒体机构的治理盲点。

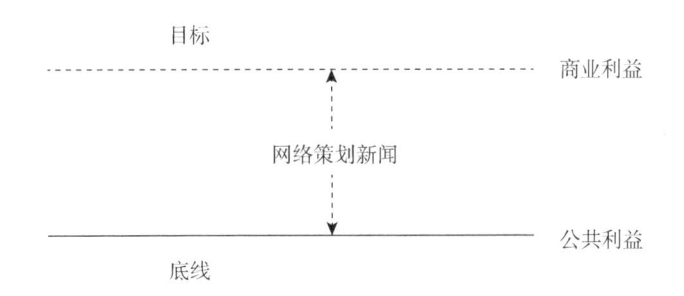

图6-1 网络策划新闻的利益区间

---

❶ 肖文涛，许小美.新媒体时代的网络舆论现状与引导对策[J].行政论坛，2012（6）：81.

1. 网络公关行业监管不力

网络公关行业缺乏规范，导致某些网络公关组织策划网络新闻，利用民意来获得商业利益。"从公关公司工作委员会对'网络公关执行原理'的领悟和概括（网络公关通过获取话语权有效引导网络舆论，最终达到预先设定的公共效果）来看，整个行业理念就是在'玩火'。"❶ 在笔者分析的网络策划新闻中，就不乏某些恶意网络公关手段，如攻击性网络公关，即刻意炒作不利于其顾客竞争对手的资讯或文章，以达到损害对手的公众形象等目的；软文写作，不告知消费者是广告；欺骗性搜索引擎优化，通过技术手段使顾客在特定的搜索引擎中对特定关键词的搜索排名达到比自然排名更有利的位置。

一方面，网络公关行业中的不规范行为，互联网巨头们在一定程度上起了推波助澜的作用；另一方面，严惩恶性网络公关在法律上并非空白，但目前部分公安部门不接受网络诽谤的立案，既有不作为的主观原因，也有技术力量不足的客观原因。❷

2. 对失责媒体无处罚

网络媒体转载零成本、零责任是导致网络虚假策划新闻大肆传播的主要原因。主流网站较多缺乏对网络消息来源的审核和真实性的把关，加上政府并没有出台专门针对网络媒体转载虚假新闻的处罚措施。只有当虚假新闻侵犯个人或组织名誉权时，可由受侵权的个人或组织通知互联网公司撤销虚假新闻，互联网公司核实情况后应尽删除义务，否则转载虚假信息须负法律责任。可是像"深圳最美女孩""买奶粉送袋鼠"这样的网络策划虚假新闻并未侵害个人名誉，网络媒体也就不怕因为转载行为而担负法律责任。于是这类虚假新闻极易被大量转载，甚至被揭露失实后仍挂在服务器上。

此外值得注意的是，在几则网络虚假新闻的案例中，传统媒体不求

---

❶ 曹志刚，高昊宇，杨晓光.亟待规范的网络公关业（上）[J].企业研究，2011（3）：27.
❷ 曹志刚，高昊宇，杨晓光.亟待规范的网络公关业（上）[J].企业研究，2011（3）：27.

证网络新闻的真实性而跟风转载,为网络策划新闻的传播推波助澜。2009年新闻出版总署发布《关于采取切实措施制止虚假报道的通知》,其中第五点明确提出"不得转载未经核实的互联网信息",行政处罚力度也并不弱,包括责令公开更正,作出警告、罚款、停业整顿的行政处罚;对责任记者给予警告,并列入不良从业记录名单,情节严重的吊销其新闻记者证,五年内不得从事新闻采编工作,情节特别严重的,终身不得从事新闻采编工作。然而,无论是新闻出版部门还是广播电视部门,"针对同一对象的行政规制持续了十多年,说明依靠行政手段治理,虚假新闻并未得到有效治理,反而是'不断出现',甚至越来越严重"。❶

(三) 法治治理盲点

新媒体舆论作为公众在网络空间表达的与特定对象有关的情绪、意见和态度的集中体现,不仅是社会气候的晴雨表和温度计,也是互联网时代政民互动的新模式。从本质上来看,新媒体舆论既包括正面舆论,也包括负面舆论,因此,新媒体舆论治理成为我国政府尤其是地方政府治理最为紧迫的、需要长期面对的重要课题。早在2009年,中共十七届四中全会就明确提出要"注重分析新媒体舆论"。近年来,相关部门以及各地方政府各级部门陆续制定和出台新媒体舆论治理规范,尝试以制度化的形式提高新媒体舆论治理的效率和效果。

1. 法律法规的适用标准模糊,导致缺乏权威性而难以有效执行

虽然有关新媒体舆论治理的法规很多,但是部分具体细节不够全面和深入,关于新媒体舆论法律规制的边界还比较模糊,很难通过现有规定准确断定网民发布的信息是否违反现行法律法规,以致法律法规执行的随意性过大,导致法律法规缺乏权威性而难以有效执行。例如,从我国现行立法来看,对于网络谣言的认定还存在较大的模糊性,尽管"两高"公布了《关于办理利用信息网络实施诽谤等刑事案件适用法律若干问题的解释》,

---

❶ 陈绚,张文祥.假新闻治理的路径革新[J].国际新闻界,2012(12):79.

但从罪状的设置到立法用语，都没有明确对于意见性言论、批评性言论、推断性言论、基于恐慌的言论、单纯的情绪表达等网络谣言是否以犯罪论处，仅表述成"编造虚假信息在网上散布起哄闹事、明知虚假事实而散布"的情形，并不能解决执法过程中面临的问题。

2. 事前预防不尽责，缺乏舆情预警与引导

首先，新媒体舆论治理观念落后，一些政府官员欠缺新媒体背景下的政治敏感性，无视那些可能引发网络事件的社会问题，对已经出现的舆论事件的负面新闻视而不见或采取"封、堵、压"等方式应付，信息公开不及时乃至不择手段压制舆论，未能及时处置新媒体舆论危机，致使小事拖大、大事拖炸。其次，舆论监督的手段落后。目前，我国部分地区仍采用传统的人工分析信息，这种手段速度慢、时间长，信息收集整理能力严重缺乏，不能有效为新媒体舆情预警服务。最后，舆情引导的时间把握不准确。政府往往在舆情的后期介入，难以达到控制舆情的目的。如何运用先进的技术手段，在最佳时间有效进行舆论监督，亟须破题。

3. 缺乏协同化治理机制，导致网民自治主体性弱化

在经济社会快速发展和不断推进依法治国、建设社会主义法治国家进程的大背景下，我国的法律体系不断完善。但是新媒体舆论治理依赖政府刚性管制的程度较高，导致网民产生恐慌心理和排斥心理，形成绝对化、刻板化的治理思路。如部分网友因传播虚假信息被公安部门处以行政拘留的处罚后表示，在微博、微信朋友圈、QQ 等转发信息是为了引起关注或者满足虚荣心，并不知道自己的行为已经违反了法律，这些暴露出网民作为参与者和反思者的角色缺位，公众在协同治理中的作用有待培育。

第七章　数字社交信息的采集与传播

社交平台是为人们提供编辑、分享、探讨等服务的互联网平台。作为一种社会化媒介，网民可以在上面记载其工作生活、个人喜好、观点看法，并且与好友之间加强信息交流、沟通情感。与此同时，社交平台在迅速融入网民的日常生活之后，越来越成为意见表达的公共空间，而留于其上的个人信息也越来越频繁地成为公共议题的报道资源。在原生于社交平台上的新闻事件中，个人信息成为媒体广泛引用、转载的对象。然而，部分媒体对于这些社交信息的使用并没有适当地加以规范，由此导致了媒体侵犯个人隐私或媒体伦理争议。

一、媒体报道引用个人信息导致争论不断

通常来说，媒体报道需要采访新闻当事人及相关人等以获取真实信息，社交平台则为媒体提供了一个便捷、客观的采访通道，或是为媒体提供了印证真相的第三方信息。如今，新闻当事人的社交账号已然成为媒体叩问真相的重要"新闻现场"，这种报道方式尤盛。很多媒体惯性地、不加节制地在报道中引用社交平台上与当事人有关的个人信息，其中也夹杂着与新闻报道目的并非关联的个人隐私。但这种报道方式获得的传播效果并不类同，导致的争议也不尽一致。在2014年3月的"马航MH370失联"事件中，媒体大量引用失联航班乘客的社交账号信息，还原乘客登机前的生活轨迹，这一报道方式被认为有效地唤起了民众的关切，没有引起读者的情感不适；但在同年年底的上海外滩"踩踏事件"中，类似的报道方式反而引发较大争议。《新京报》一篇题为《复旦20岁"才女"外滩

踩踏事故中遇难》的新闻报道大量使用社交平台上的当事人信息，借此展现逝者的性格和生平；其他媒体还引用了遇难者男友在社交媒体上发的一段悼词。这些报道对遇难女生生平详细刻画及对其身上"复旦"标签反复强调的目的，很难说是要唤起公众对逝者的惋惜之情，还是要平添几分对个人隐私的猎奇之心。之后复旦大学学生会与媒体双方就此公开几番争论，更是削弱了民众本应对"外滩踩踏事件"的处理、问责及防范等议题的关注。可见，媒体对个人信息的使用不当会造成报道目的与报道效果的错位。

很显然，如果秉持报道目的是出于公共利益，能有效限制媒体对个人信息的滥用。然而，多数新闻事件在舆论场的升温速度较快，媒体在时效性的压迫下难以清晰权衡公共利益与新闻人物的个人权益，有时也会以公共利益"绑架"当事人的个人权益。比如2016年11月的"罗某捐助门"事件，深圳作家罗某因女儿患有白血病而在微信公众号上发千字文章引起网民纷纷转载捐款，短短数小时后对该文章质疑的言论密集出现在朋友圈，导致舆情反转直下。言论透露出来的主要信息是罗某家底深厚，参与策划营销，也涉及罗某的婚史和私生活情况，此类朋友圈言论被媒体随后大量引用。媒体公开罗某个人信息的正当性在于向公众传达捐助事件的真实性判断，然而这种真实性判断又混杂着对捐助起因及捐助对象的品性、人格的判断。如一些媒体在质疑该捐助事件的文章中引用带有"出轨小三""抛弃原配妻子"等字眼的朋友圈截图，实际上隐含了对罗某不当的道德判断，而这与"诈捐""营销"等民众关切的问题无关，反而影响了公众对该起捐助事件的理性判断。

实际上，媒体对社交平台个人信息的使用并不是全然不当的，只有不加区分地使用个人信息才会对新闻当事人个人权益造成侵犯。即使个人信息是发布者主动公开于网络之上，但媒体的聚光灯效应导致这些信息的传播范围无限扩大，这违背当事人发布信息的初衷，于是容易发生新闻侵权。在我国，新闻当事人有时会面临个人权益的申诉困境。如2015年9月的"人大师生断交门"事件中，媒体在报道中直接引用了郝某某朋友圈的截屏信息，隐含着对当事人隐私权的侵害。这些个人数据信息若对郝某某今后的就业、生活产生不利影响，其应当享有主动要求媒体删除该类信息的"被遗忘权"。"被遗忘权"的核心内容是倘若权利人不希望其个人数据继续被数据控制者❶进行处理或存储，并且维持此种状态不存在任何正当理由，则该数据应从系统中删除。❷郝某某个人信息的数据控制者就是报道"人大师生断交门"事件的媒体，上述媒体具备侵害郝某某"被遗忘权"的可能性。从媒体角度而言，"人大师生断交门"事件折射出的新时代尊师重德观以及对学术交往礼仪的探讨具有社会教育意义，但该事件所满足的"公共利益"可否对抗当事人的个人权益，仍值得反省。目前媒体行业并没有针对二者利益权衡的具体标准和指导性规范。报道以公共利益为由"入侵"个人隐私现象屡见不鲜，加之我国互联网隐私保护法律的不健全，新闻当事人通过法律进行维权的途径并不乐观。

由上可见，媒体对于社交平台个人信息的合理引用缺乏共识，在具体报道实践中面对公共利益与个人权益之间的冲突时又缺乏指导性规范，导致屡屡出现新闻侵权现象。因而媒体有必要制定合理引用个人信息的报道规范，保护新闻当事人的合法权益。

二、媒体保护新闻当事人权益的社会责任

自由与责任、权利与义务应该是统一存在的。美国新闻传播学者西奥多·彼德森认为，"自由与责任同时存在，大众媒介在宪法的保障下享有特殊的地位，相应的，它也须承担社会责任，并对社会克尽职责"。❸公

---

❶ 数据控制者的概念来源于欧盟法，是指单独或与他人联合决定个人数据的处理目的、条件和方法的自然人、法人、公共机构或其他实体。

❷ REDING V. The EU Data Protection Reform 2012: Making Europe the Standard Setter for Modern Data Protection Rules in the Digital Age [EB/OL]. (2012-01-22) [2022-02-18]. http://europa.eu/rapid/pressReleasesAction.do？reference=SPEECH/12/26&format=PDF.

❸ 胡兴荣.新闻哲学［M］.北京：新华出版社，2004：202.

民通过宪法赋予媒体新闻自由权利的目的是维护社会和公众的权利免受伤害，保证社会良性运行。而媒体对个人信息的肆意报道严重侵害了公众的权利，与新闻自由最初的目的背道而驰。如果表述或出版以一种严重、公开和明显的方式侵害了个人权益和至关重要的社会利益，表达自由就会受到限制。❶因此，媒体要想真正实现新闻自由，必须承担起保护新闻当事人权益的社会责任。

法律是保护个人权益最有力的武器，媒体违反法律规定滥用社交平台个人信息势必要承担法律责任。我国《宪法》第38条以人格权的形式对公民的隐私权、名誉权进行保护，即"中华人民共和国公民的人格尊严不受侵犯。禁止用任何方法对公民进行侮辱、诽谤和诬告陷害"；民法典、刑法等一般法也对公民的隐私权、名誉权作出了总体性保护。但我国宪法、民法典和刑法中所规定的隐私权本身并没有取得独立的、明示的人格权地位。其他法律法规中隐私权问题也没有获得充分的关注，系统、具体的隐私权保护条款并不多见。

尤为重要的是，社交平台上的个人信息享有的是一种新型隐私权——网络隐私权。网络隐私权是传统隐私权在网络领域的延伸，侵犯网络隐私权的表现与侵犯传统隐私权有所差别，隐私权的传统保护模式在网络上面临新的冲击。上文提及的"被遗忘权"就是在这种冲击下产生的新权利形式，属于隐私权的一个分支。

法律本身具有"滞后性"，新法规的出台速度不及社会发展速度。后续立法不完善，加上传统隐私权本身法律地位的不明朗、不确定，导致网络隐私权在我国当下法律体系中的地位被边缘化。作为网络时代新型隐私权益的"被遗忘权"在欧洲和美国则早已出台相关立法及判例对其进行保护，在我国却存在较长时间的立法空白，直到2021年《个人信息保护法》出台，第47条对删除权作出明确规定，肯定了个人对其个人信息处理活

---

❶ [美]新闻自由委员会.一个自由而负责的新闻界[M].展江，王征，王涛，译.北京：中国人民大学出版社，2004：8.

动的决定权。

当然，法律的不健全不代表媒体可以不承担保护新闻当事人权益的社会责任。社会责任是建立在法律基础之上的、具有社会普遍意义的一种自律性的责任，❶因而媒体应承担起道德责任，从职业规范的角度作出要求，使报道行为尽量避免侵权。针对当下隐私权领域出现的新情况、新问题，要想规范社交平台个人信息的使用，媒体首先需要扩大以往对个人隐私权的保护范围。

综观国内外媒体现有的行业规范，其中涉及社交媒体的部分多集中在两个方面：一是新闻机构如何对新闻工作者使用社交媒体进行控制；二是传统媒体如何利用社交媒体信源更好地为自身服务。《中国新闻工作者职业道德准则》规定："维护采访报道对象的合法权益，尊重采访报道对象的正当要求，不揭个人隐私，不诽谤他人。"除此之外，我国尚无行业规范专门对媒体如何使用社交平台个人信息进行指导。

另外，对于媒体引用社交平台个人信息时应如何在公共利益与个人权益之间进行权衡，实践中缺乏具体的操作规则，"公共利益"往往作为一个"心照不宣的既定存在"而缺乏明确的界定，对其具体所指只能进行主观判断。如美国和英国新闻职业规范表达的通则中包括一条原则："强调自由和责任，保护公众利益和权利"，"新闻业采集和传播新闻与意见的主要目的是服务公众利益，把保护公众知情的权利作为媒介责任的一部分"。❷以上职业规范强调保护公众利益，但对公众利益的具体所指规定得较为模糊。该原则还规定"公正处理新闻，尊重大众，尤其是尊重隐私"，对个人权益保护亦作出相应规定，却未给出如何在两者之间进行权衡的具体操作规则。《中国新闻职业规范蓝本》中规定新闻报道要兼顾公共利益和个人权益的原则，❸但同样对相关概念没有作出具体界定。"公共利益"

---

❶ 陈雪萍.刍议媒体的社会责任[J].赤子（上中旬），2014（11）：79.
❷ 商娜红.制度视野中的媒介伦理[M].济南：山东人民出版社，2006：170.
❸ 陈力丹，周俊，陈俊妮，等.中国新闻职业规范蓝本[M].北京：人民日报出版社，2012：191-192.

抽象化以及价值衡量的主观化容易成为媒体为其侵权报道作自我保护和辩解的理由，不利于新闻当事人个人权益的保护。

三、提高媒体报道规范的路径

媒体只有从新闻伦理和道德规范入手，明确公共利益与个人权益衡量的新闻价值判断标准，结合媒介特点制定出保护新闻当事人基本权益的指导性规范，使新闻从业者的职业行为有所依据，进而使报道行为经受住新闻伦理的检验和考量，方能杜绝媒体报道滥用个人信息，新闻当事人权益才能得到保障。

（一）从保护个人权益角度设立报道标准

社交平台个人信息使用产生争议的根源在于"新闻侵权"，所以媒体可以从保护信息主体个人权益的角度切入，设立报道标准。

首先，对个人信息进行限制性选择。将社交平台个人信息细分为一般信息和隐秘信息，其中当事人的年龄、生源地、个人爱好、情感世界等资料属于隐秘信息，往往触及核心隐私，其蕴含的个人"私益"相应更大，不宜用来进行报道。媒体不能因某些个人隐秘信息具有"时效性""趣味性"等新闻价值就枉顾事件当事人隐私权益；同时还要判断引用的个人信息是否属于公众的"正当关切"。所谓的正当关切，是指公众基于合法权益有权要求知道的事务。[1] 如"罗某捐助门"中涉及罗某是否"诈捐"，公众有权知道其个人财产情况，但其情感状况则不属于公众的"正当关切"；再如"外滩踩踏事件"中"立足于媒介的公共价值，灾难事故发生的原因和问责，才是报道的重点"，[2] 而事故中丧生的复旦女大学生的个人信息固

---

[1] 詹文凯. 新闻自由与隐私权之界限[J]. 月旦法学教室，2002（12）：108-119.
[2] 陆晔，谢静，葛星，等. 在满足知情权与消费遇难者之间——一场由"上海外滩踩踏事件"新闻报道引发的学术讨论（"新媒体时代的新闻专业主义"讨论）[J]. 新闻与写作，2015（2）：34.

然能引起公众广泛的兴趣，但与公众的"正当关切"无涉，不属于媒体可以报道的信息类型。

其次，取得事件当事人同意。在侵权责任法上，"受害人同意"是侵权责任的免责事由之一。媒体在引用个人信息时，取得新闻当事人同意可以有效避免新闻侵权的发生。即便社交平台个人信息的发布者不享有我国当前民法典所保护的隐私权，媒体也应考虑到，当事人发布信息时可能没有意识到网络安全问题，没有设置隐私屏障，更没有想到一旦信息泄露将会给自己带来的巨大伤害。报道时取得当事人同意能有效避免冲突的发生。《美联社员工社交媒体使用守则》中就规定媒体引用前要取得"信息所有者许可"："在把社交网络上的照片、视频或其他多媒体的素材作为报道内容的一部分之前，我们必须首先确定这些材料的所有权在谁手上。只有在获得其所有者的许可之后，我们才能进行使用。"❶《中国新闻工作者职业道德准则》第 6 条规定，维护采访报道对象的合法权益，尊重采访报道对象的正当要求。以上要求均表明媒体在报道新闻时应该体现"人本思想"，对社交平台个人信息发布者足够尊重，在事先取得同意的前提下，还要关注信息发布者的其他正当、合理的要求。

（二）动态平衡个人权益与公共利益

由于公共利益边界模糊导致媒体报道侵权状况的肆虐，有必要在具体报道环节厘清公共利益的"边界"。"罗某捐助门"事件中的公共利益是满足公众知情权，而"外滩踩踏事件"中的公共利益则是向公权力问责，不同事件的新闻报道所牵涉的公共利益会有所不同，随着客观社会发展公共利益也会呈现出不同内容。所以公共利益的具体所指其实很难有一个明确的界定，但媒体可以站在客观中立的立场上把公共利益限缩在一定边界之内，否则公共利益的开放性将成为媒体滥用社交平台个人信息的借口。笔

---

❶ 美联社员工社交媒体使用守则［EB/OL］.（2013-05）［2022-02-18］.http://www.ap.org/Images/Social-Media-Guidelines_tcm28-9832.pdf.

者认为,这个"边界"即是伸张个人权益与维护公共利益之间的最佳平衡点。由于两种利益之间是动态比较关系,一则报道对公众的信息价值越大,利害关系人的隐私保护利益即须退让越多,反之亦然。究竟谁占上风,只能诉诸个案利益衡量。❶所以该平衡点并不是一个静态存在,媒体可以借鉴以下考量因素,争取在个案报道中找准"平衡点"。

首先,培养换位思考的能力。需要媒体在引用社交平台个人信息时"将心比心","设身处地"地站在新闻当事人的角度考虑问题。如报道对新闻当事人的影响是正面还是负面;当事人的情绪以及安全状况如何;尊重当事人的权利和意愿,还要考虑到其家属的权益;等等。

其次,新闻当事人是否为公众人物。若当事人本身为非公众人物,被动卷入新闻事件,则媒体不得引用社交平台上与该事件有关的私人信息;若当事人本身是"名人",则其个人信息应受到公众的监督审查,且名人的知名程度也会影响媒体对其社交信息的引用,不同知名度决定了不同的公共利益"量"的多少,也决定了媒体对其个人信息的引用程度。

再次,考量新闻当事人的职务承担。公职人员尤其是政治人物,其相关活动通常具有最高信息利益,个人权益应当受到限缩,此时公共利益的边界相应扩大。

最后,媒体的报道主题。"总体利益不仅存在于政治议题或犯罪议题,也存在于有关体育议题或艺术展示等议题"。❷但是不同的报道主题中所蕴含的公共利益在"量"上会有所不同,政治议题中公共利益无疑大于纯娱乐议题中的公共利益,所以对政治议题中个人信息的引用程度可以大于纯娱乐议题。

除上述考量因素之外,新闻当事人对其个人信息可能被曝光的态度以及所争议的个人信息是否早已被报道也会影响媒体报道行为,媒体报道时要全面考虑以上诸种因素,才能平衡好公共利益与个人权益之间的关系,

---

❶ 叶名怡. 真实叙事的边界 隐私侵权抗辩论纲 [J]. 中外法学, 2014 (4): 974.

❷ Von Hannover v. Germany (no.2), Supra note 18, (European Court of Human Rights, Jue.24, 2004) para.109.

减少对个人权益的侵害。

新闻传播媒介及其从业人员对社会的精神文明和物质文明的建设都能产生影响力。正是由于这一点，新闻从业人员较之其他从业人员应该具有更高的职业道德水平，在道德行为上具有更鲜明的典范性。❶ 所以，媒体记者在使用社交平台个人信息时应遵守新闻规范，避免侵犯个人信息的合法权益，这是媒体应守住的底线；社会需要坚守底线伦理，还需要审美、感情、信仰及终极关怀，只有这样，社会的"善"才是完善的，新闻传播业才会成为道德和受人尊敬的行业。❷ 引用社交平台个人信息仅仅避免侵权还远远不够，媒体要努力往上线靠拢，承担其社会责任，使报道既要满足公共利益，又要尽最大可能维护个人合法权益。

---

❶ 黄瑚.新闻伦理学［M］.北京：新华出版社，2001：38.
❷ 陈力丹，周俊，陈俊妮，等.中国新闻职业规范蓝本［M］.北京：人民日报出版社，2012：31.

第八章　朋友圈隐私与信源保护

微信朋友圈是微信社交功能的延伸，朋友圈信息只有微信好友才能看到，属于半私密半公开的网络社交空间。近年来在一些网络舆情事件中，朋友圈信息频频作为"新闻事实"从个人空间传入公共领域，使当事人遭受巨大的舆论压力，社交空间的私密性受到侵犯。假设当事人提起诉讼，谁应当是被起诉人，谁来承担隐私泄露的责任？微信朋友圈的私密信息是否可以"隐私权"加以保护？与传统的隐私权侵权行为相比，微信朋友圈的隐私权侵权存在哪些特征？

一、朋友圈隐私权的保护范畴

按照目前的主流观点，"凡是个人不愿意对外公开的，且隐匿信息不违反法律和社会公共利益的私人生活秘密，都构成受法律保护的隐私"，[1] 微信朋友圈中的隐私信息作为私人生活秘密的一部分，理应受到保护。"隐私权"是1980年由美国学者沃伦和布兰代斯在其文章《论隐私权》提出的概念，他们把隐私定义为"免受外界干扰的独处权利"。[2] 这种"免受外界干扰"之于朋友圈包括两种情况。

第一种情况是主体主动性的活动不受干扰。用户通过微信朋友圈发布的信息主要包括两类。一类信息是用户自己上传或分享的图片、文章、视频等信息，这些信息中包含了一些比较私密的信息，例如自己的家庭、住

---

[1] 王利明.隐私权的新发展[J].人大法律评论，2009（1）：19.
[2] WARREN S D, BRANDEIS L D. The Right to Privacy[J]. Harvard Law Review, 1980: 193.

所、照片等,基于安全考虑用户在发布这类信息时会将部分人屏蔽,不希望被某些人获知。但恶意地将其转载到其他公开平台,则构成了对其隐私权的侵犯。另一类信息是随着微信朋友圈功能的日益完善,用户发布信息时会附带发布实时的地理信息、活动轨迹等信息。这类软件自动生成的信息具有很强的人身依附性,通过这类信息甚至可以掌握微信用户的具体行踪。一旦被他人掌握,也会对用户生活产生巨大影响。

第二种情况是主体被动性的活动不受干扰,即我们通常所说的"安宁权"。"隐私权作为确保个人私域不受侵犯的法律权利,保障的不仅仅是个人得以安身立命的生活空间不受干涉,而且在很大程度上保障个人的精神家园和心灵城堡不受侵犯。"❶ "安宁权"的概念在我国的法律中并没有明确的约定,但个别法律中有类似的表述,如商业性电子信息的安宁权。❷ 微信朋友圈的精准广告和微信好友的刷屏广告,都是侵犯安宁权的表现。尽管微信开发时设置了屏蔽功能,但这种屏蔽功能除了默认是关闭状态外,人为设置屏蔽也会弱化微信的社交功能,背离用户通过微信加强人际交往、信息交流的初衷。

二、朋友圈隐私权侵权主体

微信朋友圈是一个相对封闭的私密网络,通过微信构建的社交网络多发生在相识的人之间,如同学、亲属、朋友等。事实上,除了圈内好友在特殊情况下有可能侵犯微信用户的隐私权外,作为网络服务提供者的第三方和其他人也会侵犯微信用户的隐私权。

---

❶ 黄辉.网络隐私权对传统隐私权的若干突破[J].贵州大学学报(社会科学版),2007(5):49.
❷ 《全国人大常委会关于加强网络个人信息保护的决定》第7条,"任何组织和个人未经电子信息接收者同意或者请求,或者电子信息接收者明确表示拒绝的,不得向其固定电话、移动电话或者个人电子邮箱发送商业性电子信息"。

（一）隐私信息转发者

微信用户通过朋友圈分享自己的生活、工作、学习等情况，个人可以选择特定的公开对象，启动保护隐私的安全设置；如果好友在未经许可的情况下就将该信息转发到其他微信群、微博等公开场所，将导致该信息被公布于众。除此之外，再次转发已构成侵权的信息，导致隐私信息传播范围被扩大、影响更剧烈。通常表现为将他人未经授权的信息再次编辑，或转发到其他群组、社交媒体平台，给被侵权人带来二次伤害。如上一章节提到的"人大师生断交门"事件，当事人在朋友圈内对于学术的发言从其微信好友流出，被媒体公众号转载扩散，最终从一起师生之间的"私事"演变为公共事件。其中，转发"好友"与媒体公众号都应当承担侵权责任。

（二）营销广告投放者

从 2015 年 1 月开始，微信开始试点朋友圈广告推送功能。根据艾媒咨询公布的数据显示，超过 60% 的受访微信活跃用户每天都能接收到朋友圈的广告推送，而 41% 的受访者每天接收到的广告在三条以内。[1] 微信朋友圈推送广告的行为，是通过微信的广告系统进行投放和管理，广告本身内容是基于微信后台的大数据分析，在向用户进行推送的同时，还会依托社交媒体关系链进行互动传播。微信向用户推送广告是根据用户在微信朋友圈内发布的图片、信息以及微信用户的好友状况进行综合的数据分析，广告内容不仅是基于分析用户未授权的私密数据，更未征得用户的同意即向其推送广告内容。尽管用户事后可以个人设置屏蔽推送广告，但事前推送广告行为在一定程度上已构成了隐私权侵权。

微信发展起来以后，"微商"也跟着发展起来。所谓微商，就是在微信上进行售卖活动的用户，多采用低端营销模式，如对微信群、微信朋友圈采取狂轰滥炸的复制、转发，每天分享大量的商品信息、产品图片等，

---

[1] 微信朋友圈广告用户感知调查报告 [EB/OL].（2015-01-27）[2022-02-18]. http://www.iimedia.cn/38521.html.

其刷屏行为令"好友"不胜其烦。但朋友圈的屏蔽设置无法过滤"好友"发布的广告信息，而只能选择全部屏蔽，因此无法将商业行为与社交行为划分界限。用户若要维护朋友圈的安宁权，则不得不让渡部分服务的使用权利。

（三）浏览查看功能的非好友用户

微信曾有一项系统默认的功能是"允许陌生人查看 10 张图片"，也就是说陌生人只要知道了微信号就可以通过该功能来查看特定人的微信朋友圈内的信息，包括微信用户的昵称、状态、照片等都可以被浏览。尽管这些信息的数量有限，但对于有特殊目的的人来说，这些信息已足以严重侵犯微信用户的隐私权。❶ 尤其是不法分子获得用户朋友圈信息后，很容易对用户本人或其他用户进行诈骗。如利用未成年人头像、照片做虚假寻人信息、虚假募捐信息甚至虚假敲诈信息等。而根据《民法典》《慈善法》等相关法律规定，如网络服务提供者未尽到相应监管义务的，也应承担相应的法律责任。❷

三、朋友圈隐私权侵权过错分析

微信朋友圈的隐私权侵权与传统的侵权行为相比，最大的特征在于侵权主体过错的多样性。传统的隐私权侵权大多基于故意心态，是侵权主体特意追求的结果。而微信朋友圈的侵权主体的过错除了故意外，更多的是出于过失或未经许可，从而导致维权难度加大。

---

❶ 覃潇，张兰蝶．微信环境下的个人隐私权保护［J］．法制博览，2015（15）：16.
❷ 《民法典》第 1197 条规定，"网络服务提供者知道或者应当知道网络用户利用网络服务侵害他人民事权益，未采取必要措施的，与该网络用户承担连带责任"。《慈善法》第 27 条规定，"广播、电视、报刊以及网络服务提供者、电信运营商，应当对利用其平台开展公开募捐的慈善组织的登记证书、公开募捐资格证书进行验证"；《慈善法》第 101 条规定，"广播、电视、报刊以及网络服务提供者、电信运营商未履行本法第 27 条规定的验证义务的，由其主管部门予以警告，责令限期改正；逾期不改正的，予以通报批评"。

（一）故意侵权

故意侵犯微信朋友圈隐私信息是一种明显的过错侵权行为，侵权人主观上存在故意的心态，一般来讲主观故意侵犯主要有两种：一种是微信朋友圈圈外人员如黑客，基于特殊目的故意侵入、窃取用户微信朋友圈隐私，此类侵权主体在其心理动机上多系恶意，且多数具有盗取钱财等违法犯罪意图，通过盗取信息来谋取不法利益；另一种是微信朋友圈内好友之间发生了矛盾，怀恨在心，故意泄露好友隐私信息，损害微信好友的合法权益。

（二）过失侵权

微信朋友圈圈内人员多系好友关系，好友之间若没有发生根本性矛盾，很少发生基于恶意的侵犯好友合法权益的行为。所以微信朋友圈内好友侵犯隐私信息多是基于无意识的、无心的信息分享造成的隐私泄露。这种情况下如果经被侵权好友发现后提示，绝大多数好友都会第一时间删除相关信息，并在心理上对侵犯好友隐私信息抱有歉意。比较常见的情形如在聊天时向其他人透露好友的地理位置、分享传播好友的子女照片，无意中泄露好友私密约会等信息。

四、朋友圈隐私权法律保护路径

微信朋友圈的私密信息作为个人隐私权保护的重要内容，在社交媒体迅速发展的今天，必须引起足够的重视。作为新型的社区，微信朋友圈承载的不仅仅是交流的工具，更是信息的存储、交互、传播的平台。因此，必须加强对微信朋友圈隐私信息的保护。

目前，我国对隐私权的保护，主要以国家立法为主，如《宪法》《民法典》《刑法》等。具体到互联网领域的隐私保护，则主要以政策配合性的文件为主，如《全国人民代表大会常务委员会关于维护互联网安全的决定》《互联网安全保护技术措施规定》《全国人大常委会关于加强网络个人信息保护的决定》等。

尽管我国法律规定中对隐私权甚至网络隐私权的保护都已有规定，但这些法律并非专门的隐私权保护法律法规。一方面基于内容的局限性，这些法律无法对隐私权保护作出全面而具体的规定，形成完整的隐私权保护体系；另一方面从立法思维讲，已有的法律主要从宏观的角度提到"隐私权应该保护"，却未提出"隐私权应该怎么保护"，使得法律缺乏可执行性，难以达到预期的效果。

综上，要以法律手段保护微信朋友圈的隐私权，建议实施"两步走"策略来对目前的隐私权保护法律体系进行完善。

第一步，国家相关行政部门如国家网信办、工信部等部门应加强行业监管，及时出台相应的部门规章。规章与法律相比，具有时间短、针对性强、可执行性强等特点，能根据互联网行业新的情况及时作出反应，将问题解决在萌芽阶段。第二步，国家立法机关出台专门的网络隐私权保护法律。互联网世界正在迅猛发展，而我国对此领域的立法却明显不足，已有的法律已不能完全适应网络时代和科学技术的发展。

随着《网络安全法》《民法典》《个人信息保护法》的相继实施，目前对网络侵权行为有了更清晰的识别，但智媒时代基于技术识别行为的辨析和举证困难，导致信息隐私权利的无力感，在持续且流动的数据面前，"无法识别"（匿名）或可为侵权纠纷行为提供豁免；❶此外，区块链架构与个人信息保护规范存在内生冲突，如区块链技术不可篡改性与个人信息删除、更正的冲突，区块链信息透明与个人信息保密规范的冲突等问题。❷因此，未来立法须充分考虑技术应用趋势，降低法律适用的不确定性。

---

❶ 顾理平，俞立根.智媒时代公民的身份确认与信息性隐私的保护——基于情景化识别的视角[J].南京社会科学，2022（5）：99，102.

❷ 王禄生.区块链与个人信息保护法律规范的内生冲突及其调和[J].法学论坛，2022（3）：81.

第九章　法治新闻的报道边界

司法与媒体之间存在着复杂而紧密的联系。司法活动是法治新闻重要的报道来源。"司法过程所蕴含或展示的内容以及司法过程本身所显示的刺激性，对于传媒来说具有永恒的吸引力；司法所衍生的事实与问题从来都是媒体关注的热点。"❶ 而媒体报道所蕴含的传播力和影响力亦是司法机关所无法忽视和回避的。在与司法的互动过程中，媒体通过报道司法案件，发挥其监督司法进程、促进司法公正的功能。就目前媒体监督司法的现状而言，仍存在许多问题。在一些由争议性案件引起的网络舆论事件中，人们往往对司法机关等公共机构表现出不信任的态度，而对那些迎合了某些情绪和利益诉求的倾向性报道"趋之若鹜"。明确媒体监督司法的界限，是现阶段消解司法与媒体信任异化危机的关键所在。对于媒体应该如何规范监督、实现监督的"无害化"，具体到操作层面，就可以概括为法治新闻报道的边界问题。

一、司法与媒体之信任异化

在传媒型风险社会下，真相往往没有情感因素更能引起舆论的反应，这就是所谓的"后真相时代"。法治报道往往搅动网络舆论漩涡，其原因并不在于新闻信息的反转，而在于司法与媒体之间的信任异化。"社交网络中扁平化的交往体系倾向于将信任重新个人化，它不依赖社会内部自上

---

❶ 顾培东.论对司法的传媒监督［J］.法学研究, 1999（6）: 17.

而下的制度性共识。"❶ 司法机关、专业媒体的信任功能替代（the functional substitutes），导致法治报道呈现舆论倒逼媒体、媒体再倒逼司法公开的二波制传播格局。在司法与媒体之间未产生信任异化之时，这种报道模式产生过积极性。例如，"孙志刚案"❷ 直接促成了收容遣送制度的废止；"聂树斌案"❸ 确立了对历史遗留案件纠错的证据规则。

但是，在司法与媒体产生信任异化时，媒体的报道也可能使事件处理偏离法治轨道，出现"媒体审判"僭越司法审判权力的情况，干扰司法独立与司法公正。"南京彭宇案"曾被视为"社会道德滑坡"的典型事件，多年后经媒体披露才知彭宇并没有被冤枉。❹ 当时媒体的报道普遍集中于司法认定具有偏袒性和局限性，倾向于彭宇是"做好事反被诬陷"的受害一方，而一边倒地谴责"讹人的"老太太，网络舆论走向群体极化，不少人挥舞道德的大棒，企图颠覆既有判决。

在现象级的司法舆情事件"于欢案"❺ 中，司法独立与媒体监督之间的

---

❶ 全燕."后真相时代"社交网络的信任异化现象研究［J］.南京社会科学，2017（7）：115.

❷ 2003年3月17日晚上，任职于广州某公司的湖北青年孙志刚在前往网吧的路上，因缺少暂住证，被警察送至广州市"三无"人员收容遣送中转站收容。次日，孙志刚被收容站送往一家收容人员救治站。在这里，孙志刚受到工作人员以及其他收容人员的野蛮殴打，并于3月20日死于这家救治站。

❸ 1995年4月25日，河北省鹿泉县人聂树斌因故意杀人、强奸妇女被判处死刑，剥夺政治权利终身，同年4月27日被执行死刑。2016年12月2日，最高人民法院第二巡回法庭对原审被告人聂树斌故意杀人、强奸妇女再审案公开宣判，宣告撤销原审判决，改判聂树斌无罪。

❹ 2006年11月20日，老人徐寿兰在南京市水西门广场一公交站台被撞倒摔成了骨折，而陪同她前往医院的彭宇却矢口否认自己撞倒徐寿兰，徐寿兰因此将彭宇告上法庭。由于警方丢失事发时的询问笔录，导致关键的"二人是否相撞"事实认定缺少原始证据支撑，从旁听庭审的媒体开始到公众形成了"彭宇做好事被诬陷"的一边倒舆论。2007年一审判决中，对原、被告相撞事实认定的一些推理分析偏离了主流价值，导致社会舆论普遍不认同一审判决结果。二审以庭前和解协议结案，且协议有保密条款未予公开案情。经数年发酵，该事件逐步演化为社会道德滑坡的"反面典型"。2012年，南京市委常委、市政法委书记刘志伟接受媒体专访时披露，彭宇确与原告发生了碰撞。

❺ 2016年4月14日，山东冠县青年于欢的母亲、企业主苏银霞和于欢本人遭受十多人催债，被限制行动，遭受辱骂、殴打和其他侮辱，于欢不堪其辱以水果刀刺伤4人，其中杜志浩伤重死亡。2017年2月17日，山东省聊城市中级人民法院一审以故意伤害罪判处于欢无期徒刑。3月23日，《南方周末》以《刺死辱母者》为题报道此案，引发网络舆论热议。6月23日，山东省高级人民法院终审改判于欢有期徒刑5年。

冲突正是这种信任异化的结果，对于该事件中媒体对司法活动的影响，也存在两种截然不同的看法。一种观点认为，正是媒体的报道引发公众舆论的热议，才使得司法审判受到监督，"于欢案"才有了公正的判决结果。当遭受司法不公时，需要有良知的媒体和记者进行监督，才能促进司法公正。而另一种观点则认为，此案二审认定的事实，与引起公众热议的新闻报道出入较大，这是媒体用"舆论审判"代替"司法审判"，严重干涉了司法的独立性，其本质上是对司法程序的扰乱。

综上，找到媒体监督与司法独立的最佳平衡点，使媒体对司法的监督到位但不越位，其根本的解决之道是重构媒体与司法之间的信任制度，避免让法治报道成为网络民粹主义情感宣泄的途径。

二、法治事件的采访边界

（一）采访的基准点在于合法信源

明确司法报道的合法信源，是厘清媒体与司法之间信任制度的起点。一般而言，媒体在案件报道中所援引的信息来源不外乎三种：一是由司法机关公开的案件信息；二是通过采访案件当事人及其亲友直接获得的信息；三是司法机关未公开，媒体从司法机关尤其是侦查机关内部人员、律师等掌握一手资料的人员处获取的信息。

2017年6月27日，最高人民法院、最高人民检察院、公安部、国家安全部、司法部正式发布《关于办理刑事案件严格排除非法证据若干问题的规定》。该规定在原先刑诉法修正案的基础上，进一步完善了刑事诉讼证据制度，意味着媒体在案件审理的各个阶段能够从司法机关和案件当事人处获得的信息大幅减少。例如，侦查机关拒绝向媒体提供案件的相关信息有了法律依据，"禁止强迫自证其罪"等内容赋予了嫌疑人或被告人在面对媒体的采访时"保持沉默"的权利。在此规制下，媒体可以获得的合法消息源虽然大幅减少，表面上使得案件报道的新闻来源收窄，似乎增加了新闻报道的难度；实质上导致"我国媒体对刑事案件的报道从传统的以侦查为重点的模式向以开庭审判为重点的模式进行转移"❶。党的十八届四中全会后，以审判为中心的诉讼制度改革成为我国刑事诉讼的当然话语。❷从这点意义上而言，2012年《刑事诉讼法》修订给媒体获取案件信息制定了新的规则，减少了司法干扰因素。

此外，2012年《刑事诉讼法》修订后增设了犯罪记录封存制度，并完善了未成年人犯罪的不公开审理制度，在原有法律规定的基础上扩张了对未成年人犯罪报道的法律限制，使得媒体对未成年人的犯罪报道有了更多的禁区。❸

明确报道的合法信源，也意味着媒体要有选择地报道案件。例如，按照我国刑事诉讼法的相关规定，有关国家秘密、个人隐私、未成年人、当事人提出申请且确实涉及商业秘密的案件，应当依法不公开审理。而对于这些不公开审理的案件，媒体并非完全不能报道，可以根据实际情况对案由、审判时间以及判决结果等公开事项进行报道。需要指出的是，有些案件虽然不属于非公开审理的案件，但由于涉及被害人重大的人身利益，即使媒体掌握了相关的信息，也不应当进行报道。❹

（二）树立采访手段"边界意识"

重构媒体与司法之间的信任制度，还应当明确媒体采访手段的"边界意识"。2012年《刑事诉讼法修正案》从法律层面上设定了媒体报道介入司法活动的禁区与界限，使得司法公开的边界更加清晰化、合法化。相应地，在人们对权威的信任感普遍较低的情况下，媒体从自身的调查采访行为上树立规范并严格执行，有助于调整人们的信任结构，重新建立媒体与司法之间的信任制度。

---

❶ 范鑫.刑事诉讼法修改对媒体采访报道行为的影响——来自中国政法大学"新闻与法治"论坛的声音[J].新闻记者，2012（8）：57.
❷ 高一飞."审判中心"的观念史[J].国家检察官学院学报，2018（4）：148.
❸ 姚广宜，李汶龙.新刑诉法对未成年人犯罪报道的法律限制及影响[J].当代传播，2013（3）：76.
❹ 姚万勤.媒体报道刑事案件应恪守"边界"[N].检察日报，2016-07-13（003）.

首先，隐性采访等手段要在公共利益的界限内使用。作为舆论监督的重要手段，隐性采访经常出现在各类揭露性报道中，但其合法性与正当性却饱受争议。隐性采访使用得当时，能够成为揭露社会阴暗、曝光不法行为的利器，而隐性采访的不合理使用会引起人们对报道真实性的质疑，造成严重的负面效应。媒体应当明确的是，隐性采访的可适用范围有限，仅适用于调查严重侵犯公共利益且无其他途径可以获取真相的情况，在使用时要保持审慎的态度，避免触碰法律的禁区和道德的底线。

其次，新闻调查取证应当避免使用司法机关取证的材料。新闻记者需要明确的是，对于采取技术侦查措施获取的材料，只能用于刑事诉讼过程中而不能用于刑事案件报道。在对"杭州保姆纵火案"的报道中，媒体就没有局限于司法机关取证的材料，而是通过对多位案件当事人的采访，以消息来源面目出现在新闻中的逝者一家人和亲友表达了较为丰富的情感类型，帮助记者搭建起新闻叙事的结构。❶

最后，新闻调查还应当在尊重和保障人权的基础上进行。媒体对案件的报道，除要注意尊重当事人的名誉权外还要尊重当事人的隐私权。对于当事人不愿公开的隐私问题，媒体要把握好分寸，即便是刑事案件中的被告人，也不能公然揭露其与案件无关的个人隐私。对于法律上没有明确规定的，但是可能影响犯罪嫌疑人隐私保护、侵犯人权的信息，如犯罪史、疾病史、个人癖好等要结合案情及社会公共利益而有选择地报道，对于犯罪嫌疑人、被告人的头像图片更应该谨慎处理，勿随意刊布，除非出于对社会公共安全、社会重大利益保护的必要。❷

（三）采访诉求应回归理性

后真相时代，网络上往往充斥着各种利益主体发布的虚实信息，利用一种极端的修辞术来争夺话语权。在法治事件的网络传播过程中，还充斥

---

❶ 白红义. "媒介化情感"的生成与表达：基于杭州保姆纵火事件报道的个案研究［J］. 湖南师范大学社会科学学报，2018（5）：146-147.

❷ 姚广宜. 对案件新闻报道规制问题的若干思考［J］. 中国政法大学学报，2015（1）：125.

着大量非专业媒体机构产制的新闻报道,它们互相矛盾、互为指责,以不同的情感诉求撕裂社会群体。"后真相行动往往具有一定的甚至强烈的情绪发泄色彩,这个行动并不希望追求真正的真相,而往往只是以追求所谓真相的名义'污化''归罪'现存体系。"❶应当看到,当今专业媒体的法治报道职能不能简单停留在监督司法、宣传法治和引导舆论这三个方向上,还应该发挥社会情感治理功能,"应为利益多元、表达多元的各种群体搭建互动交流、平等协商的公共平台,建立平等、多元的交往关系"❷。

为避免网络舆论走向群体极化,媒体在报道时应当避免倾向性判断,同时在案件审理的不同阶段,需要把握不同的报道规范。在立案阶段,媒体可报道的内容仅限于具体案由、双方诉求等,不能超越司法程序对审判结果作出定性、定罪的倾向性判断;在案件审理阶段,媒体应当对涉诉双方均等的诉求、答辩报道,要尽可能引用多重信源相互印证,不能偏信一方,甚至做一方的代言人。

司法案件报道的专业性要求报道者具有较高的法律素质。但现实情况中,在法治热点事件的网络传播中,掺杂着大量带有倾向性的叙事,尤会从道德评判的角度对事件进行价值分析,而忽视了法律层面的专业判断。

因此,媒体应当选择好案件评论的时机。在一些刑事案件的报道中,先于司法程序对案件当事人进行有罪推定,并对其进行道德拷问的做法,会在公众中激起宣泄情绪的浪花,舆论对司法公正的影响较大。因此,这类对社会道德的拷问应当放在判决之后进行,媒体可以适当进行相关评论,引导公众的理性反思。

此外,媒体的评论视角应从大众道德评判转化为专业法律判断,提升案件报道的专业水准。如果公众对判决结果普遍存疑,媒体可以通过专业的法律意见对判决结果进行释疑。比如,媒体可以约请法律专家从法理的角度对判决文书进行专业分析和理性表达,也不失为媒体理性监督司法的

---

❶ 陈忠.从后真相到新秩序:别样共同性及其公共治理[J].探索与争鸣,2017(4):31.
❷ 张华."后真相"时代的中国新闻业[J].新闻大学,2017(3):33.

一种手段。

三、法治新闻的叙事误区

法治新闻作为当前新闻报道的一个特殊类型，肩负着传播法治信息、弘扬法治精神、推动法治中国的重要使命，因此其文体写作要求更严谨、准确、客观、公正。目前法治新闻写作中存在诸多问题，导致报道的社会传播效果不良，引起公众对司法工作的误解甚至不满。本部分将依照法治新闻文本结构，着重分析当前法治新闻写作中存在的几个误区。

（一）标题过度强调冲突性与娱乐性

新闻媒体为使新闻获得广泛关注，会采用一些特殊手法处理标题，以达到抓"眼球"的效果。给标题中的元素建立因果关系，并使其产生强烈冲突是其中的一种手法。当标题中的因果关系超出常识范畴，自然会引发读者往下阅读的兴趣。但这种因果关联的部分先决条件没有写进标题里，因此存在歪曲事实的风险。

2015年12月1日，《郑州晚报》刊登了题为《掏鸟16只，获刑10年半——啥鸟这么贵？燕隼，国家二级保护动物》的报道。随后网络媒体纷纷转载，但原报道的副标题被许多媒体忽略。其中，新浪网的标题为《大学生家门口掏鸟16只卖千余元获刑10年半》。以上两则标题都包含了"掏鸟"这一具体行为及其产生的后果"获刑10年半"，必然会让读者认为这件事是反常的、违背常理的。标题的强冲突性正是让这则法治新闻获得广泛关注的原因，而所谓的"掏鸟"事实上是"非法捕猎国家二级保护动物燕隼"。媒体利用"鸟"和"燕隼"之间的包含与被包含的关系以及"捕猎"和"掏"两种行为的关联性，刻意营造出耸人听闻的新闻效应。读者在详细了解事情原委之前，容易通过标题判断此事为量刑过重，甚至带着这种先入为主的立场来阅读报道，报道的舆论不免偏向于被告人，无形中危害了司法公平正义。

除了制造强冲突外，一些媒体通过充分"挖掘"新闻人物身上或事件本身的话题，将娱乐性元素纳入新闻标题，以博得读者注目。这些充满娱乐元素的标题模糊了法治报道的焦点，把读者引向了对当事人的戏谑性"围观"上，并不利于法治报道对推动司法进步的作用。

"陈满案"❶是最高人民检察院向最高人民法院提请抗诉的首例刑事案件，也是"2015年度十大法律监督案例"之一。一场冤错案经历23年后终被改判，它对于我国法治工作的警示作用以及当前法治进步的推动作用是非凡的，新闻媒体的首要职责是还原案情，引导全社会对冤假错案的关注且积极呼吁遏制冤案再生的制度建设。但一些媒体在制作标题时选取了娱乐化事实，变相消费新闻人物。中新网在转载新闻时将原标题改为《陈满谈狱中23年：春节不敢看春晚　幸福被剥夺》。都市类报纸的做法更加娱乐化，如《华西都市报》推出了《缺席了24年的同学会，陈满这次终于站到了同学中间》的报道；又如《重庆晨报》在报道此案时选用的标题为《陈满与世隔绝23年：不明白"粉丝"为什么不能吃》。尽管以上新闻正文客观回顾了案件全过程或报道了陈满要求国家赔偿的进展，但如此新闻标题却选择了"春晚""同学聚会""粉丝"等非重要的娱乐性元素，对当事人围墙之外的生活冷漠地"围观"，报道几乎丧失了应有的严肃性与人文关怀，无形中亦自损了媒体形象。

（二）导语重趣味而轻客观

新闻导语担负着提示新闻要旨和吸引读者关注的双重任务，既要以简要的文句突出最重要、最新鲜的事实，又要达到让读者阅读全文的目的。然而法治新闻的严肃性和准确性又易于使报道略显枯燥，所以一些媒体为了吸引受众阅读，便任意夸大或缩小新闻事实，一味追求导语的趣味性，而枉顾报道的客观性。新闻趣味性和客观性之间失衡，造成导语写作病例

---

❶ 1992年12月，海南海口发生一起杀人焚尸案。四川籍青年陈满被锁定为凶手，并于1999年二审获判死缓。2016年2月，浙江省高级人民法院依法对陈满故意杀人、放火再审案公开宣判，撤销原审裁判，宣告陈满无罪。

频频再现。

上文提到的 2015 年"大学生掏鸟获刑 10 年半"事件中,《郑州晚报》这篇新闻的导语写道:"大学生小闫发现自家大门外有个鸟窝,和朋友架了个梯子将鸟窝里的 12 只鸟掏了出来,养了一段时间后售卖,后又掏 4 只。"这里记者用"掏鸟"一词替代了法律词语"猎捕国家二级保护动物",有意缩小了犯罪行为人的主观故意,却又强调了"判刑 10 年半"的严重后果,似乎是出自日常生活的平凡事件却达到了不平凡的"戏剧化"效果,这样叙述事实造成了令人难以理解的因果关系,易让读者对我国司法判决的公正性产生质疑。

2014 年的假新闻《哈尔滨:赚钱不给老婆花就算家暴》引发了公众对《哈尔滨市妇女权益保障条例》的误读。该新闻的导语中引用了原条例中"除打骂外,精神恐吓、禁闭、冻饿、经济封锁等都属家庭暴力范畴"这一条规定,并且把此条规定中的"经济封锁"解释成"赚钱不给老婆花";而且从原文来看,《哈尔滨市妇女权益保障条例》中并未将以上行为直接认定为"家暴",所以这篇新闻中的导语明显存在着夸大甚至虚构事实的错误,虽然能使新闻更有趣,也能吸引更多读者关注,但没能做到理性客观地报道事实,反而给出台此规章的地方政府带来不良的舆论压力。

(三)法言法语表述不当

法律术语作为一门专业性很强的语言具有科学、严谨、简明、准确等特点,如果记者缺乏法律常识,不能严谨地使用"法言法语"甚至随意发挥对法律事实的描述,将会导致法治报道传播失效,引发公众误读,混淆案件性质。

法律术语是表示法律专用概念的词语,不能交互使用同义词或近义词,不讲求词汇变换,但是法治新闻报道中法律术语错用或混用的情形时常发生。在 2012 年 8 月杭州网的一篇名为《国内地沟油第一案昨开庭:七被告为什么涉嫌两个罪名》的报道中,把"被告"和"被告人"混淆了,被告和原告相对应,是民事诉讼的法律用语,在刑事诉讼中只能使用

"被告人",这样写显然改变了案件的性质。又如,2015年11月法治网刊出的《兵团十二师中院执结一起标的近 2 亿元案件》一文中,记者使用了"标的"一词,"标的"是指经济合同当事人双方权利和义务共同指向的对象。而"标的额"是指合同中产品或服务的价格,和"标的"是两个截然不同的概念,这里显然错把"标的"当成"标的额"来用了。除此之外,容易混淆的法律术语还有"犯罪嫌疑人"和"罪犯"、"缓期"和"缓刑"、"抢劫"和"抢夺"、"询问"和"讯问"等。

媒体在叙述事实时也常存在张冠李戴的错误。如 2015 年 5 月新浪新闻报道《炫富女郭美美遭法院起诉,将被追究刑责或面临重刑》。在刑事诉讼中,起诉方只能是检察院或者受害人,法院只有审判权能,这里却无视法律的规定,硬生生地给法院加了一项"起诉"权能。还有 2016 年 2 月盐城新闻网的一篇名为《盐城盐都集中宣判 9 起危险驾驶案件》的报道,其中写道:"法院对 9 起危险驾驶案件进行了集中宣判,公安局交警大队根据判决,依法对这 9 名案犯执行逮捕,送往市看守所羁押。"逮捕是经检察院批准或法院决定,由公安机关执行的,对犯罪嫌疑人、被告人在一定时间内完全剥夺人身自由的强制措施。新闻所述法院判决后才对案犯执行逮捕显然是不正确的,只有犯罪嫌疑人被逮捕到案以后法院才有判决的可能性,这则新闻也很明显犯了法律常识错误。

诸如此类不严谨的表述还有"某某检察院依法对某贪污的官员定贪污罪",审判权是法院的职权,检察院无权审判;"某某公安局对某渎职的公安人员李某立案侦查",依据《监察法》第 34 条,公安机关渎职类违法或职务犯罪案件应当移送监察机关,由监察机关依法处置调查;或依据《刑事诉讼法》第 19 条由人民检察院立案侦查。种种错误表述究其原因,是法治记者对我国司法机关的根本职能混淆不清、缺失专业报道素质的表现。

(四)信源误用、误增与误删

新闻报道准则"要求每一个所谓的新闻事实都必须在两个相互独立的

消息源那里获得证实才能成立",但由于时间和人力成本的限制,"这种严格的证实程序在新闻工作中是非常罕见的"。❶ 在许多情况下,记者和媒体基于常情常理以及可靠的消息来源来建构事实。❷ 在"大学生掏鸟获刑10年半"事件中,《郑州晚报》的报道全篇只提到了"小闫的家人"这一个消息源,对小闫掏鸟过程的描写没有明确指出记者采访的时间、地点和被采访者。文中提到了小闫被辉县市森林公安局逮捕,并被新乡市辉县市法院判处有期徒刑10年零6个月,但对于这个违反常理的判决,记者并没有采访公安机关和法院,只就当事人家属的描述刊发了报道。

法治新闻作为一种特殊的新闻体裁,对新闻事实的准确性要求更高,任何细微的错误都有可能引起人们对法律条文、公检法等国家机关产生质疑。而报道本案件的记者和媒体却采用了可信度较低的单一消息来源且没有寻找其他消息源核实新闻内容,向公众传递了错误的意义,甚至引发了偏向一方的舆论声势,给正当的司法工作带来消极的压力。

此外,记者和媒体在处理法治新闻信息来源时还出现了引用法律条文时随意增删原文内容的情况,这不仅歪曲了法律条文,也容易使读者对法律条文产生错误的认知。刊登在《法制日报》上的《明星虚假代言不属立法空白》一文中写道:"食品安全法将于今年6月1日实施。其中第55条规定,社会团体或者其他组织、个人在广告中向消费者推荐不符合食品安全标准的食品,使消费者的合法权益受到损害的,与食品生产经营者承担连带责任。"❸ 但食品安全法原文并没有对"食品"作"不符合食品安全标准"的限定,记者随性增加的这个定语无意中缩小了代言人的法律责任。又如,该报在《妇女遭受性骚扰可直接起诉》❹ 一文中将"预防和制止对妇女的性骚扰"写成了"预防和制止妇女的性骚扰",一个"对"字使法律

---

❶ [美]塔奇曼.做新闻[M].麻争旗,刘笑盈,徐扬,译.北京:华夏出版社,2000:96.
❷ 夏文蓉.一则社会新闻为何引起舆论热议?——对"大学生掏鸟获刑10年半"新闻文本的研究[J].新闻记者,2016(2):67.
❸ 徐伟,高琳琳.明星虚假代言不属立法空白[N].法制日报,2009-05-02(002).
❹ 李松,黄洁.妇女遭受性骚扰可直接起诉[N].法制日报,2009-05-23(002).

条文的意思大变。媒体没有严格把关报道所引述的法律原文，向公众错误地传播了法律认知，最终损害了媒体报道的社会价值。

综上所述，法治新闻写作的叙事误区损害了法治新闻报道的权威性和公信力，记者和媒体应把握好报道语言的准确性与专业性，严防法律常识错误，才能守住法治新闻弘扬法治精神、铸造法律理念的这块重要阵地，充分发挥新闻媒体在我国社会主义民主与法治进程中的积极作用。

第三部分

职业边界：专业共识的建构路径

第十章　融媒新闻从业者的角色调适

媒体融合作为国家战略实施已满八年,它被学界认知为一种媒介规制、媒介传播、媒介经济的变迁,也被视作新闻从业者职业认同与角色转变的影响因素;但这些研究大多是在社会组织视角下探讨媒体所遭遇的内外部压力,较少从组织结构视角呈现媒体内部个体与组织变革关系的张力。媒体组织是新闻生产的载体,媒体组织结构的建立、维护与调整,要符合新闻生产关系与新闻生产流程的创新需求。跃迁式的组织结构变革是难以实施的,在实践中并不会按照管理者设想的变革路径自行实践,很多媒体融合的组织内常常遭遇文化抗争和行为复旧等困境。

组织科学自 20 世纪八九十年代以来围绕着组织变革与发展形成了一个颇具挑战的研究领域,受到了来自心理学、社会学、经济学、工业工程甚至系统工程等诸多学科学者的探索与努力,逐步建立了关于组织变革的研究视角、方法和主题的科学体系。[1] 笔者认为,组织变革理论能为媒体融合研究提供基于上述多学科的理论借鉴,考察媒体融合情景下的组织变革及其员工的变革反应,亦能为媒体组织融合进程的复杂性提供一种新理解。

一、媒体组织变革

(一)关于组织变革与组织成员的变革反应研究

实践中组织变革(organizational change)已成为企业的一种常态,结

---

[1] 高静美,郭劲光,李宇.组织变革研究体系的嬗变与中国维度的本土考量[J].管理世界,2010(9):150.

合鲍曼和迪尔两位学者总结的组织重构四大视角——结构视角、人力资源视角、权术视角和象征视角，❶组织变革被理解为组织根据内外环境变化，及时对组织中的要素（如组织结构、人力资源、工作方式、组织文化及技术等）进行调整、改进、革新以不断适应新环境、新形势的过程。在管理学中，组织变革由四种因素构成，分别为：变革情境、变革过程、变革内容与变革结果。❷

组织变革最终会映射和反映到每一个个体成员身上，员工对组织变革的反应成为影响变革的重要因素。员工的变革反应及其变化可以划分为变革支持、变革沉默和变革抵制，以及由这个连续统一体所演化的正向、负向变化。❸员工通过图式（schema）来有效地认识和解释变革的内涵，从而形成对变革的认知。❹变革认知的个体间性导致相同的变革刺激对不同的员工产生不同的变革反应。员工对变革的反应是由其感知到的变革情境、组织在变革过程中的行为、变革内容，以及变革结果所共同决定的。这些决定因素之间并非相互孤立，而是存在一定联系。❺员工的变革反应影响了其变革行动，最终由员工的变革行动推动组织变革的结果，因此改变、引导员工的变革反应成为提升组织变革成功概率的关键问题。

在变革组织的本土化研究中，对于变革的可接受性问题、个性化发展等方面的研究则极为有限，对于变革中员工的地位研究不足。❻加之西方

---

❶ [美]李·鲍曼，特伦斯·迪尔.组织重构：艺术选择及领导[M].桑强，等译.北京：高等教育出版社，2005：22.

❷ ARMENAKIS A A, BEDEIAN A G. Organizational Change: A Review of Theory and Research in the 1990s [J]. Journal of Management, 1999, 25 (3): 293.

❸ 杜旌.本土文化情境下领导行为对员工变革反应的影响：基于图式理论的动态研究[J].心理科学进展，2013（9）：1533；曹晓丽，樊伟芳.变革反应行为：概念、类型与演化模型[J].天津大学学报（社会科学版），2019（3）：221.

❹ LAU C, WOODMAN R W. Understanding Organizational Change: A Schematic Perspective [J]. Academy of Management Journal, 1995, 38 (2): 537.

❺ 张婕，樊耘，纪晓鹏.组织变革因素与员工对变革反应关系研究[J].管理评论，2013（11）：57.

❻ 高静美，郭劲光，李宇.组织变革研究体系的嬗变与中国维度的本土考量[J].管理世界，2010（9）：150.

主流管理学指导思想的影响，相关研究更需要在中国情境中检验组织管理理论的有效性，才能对中国管理理论和实践有切实贡献。[1]在实证研究中，本土文化因素对组织成员的变革认知及变革反应的影响有待被检验。此外，管理学视角一般有意淡化了变革组织的行业特征而关注共性问题，对媒体组织变革的个性未有呈现。

（二）媒体组织变革与从业者变革反应研究

新闻研究的组织路径主要受其援引的社会学理论资源的影响，大多关注媒体组织的稳定性。如20世纪70年代甘斯对新闻编辑部的研究呈现的是一个相对静态的过程，研究焦点是结构性的，而并不太讨论数年间新闻活动所处的社会情境变化。[2]媒体组织被概括为"新闻工作的社会组织"，"新闻常规"（news routine）以一种日常惯例来帮助新闻生产得以"驯化"瞬息万变的社会现实。[3]21世纪以来，新闻业观察者和研究者开始研究新闻业的创新（innovation），重新审视媒体组织内和组织外两个层面的"不确定"特征，[4]如洛雷（Lowrey）和吴（Woo）探讨了在应对数字时代的不确定时媒体组织会在多大程度上来加强编辑部与商业部门的合作，从而维持其新闻制度的合法性。[5]

由于新闻创新研究所致力于解决的问题与第一代新闻民族志研究不同，这需要有新的理论资源和分析范式的引入。[6]新兴的新闻民族志研究强调新闻从业者作为个体行动者在组织结构中的能动作用，以及对新闻常

---

[1] 王霄，李芸.员工变革情绪反应的内涵、前因与后果［J］.中国人力资源开发，2018（10）：60.

[2] 白红义.社会学家如何研究新闻？——"重访"《什么在决定新闻》［J］.山西大学学报（哲学社会科学版），2020（4）：42.

[3] 陈阳.为什么经典不再继续？——兼论新闻生产社会学研究的转型［J］.国际新闻界，2018（6）：12.

[4] 王辰瑶.新闻创新研究：概念、路径、使命［J］.新闻与传播研究，2020（3）：47.

[5] LOWREY W，WOO C. The News Organization in Uncertain Times：Business or Institution？［J］. Journalism & Mass Communication Quarterly，2010，87（1）：41.

[6] 白红义.在新闻室做田野：作为方法的新闻民族志研究［J］.现代传播（中国传媒大学学报），2017（4）：66.

规的构建作用。如斯滕森（Steensen）认为在先前的研究中个体行动对于在线新闻编辑室创新过程的决定性被低估；❶雷夫（Ryfe）的研究发现从业者并不会被组织变革中的工作常规和价值观所驯化，反而受到了习惯、投资以及对新闻边界定义的拉扯。❷阿瑟（Usher）对《纽约时报》的田野研究则记录了其从记者个人的新闻实践以及记者在新闻编辑室的共同经历中观察到的新兴的新闻价值观。❸新闻从业者身处变革情境之中的职业认知转变也被得以呈现，顾本曼（Grubenmann）等研究了在线新闻编辑室中发展出的新的记者角色。❹这些研究尽管呈现了新闻从业者个体应对媒体组织变革的反应，但仍然是基于新闻生产社会学的研究传统，与管理学关于组织变革的结构视角相近，强调的是组织变革的目标、专业化的角色和正式的组织关系。从这个意义上来看，组织科学基于心理学发展出的人力资源视角、基于政治学发展出的权术视角以及基于社会人类学和文化人类学的象征视角，❺可以给媒体组织变革研究引入多种分析框架，超越单一视角下的有限效力。

同样，新闻生产的本土研究也面临着"语境"与"范式"转换的根本性挑战，❻研究偏向从媒体组织结构的制度化特征转到组织内外从业者的社会化，后者即考察作为行动者的新闻人是如何互动的，以及作为内部人／外部人的角色冲突如何。❼在媒体融合的具体场景中，学者们探讨了时间

---

❶ STEENSEN S. What's Stopping Them？［J］. Journalism Studies，2009，10（6）：821.
❷ RYFE D M. Can Journalism Survive？ An Inside Look in American Newsroom［M］. London：Polity Press，2012：22.
❸ ［美］尼基·阿瑟.《纽约时报》是怎么做新闻的［M］.徐芳芳，译.上海：上海译文出版社，2019：28-34.
❹ GRUBENMANN S, MECKEL M. Journalists' Professional Identity：A Resource to Cope with Change in the Industry？［J］. Journalism Studies，2017，18（6）：732-748.
❺ ［美］李·鲍曼，特伦斯·迪尔.组织重构：艺术选择及领导［M］.桑强，等译.北京：高等教育出版社，2005：14-21.
❻ 王敏.回到田野：新闻生产社会学的路径与转向［J］.南京社会科学，2016（12）：105.
❼ 刘颂杰.新闻室观察的"入场"与"抽离"——对财新团队参与式观察的回顾及思考［J］.新闻记者，2017（5）：45.

性、新闻节奏、生产制式等问题。❶ 但这些研究对象的选择仍有待进一步多元化：一是已有研究集中在诸如澎湃新闻网、《人民日报》新媒体部和《财新周刊》等全国性媒体，其转型或融合进程相对顺利，而地方性媒体和融合进程坎坷的媒体是缺席的；二是已有田野观察局限在新闻编辑室内，与新闻生产相关的其他组织结构并不处于研究者的视野中心，缺乏建构另一种基于媒介管理学视角的组织系统性观察。

（三）研究问题

综合上述组织变革研究与新闻民族志研究在"个体—组织"视角、本土化理论检验上的共同指向，文本将试图建构"个体认知—反应机制"的分析框架，用来阐释新闻从业者如何能动性地推动/阻碍媒体融合变革，探讨从业者在变革组织内再社会化的可能性。尽管研究媒体融合的阻碍需要关注组织结构上的根源性拖累❷，但更值得关注的是文化抗拒和文化惯性是如何影响从业者之间认知共享和一致行动的。学者们多在媒体行业变革的"大场景"中描述新闻从业者的职业认同危机❸和职业想象危机❹，却缺乏从媒体融合组织的"小场景"中去阐释新闻从业者面对变革的心理动荡和角色淡化。❺

本章将借助组织变革四因素❻作为分析框架，探析新闻从业者对组织变革的认知及其所产致的变革反应。由于行动者会以外部信息来建构变革

---

❶ 王海燕.加速的新闻：数字化环境下新闻工作的时间性变化及影响［J］.新闻与传播研究，2019（10）：37；周睿鸣.锚定常规："转型"与新闻创新的时间性［J］.新闻记者，2020（2）：21；陈阳.每日推送10次意味着什么？——关于微信公众号生产过程中的新闻节奏的田野观察与思考［J］.新闻记者，2019（9）：23；黄金.融合时代传统媒体业务发展策略之嬗变［J］.湖南师范大学社会科学学报，2015（4）：142.

❷ 朱鸿军.走出结构性困境：媒体融合深层次路径探寻的一种思路［J］.新闻记者，2019（3）：40.

❸ 丁汉青，苗勃.网络时代新闻从业者职业认同危机研究［J］.当代传播，2018（4）：19.

❹ 王斌，顾天成.智媒时代新闻从业者的职业角色转型［J］.新闻与写作，2019（4）：29.

❺ 颜景毅.新传播格局下媒体从业者的角色定位与实践研究［J］.当代传播，2017（5）：43.

❻ ARMENAKIS A A, BEDEIAN A G. Organizational Change: A Review of Theory and Research in the 1990s［J］. Journal of Management, 1999, 25（3）：293.

的概念框图即图式,从而影响其变革行动,因此在本研究中从业者的变革认知图式被我们用来建构对从业者变革反应的认知,这里重要的是呈现组织变革如何被领会和看待,而不是组织变革本身实际、客观的优势或价值。本章的研究问题将聚焦于媒体融合组织变革与新闻从业者变革反应的关系,即新闻从业者感知到的变革因素将如何影响其对变革的反应?其系统性的影响机制如何型构了从业者的个体角色以及应对变革时作出的角色反应?

二、媒体组织的扎根研究方法

(一)研究对象

本章的调研对象 A 报集团是一家省会城市的地市级日报集团,有着传统的城市报业发展格局,基于本章的研究目的具有典型代表性。2016 年初,A 报集团内部组织全员对媒体融合展开"2020 年大讨论",完成了集团内部的变革动员;随后研究者对集团及其下属机构共 21 名高、中、基层员工进行了参与式观察与深度访谈。通过对访谈语录进行初步分析后,确立了研究方法和研究问题。2018 年 3 月,A 报集团在不裁员的大原则下作出内部大整合的变革举措,将两家子报全员转入母报,最终实现了组织结构的内部重组。研究者于当年 7 月进行了第二次半开放型访谈,获得 5 份访谈样本。两次访谈共获得样本数 26 份。

(二)研究方法

本研究积累的原始材料是新闻从业者对媒体组织某阶段性融合变革的认知自述,既呈现了个体内对组织变革不同因素的主观认知,也包含了组织变革在个体身上的客观投射。由于影响个体变革反应的内外部因素较多,并不适合用研究假设去做实证分析。扎根理论(grounded theory)作为一种建构性理论的分析工具,其主要宗旨是从经验资料的基础上建立理论,通过搜集、追踪、分析质性数据,不断比较、思考,扎根在数据中构建理论。❶ 由于这一方法是建立介于宏大理论和微观操作性假设之间的实质理论，是适用于特定时空的理论，❷ 因而对于分析媒体组织发展过程中的阶段性问题就具有一定的适用性。

通过对访谈资料进行开放性编码（open coding）、轴心性编码（axial coding）和选择性编码（selective coding）之后，研究者概念化建构了新闻从业者融合变革认知—反应的理论模型。为保证研究的可信度，本章将第一次访谈的 18 份访谈样本用于编码分析（见表 10-1），另外 8 份访谈样本用于理论饱和度检验。❸

表 10-1　访谈对象编码及基本情况

职位层级	编码字母	编码数量
高层管理者	A1	63
	A2	67
	A3	77
	A4	25
中层管理者	B1	39
	B2	60
	B3	22
	B4	24
	B5	6
	B6	21

---

❶ GLASER B, STRAUSS A. The Discovery of Grounded Theory: Strategies for Qualitative Research. Piscataway [M]. New Jersey: Transaction Publishers, 2009: 15-16.

❷ 陈向明. 扎根理论的思路和方法 [J]. 教育研究与实验, 1999（4）: 58.

❸ 理论饱和度检验是指不能再从搜集的新鲜数据中产生新的理论见解，也不再能揭示核心范畴新的属性之检验，此为决定何时停止采样的鉴定标准。GLASER B G, STRAUSS A L. The Discovery of Grounded Theory: Strategies for Qualitative Research [M]. New Jersey: Transaction Publishers, 2009: 7-9.

续表

职位层级	编码字母	编码数量
中层管理者	B7	38
	B8	14
	B9	27
基层从业者	C1	17
	C2	11
	C3	19
	C4	11
	C5	48

注：A／B／C 分别代表高层、中层和基层从业者，如 A＋n 表示高层管理层中第 n 位受访者。

（三）编码过程与分析

通过对第一次调研访谈资料逐词逐行逐个事件进行编码，本研究生成简短、生动、具有分析性的开放式编码共计 589 条；接着审视变革过程问题视角中最重要的和出现最频繁的开放式编码，发现范畴之间存在一定的逻辑关系，提取出 13 个副范畴，通过对副范畴加以归类获得 5 个主范畴，为理论构建做准备。访谈资料编码形成的过程如表 10-2 所示。

表 10-2　访谈资料编码过程一览表

原始资料语句（部分）	开放式编码	副范畴	主范畴
A1-11 领导要求颠覆式改革； B2-59 基于市委书记支持； B2-57 项目需要市委重视，集团搭建带来机会	政治动员	组织诱因	理解变革情境
A2-11 注重经营力打造； A4-11 集团可以支持组建合资公司	市场求生		

续表

原始资料语句（部分）	开放式编码	副范畴	主范畴
A1-16 要坚信世界最隐秘的逻辑在自己手上，一切都是传播； A2-30 报纸要深耕本地也要联系整个地球实现传播力	媒体使命	价值取向	理解变革情境
C3-5 有工作热情，但失去最好的发展先机； H21 对未来的悲观判断——红利触及天花板，纸媒下滑人力无力阻挡； A3-47 死而向生	社会地位		
A1-14 政治资源是最核心资源； A1-32 PGC 在意识形态方面的内容生产力	政治资源	资源整合重点	控制变革过程
B2-60 教育资源被三家报纸分散； A2-27 重新定义的优势包括群众基础	市场资源		
A3-36 体制复杂——事业单位 企业框架	机械官僚结构	权责关系调整	
B7-21 建立能够适应新媒体发展的架构； B7-23 有管理机制体制全方位传承或流程再造	项目事业部		
A3-73 建设中央厨房是政治要求； A3-74 模仿中央厨房模式推动集团发展； A2-34 一个厨房不能服务三个出口	报纸附属部门	组织结构再造	
A1-59 对建设中央厨房的困惑； A2-43 担心物理空间和数据库建立起来后和现有媒体没有关联	全媒搭载平台		
A2-15 重视印刷技术的更新； A1-29 技术最佳不见得最好； A3-23 老报业技术匮乏	技术辅助架构	技术创新	适应变革内容
A3-24 技术部沦为设备维护部，无法发挥真正作用； B5-1 技术部有储备人才，但随着时间流逝已经不再有应当的技术力	技术中心架构		

续表

原始资料语句（部分）	开放式编码	副范畴	主范畴
C5-45 报社培育新媒体产品； A2-51 对未来新闻产品形态的模糊	形态创新	产品创新	适应变革内容
C1-7 一直在追求创新； D21 集中优势力量打造某一创新点	渠道创新		
A2-25 经营方面依赖传统报业的广告发行； A1-44 党报减版保持财务平衡是消极的	版面广告	盈利模式创新	
C3-11 转变收益源方向； B6-12 就近期效益和远期效益达成团队共识	服务增值		
A1-34 考评机制问题； B4-15 薪资不足以吸引新生代人才	考评制度	激励机制	投资变革结果
B2-36 成员工作辛苦但无合理的奖惩机制； C5-47 无奖励机制做不好新媒体公众号	奖惩制度		
A3-37 体制制约干部培养； B2-31 中层负责人无退出机制	选拔制度	职业发展	
A1-33 传统媒体人出走互联网	行业前景		
B5-1 技术部有储备人才，但随着时间流就都成修电脑的了	角色淘汰	消极应对	角色反应
A2-49 一味生产内容，无处可用； B7-27 因为职务，不方便说，不是没想法	无用感		
C3-6 大家思想认知分歧，已经失去了最好的先机； B6-15 我们没有能力做平台，最后没有合资成	信心不足		
C5-8 努力做到内容生产和传播方式同平台战略所匹配，能做到这一点，就能起到事半功倍的效果	自我效能高	积极投入	
C1-1 怎么生，如何不死？我们的思考比较现实，是否被需要	生存常思		

续表

原始资料语句（部分）	开放式编码	副范畴	主范畴
B9-5 在等待观望，在等待集团的政策提供平台和保障	观望等待	沉默观望	角色反应
B9-14 要给新闻口充分的自主权，现在还是机关化、衙门化	自主权不足		

注：受访者编码后数字代表编码数序。

依照基于主轴编码的范畴以及它们之间的相互关系，研究者对主轴编码得出的主范畴进一步分析、比较、归纳，并回溯本章研究主题。研究者将这些关联关系和逻辑分析思路进行归类，获得了主范畴的典型关系结构为"媒体融合组织变革与新闻从业者变革反应的关系"（见表10-3）。

表10-3　主范畴的典型关系结构

典型关系结构	影响关系的范畴	关系的内涵
理解变革情境→角色认知	组织诱因 价值取向	新闻从业者感知的变革诱因包括来自组织外的推动，也包括自身对新闻行业的重新释义；它们构成了从业者对组织内角色定位的重新认知。这一关系形成了从业者的变革意义建构机制
控制变革过程→角色权变	资源整合重点 组织结构再造 权责关系调整	媒体机构如何组织和发动一场变革，新闻从业者是否能参与制定变革规则、是否认可变革公平，从而判定其角色权变路径。这一关系形成了从业者的变革动力机制
适应变革内容→角色效能	技术创新 产品创新 盈利模式创新	媒体进行何种改变以提高其有效性；新闻从业者通过工作内容的变化来感受变革所带来的工作压力，从而影响其自我效能和组织变革效能的认可程度。这一关系形成了从业者的变革适应机制
投资变革结果→角色契约	激励机制 职业发展	组织变革导致从业者角色资本的变化，是组织与个人交换关系的重构，直接影响其对角色的投资策略。这一关系形成了从业者的变革交换机制

为确保访谈资料包含信息的全面性，对另外 8 份原始采访资料进行理论饱和度检验，再次对原始访谈资料形成的编码范畴重新梳理，确定没有新的重要范畴，该模型的范畴已足够丰富，访谈资料信息已达到饱和。

三、媒体融合背景下的新闻从业者变革反应

根据编码分析，本章形成了新闻从业者对媒体融合组织变革的四个认知范畴和三种变革反应。为进一步探析新闻从业者变革认知与变革反应之间的关系，研究者将对四个变革认知范畴之间的内在逻辑进行深入解读，并回溯研究主题和访谈资料。本研究发现，从业者对媒体组织融合变革的反应路径是基于对变革认知的连续体，对从业者的个体角色产生系统性作用，促使其形成不同的变革反应。（见图 10-1）

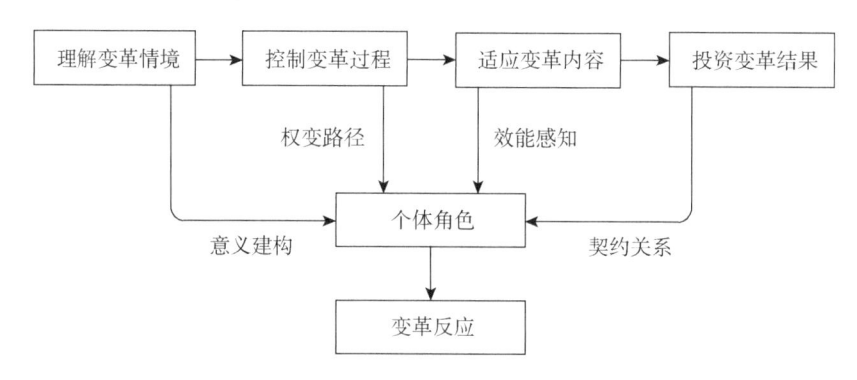

图 10-1　媒体融合组织变革与新闻从业者变革反应的关系模型

（一）定义变革：基于情境认知的角色分化

当今信息工业飞速发展，社交媒体和互联网在社会互动中担当起新的角色。"在传播技术快速发展和新闻行业陷入停滞的悖论中，新闻业同样需要塑造自己在新的媒介环境下的角色，以尽到它在这个时代所需要承担

的责任。"❶ 在庞大的国家体系中传统新闻业的社会角色在重塑,在国民经济中的作用同样也在重塑。对于报业集团而言,渐无市场的子报与担任事业功能的母报之间的关系重构是融合变革首当其冲的难题,不同事业部门的职能结构实际上导致了其融合变革的路径依赖。新闻从业者对于融合变革的组织诱因与价值取向的认知因此产生分化。

长期以来,传统媒体坚持内容和经营"两分离"原则是基于对新闻专业性的一种保护;但随着新闻生产流程的变革,"两分离"原则的适用性被大大降低,融合新闻生产需要两者之间的一体化协作。但生产与经营部门之间长期存在一道隐形之幕,不同定位的从业者各自以自我为中心建构变革意义以达至角色自洽。一部分管理层认为变革是为响应市政府所推动的"话语权建设要求"(A1),其变革根源是一种政治资源的保存;部分中层管理层与市场和受众频密接触,与上层组织和利益层接触较少❷,认为组织变革的意义是提升报业集团"库存变现的能力"(B4)。

两种变革主张的对峙表明了传统媒体组织的制度性困境,"宣传者"与"盈利者"的多角色要求加诸其身。一位高层受访者谈到改革的难度时说:"事业体制制约了干部成长的培养,只有有事业编制的才能进入干部层,捆住了发展的手脚。呼吁改革声音强烈,但是围观加油的人太多,缺乏实际行动。"(A3)在这种围观效应下,管理者并不能完成变革意义给赋者(sense-giver)的角色任务❸,于是从业者发展出矛盾的意义构建(sensemaking)。特别是作为变革代理人的中层管理者,由于与员工天然的紧密联系,他们更深程度地影响着员工的变革反应。❹一位子报中层管理者说:"上级不把我们当经营单位,而是政治部门。团队负责人收入没

---

❶ 王沛楠,史安斌.西方新闻业的社会角色:理论想象与实践探究[J].中国编辑,2019(4):9.

❷ LOWREY W. Institutionalism, News Organizations and Innovation [J]. Journalism Studies, 2011, 12(1):64.

❸ GIOIA D A, CHITTIPEDDI K.Sensemaking and Sensegiving in Strategic Change Initiation [J]. Strategic Management Journal, 1991, 12(6):137.

❹ BALOGUN J, JOHNSON G. Organizational Restructuring and Middle Manager Sensemaking [J]. Academy of Management Journal, 2004, 47(4):523.

有太大差别,但还要独立承担责任,人怎么留都留不住。"(B2)矛盾的角色认知加剧了这个群体的角色分化,在组织内就更难以形成变革反应的一致性。

(二)控制变革:"权变"驱动下的变革意愿

权利是最好的驱动力。融合变革从组织管理的角度而言也是重新分配与整合政治资源和市场资源的变革,员工参与制定变革规则与享有公平沟通的机会,将意味着在组织变革中占有更多的工作自主性,掌控变革发展的方向,消除对变革不确定性的焦虑,从而调节个体的变革意愿。

与上层组织达成利益连接的管理者并不迫切搜寻新的盈利模式,希望继续争取更多的财政支持和市政项目,否定报纸印力减产的变革策略:"党报不能自我削弱,现在一味通过减版来保持财务的平衡是一种消极的方式。"(A1)一位都市报管理者也表示不愿放弃市场与政府之间的关联:"客户基础打好,市里推动,拿下资源有可能。"(B2)积极变革者往往身处新兴的组织部门中,变革是寻求角色权利的好时机,他们期望通过影响组织变革的决策从而获得更多的变革自主性。比如,争取版权下放、恢复子报的法人身份,用优质的内容资源、客户资源与组织外的市场主体缔结商业关系,从而获得变革收益。子报中层管理者认为僵化的事业单位管理体制并不利于对媒介市场机遇的把握,对高层决策的不满也更多:"现在很多都是领导不允许。改革首先要解决人、财、物的权利和独立经营的问题。"(B3)新媒体部的一名基层从业者说:"版权至少要拿到子报编辑部这个层面,自己代理,才能在移动端有所更新,否则子报在互联网时代的发展就是无源之水。"(C5)然而集团管理者出于政治风险的考量也不愿轻易出让变革的控制权,"我们在支持内部创业,也在出台政策。但有些创业实际上是在鼓励分流,不能接受拿走钱和资源、再离开我们集团的分流"(A4)。管理层内部本对变革目标产生的认知分化,导致积极参与变革者所期待的权变路径无法实现。一位中层管理者直言:"光靠我们中层干部的一点觉悟、一点党性和残存的激情,肯定不行。"(B6)这也表明内部创业如果无法授权赋能❶，则无法从根本上激励从业者的变革意愿，只会造就更多的变革沉默者。

技术创新也给媒体组织提供了另一种权变路径。负责技术创新的高层认为，中央厨房建设是深入报社组织的结构性改写，"通过传播形态倒推整个集团的组成架构、价值理念的重构，这样实现一种更彻底的转型"。（A1）基于这种变革目标建成的中央厨房是对原有生产部门的替代性结构，更利于拢聚报业集团优势资源的配置权。但对于传统新闻生产部门的管理者而言，"中央厨房的技术设计做出来之后与现在的报纸没有什么关系"，并不倾向于支持"技术的决定性"作用。（A2）

然而变革行动者已经入场，融媒技术人员随着中央厨房全国推广建设开始走入媒体组织的权利中心，成为带领媒体组织融合变革的驱动力量，使得原有维持纸媒网端生产的技术人员的角色淡化。后者对于"沦为修电脑的"（B5）未来命运心有戚戚，但又囿于中国企业内的"服从性文化"而不愿公开争论变革控制权。传统媒体组织中的技术员一直处于组织控制权的外围，即便在新技术所带来的这场变革中他们对自我角色的定位仍然游离。一位技术部中层管理者选择用沉默来抗应变革："之前我们认为新报社大楼的技术架构归我们。但现在不该我们管的，我们就不管。"（B7）融合变革不能没有"新技术关联性"❷，懂媒体逻辑的技术人才能为媒体深度融合提供可持续的创新动力。技术不断更迭，更多的技术从业者也会不断地被吸纳到媒体场域中来，如果继续沿用过去的管理思路，把技术员作为新闻组织的后勤部队，就无法增强其角色的主体责任意识，最终还是会和印厂工人一样成为传媒组织尾大不掉的人力负担。

（三）适应变革：基于工作内容建立"角色效能"

员工感知的变革内容促使员工感知变革的范围、变革的持续时间和剧

---

❶ 袁志坚，李京.授权赋能：基于媒体内部创业的管理制度设计——以宁波日报业集团为个案［J］.中国人力资源开发，2017（5）：97.

❷ STEENSEN S. What's Stopping Them？［J］. Journalism Studies，2009（6）：821.

烈程度，据此判断自身完成变革任务或工作行为的信念，即自我效能感（self-efficiency），它涉及的不是技能本身，而是自己能否利用所拥有的技能去完成工作行为的自信程度。❶ 变革角色的自我效能是员工面对不确定性的变革环境发挥能动性的心理调节变量。

过去的成功会增强从业者的角色自信和角色惯性。融合新闻报道的技能要求不断多元化，从业者需要适应更具创新力的角色脚本。某些记者原来专注做内容品质，广告下滑后需要思考产品运营，在新媒体技术实践中又更早遭遇"知识的结构性缺失"。（C5）这部分从业者的职业困境来得更早，适应变革环境的迫切性更大，因而更为积极地作出适应变革的角色调整。一位基层记者说："我们报纸大部分人不具备从事技术上的学科背景，但是现在在整个报纸人员收缩的情况下我也不可能去招人，我们只能自己学习去转型。"（C5）他们根据网络新闻报道原则建构出一种灵活的操作观念，这种观念能够吸收变化并适应新的形势和要求。一位记者自述在某件本地新闻的报道现场，他即时用短视频采制完成了超出工作角色之外的报道任务，结果获得了全国性流量的涌入。角色调整的个别成功经验提升了从业者的变革效能感，对未来的变革信心得以增强。

相较而言，管理者在变革组织中的角色效能相对较低，他们进入媒体行业的年头更久，经历的变革挫折更多，知识鸿沟比年轻记者更大，因而对于变革内容的认知上掺杂着更多疑虑："我认为不管是前些年的建网站，还是目前的'两微一端'收效甚微，都是媒体对互联网的不适应问题，这种不适应可能与我们今天的报业人学的东西和毕业之后干的东西不同有关。"（A3）一位中层管理者坦言："困惑比经验多，没有进入主动作为，还在被迫转型，顺应大势。"（B1）对于一个已经社会化的人来说，习惯就

---

❶ SPENNER K I, Brown D, BROOKS L. Career Choice and Development［J］. Contemporary Sociology, 2002（1）: 126.

是一种"做事的方法"。❶ 老记者陷在旧的习惯之中,不愿也无能去改变,其程度之深阻碍了其适应变革之路。

(四)投资变革:理想"契约关系"的重塑与延续

员工感知的变革结果指员工预期到变革对自身的损益,在融合媒体的变革中激励机制与职业发展将对从业者未来工作的实际资本和情感资本产生影响,重塑从业者与组织之间的现实契约关系与"心理契约"关系。后者即一种内隐的个体对组织的期许,以及组织对个体的承诺。❷ 站在从业者的主体视角来看,"心理契约"关系的重塑对变革反应的调适性更值得研究。为了实现理想的"契约关系",从业者可能会调整变革组织中的角色投资策略,即这份职业的核心技能、实践方法和理念的付出。❸ 很多报社推行融合新闻的首要激励措施就是制定偏向网端的稿酬体系,倒逼基层从业者转换新闻生产战场。但考评体系只是在原有现实契约关系上的微调,并不一定能激发员工的创新性,"内向激励"(B8)的缺失更容易导致消极的变革反应。

对于中层管理者而言,稿酬体系对其现实契约关系的调控更有限,而变革自主性才是其"心理契约"的调节变量。如前文所分析,变革高层管理者和中层管理者都是基于个体实践积累的角色资本来定义变革、控制变革和适应变革的,其在融合变革中的再社会化障碍较多。加之"事业编制"是一种理想"契约关系"延续,反而成为变革犬儒主义❹的保护伞,导致多数中层管理者采取"互相观望"(B9)的沉默变革反应。

对于基层从业者而言,尽管稿酬体系短效刺激了其变革反应,但变革

---

❶ RYFE D M.Can Journalism Survive? An Inside Look in American Newsroom [M]. London: Polity Press, 2012: 58.

❷ LEVINSON H, PRICE C R, MUNDEN K J, et al. Men, Management, and Mental Health [M]. Cambridge: Harvard University Press, 1962: 118–126.

❸ RYFE D M.Can Journalism Survive? An Inside Look in American Newsroom [M]. London: Polity Press, 2012: 26.

❹ WANOUS J P, REICHERS A E, AUSTIN J T. Cynicism about Organizational Change [J]. Group & Organization Management, 2020(2): 132.

管理者的犬儒思想以及兼顾各方的"执中"文化，使得他们对组织的变革效能缺乏信心，在"等待集团政策方面的批复"（C3）中，个体对角色的投资逐渐脱离了组织内工作，而转向组织外的兴趣创业行动。报社的新媒体部记者说："现在我们报社有一个趋势，很多记者在做自己个人的微信公众号，但是他的内容与他工作的战线无关。……有的时候记者是因为对报社没有安全感，要给自己找后路。"（C5）一旦对变革结果的投资无法促成从业者理想的"契约关系"，则会导致从业者形成负向的变革反应，甚至导致现实契约关系的断裂。2018年A报集团最终完成了母报与子报合并、保留全员的组织重构，研究者追踪了所有受访者的职务变动情况，发现在第一次受访中要求恢复独立法人身份的子报中层管理者最终离职。有限的内外资源、游移的变革目标与"沉默"的变革集体最终导致的是变革结果"内卷化。"❶

四、新闻从业者的变革调适

本章通过扎根理论分析，笔者建构了媒体融合变革组织与新闻从业者的变革反应的关系模型。研究发现，新闻从业者在组织内对融合变革的接受、抵制与协商是一个多样性和动态化的呈现，从业者从个体角色的四个维度来形成对媒体组织融合变革的参与：以角色认知建构媒体融合的意义，以角色权变驱动媒体融合的意愿，以角色效能来适应融合媒体要求，以角色资本缔结媒体变革的契约关系。这四个维度的角色影响并不是孤立的，媒体组织变革对新闻从业者的角色定义、角色权利、角色效能和角色资本产生系统性作用。个体对媒体融合的参与是对其在组织内新角色、新脚本调适的映射。由于个体与组织的互构性，不同的新闻从业者在这场媒体融合变革中的角色调适面临相似的困境。

媒体融合作为传媒领域的重要革命，是不可能一蹴而就的，媒体组织

---

❶ 刘世定，邱泽奇."内卷化"概念辨析［J］.社会学研究，2004（5）：96.

需要经过内部成员的多方协商，凝聚共识，确立统一的变革行动，最终达致组织变革目标。组织成员的变革反应对组织变革成功与否产生至关重要的影响。成功的组织变革里，变革目标从上往下传递，员工对变革的理解逐渐从抵制到拥护。为了了解媒体融合组织变革实施中新闻从业者的变革态度、动力及行动的转变过程，我们需要从访谈资料中辨析两方面情况：一是员工对组织变革因素的认知是否统一且正向，二是员工对组织变革因素的认知会导致怎样的变革反应（见图10-2）。

当下媒体集团的融合推进各有方略，无论是新老人才结构上的融合、体制机制的激励办法，还是新兴媒体业务的拓展门类，总体上都是围绕如何把长期积累的政务资源、市场资源与各地政府治理与产业经济的发展规划对接好，从而制定相应的融合战略。而具体落实到每个媒体集团内部，融合变革作为一项国家举措不一定能够得到组织内部的广泛认可和参与，短期内难以实现个体目标与组织目标的一致性。A报业集团员工在变革中所显示出的认知矛盾亦普遍存在于同类型的媒体组织中，因此其组织变革因素与新闻从业者变革反应的关系研究对于其他媒体组织亦具有一定参考性。

（一）中层管理者的角色调适

媒体组织既要致力于组织变革的目标贯彻，也要减少员工在实现组织目标中的自我受挫感。通过观察A报业集团的中层管理者，笔者发现媒体集团在人才选拔上仍然沿用事业单位的用人方式，而较少建立现代化企业管理的人才晋升与退出机制。实际上，很多中层管理者的职业焦虑来自用人机制的不公允，"事业身份"成为某些消极变革者的保护屏障，而积极变革的中层管理者又并不都具备剥离事业身份的勇气。这就导致中层管理者倾向于采取"观望者"姿态，期待上级决策层出台更为明确的变革纲领。如果领导层的变革意志不够坚定，观望中的中层管理者就可能发生角色淡化而出走。因此，媒体集团决策层应该体察中层管理者的变革动机，采用更为灵活的用人机制，允许设立消极变革者的退出机制，这样才能有利于保留更适应变革的人才队伍。

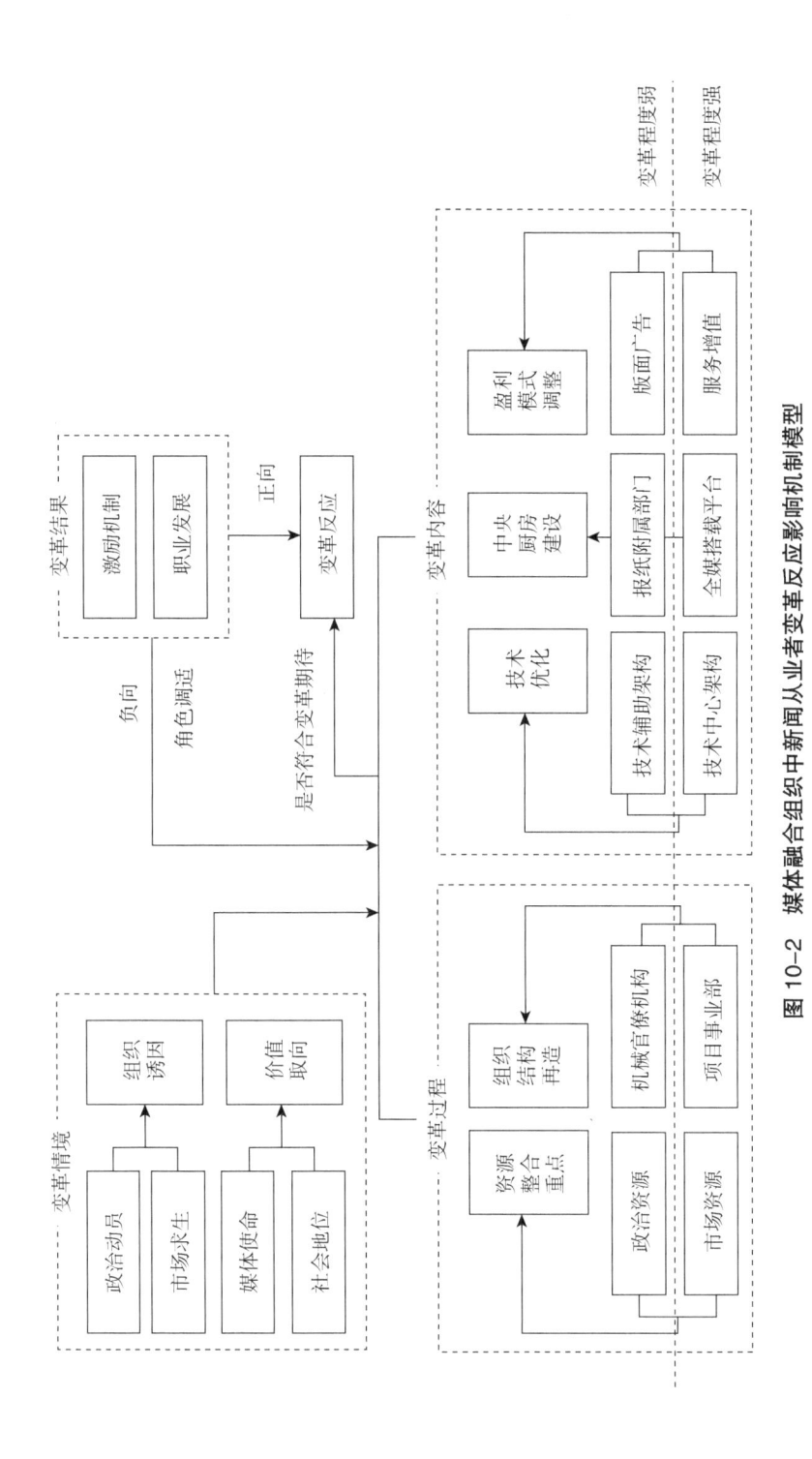

图 10-2 媒体融合组织中新闻从业者变革反应影响机制模型

（二）互联网技术人才的职业认同

互联网技术人员不再被视作媒体组织中的设备管理员，他们成为带领媒体组织参与媒体融合变革的中坚力量。一些媒体集团用草船借箭的方式来购买技术公司服务，但也有很多媒体集团更愿意花重金招募自己的技术团队。这是因为越来越多的媒体意识到媒体型技术人才在人才市场上可遇不可求，自己的技术团队比外包型技术服务公司更懂得媒体逻辑，更能为媒体深度融合提供可持续发展的技术动力。不过阻碍媒体发展技术团队的原因首先是在媒体技术岗位上的薪酬待遇在人才市场上难与互联网公司竞争。已有媒体通过情感模式来吸引媒体技术专才，比如天津津云新媒体把北方网技术核心团队留存下来，珠海融媒体中心的九霄平台的技术开发总监是报人二代。这种情感模式吸引技术人才的可复制性极低。

除了在薪资待遇上向互联网公司靠拢之外，吸纳技术人才的关键还应该在于职业认同感的建立上。互联网技术人才被吸纳进新闻从业者队伍尚不过几年，技术人才在媒体行业的成就未见得有认可度，无从具有同等的新闻从业者的职业归属感与认同感。媒体组织中的技术人才在数量上尽管不是主体，但提高这部分人群的职业认同感，增强其变革的主体责任意识，也有利于技术因素对媒体融合变革的推动。笔者建议，媒体集团或媒体集团的上级主管部门设立更多类似于"王选奖"这样的媒体融合技术的专才专项奖励计划，可用以改善媒体目前对技术人才的集聚效应。

（三）传统新闻业的社会角色调适

当今信息工业飞速发展，社交媒体和互联网在社会互动中担当起新的角色。在庞大的国家体系中传统新闻业的社会角色在重塑，在国民经济中的作用同样也在重塑。都市报兴起之初，它们担当着报业市场化探索与改革的责任和使命。但面对现代经济体系调整和互联网冲击的双重压力，都市报如今进退两难。[1]A报业集团曾经的晚报与晨报在集团中的主体地位随着影响力的下滑不断式微，无论是子报领导还是普通员工，都表达了对自身在集团内部位置与价值的角色困惑。对于报业集团而言，需要处理好渐无市场的子报与担任事业功能的日报之间的关系。上海报业集团、浙江日报集团是恢复子报的法人身份，在单个媒体层面建立公司、形成扁平化的事业部结构，使子报作为市场主体参与竞争，最终用集团合力来供养事业发展，这种变革方略尽管不一定适用于其他城市，但也有其借鉴性。

还有不少媒体融合集团通过建立政务数据库和政务云，为各级政府部门的舆情监测提供智库产品，为当地市民提供"互联网+"便民服务。融合改革后的A报业集团网站的城市留言板承担了当地政府网络信访的综合服务功能，是政府部门群众工作考核的重要板块。从这些发展举措来看，传统新闻业逐步承担了各级政府在社会治理中的部分网络群众工作，负责架设连接政府与市民之间的互动通道。它深度参与到社会治理体系之中，而不是单纯只作为政府职能的"宣传者"与社会安定的"瞭望者"。新闻从业者的角色调适是新闻从业者这一群体本身在遭遇时代演进中产生了分流，归根结底反映的是新闻业其自身社会角色在时代发展中的调适。

本章的研究亦有不足与拓展的空间。一是本研究数据是从业者个体对组织变革的自述，缺乏从业者个体之间变革认知的互动数据，因而所构建的理论模型无法呈现个体间变革反应的作用机制。二是本研究所提出的理论模型是基于对一家城市日报报业集团的个案研究，模型的适用性还需经过更多样本数据的检验，在今后的研究中可搜集更多的分析材料来建构丰富的理论体系。

---

[1] 支英珉. "互联网+"时代都市报转型与发展——基于媒介生态学视角［J］. 中国出版，2017（24）：68.

第十一章 记者职业的形象重塑

一、记者的媒介形象研究

自 2000 年 11 月 8 日确立至今，作为仪式性和周期性"热点时刻"的记者节已经度过了第 22 个纪念日，各主流媒体公开发布的纪念性话语也成为行业发展史的一种纪录性书写，构成关于记者职业的媒介形象。一方面，记者节话语中通常会提及以记者群体为核心的内容，包括当年的工作事迹、工作状态或者职业历史回顾，并通过重述记者的职业精神，达成某种群体性的情绪鼓舞；另一方面，记者节献词通过媒介仪式面向更广泛的社会公众展演其身份符号，以此寻求公众对该职业群体的社会认知与职业信任。

（一）记者职业的媒介话语建构

危机话语通常是记者职业媒介话语的研究重点。余文斌等通过对 47 篇休刊词的分析发现，几乎所有已停刊的纸媒都将矛头指向"新媒体的迅猛发展"[1]，虽然媒体对危机的表述较为多元，但以算法为代表的新技术，正"试图质疑和解构传统的新闻职业权威，动摇新闻业存在的合法根基"[2]。除技术之外，市场主导的报道环境、不复存在的"独特体制空间"[3]

---

[1] 余文斌，童岩. 危机中的价值重审：转型语境下的新闻职业话语——对 47 篇休刊词的研究[J]. 新闻界，2020（5）：64.

[2] 白红义，李拓. 算法的"迷思"：基于新闻分发平台"今日头条"的元新闻话语研究[J]. 新闻大学，2019（1）：34.

[3] 李红涛."点燃理想的日子"——新闻界怀旧中的"黄金时代"神话[J]. 国际新闻界，2016（5）：6.

等同样被建构为他者。由此记者话语中通常将个体成长转化为"青春叙事与行业发展的桥梁",同时又以"理想主义"暗含今昔对比,理想陷落既体现在以商业化为代表的物质追求,又体现在新闻环境等体制与组织结构的变化,青春、理想以及独特的新闻环境共同构成了黄金时代的神话想象。"理想与现实"和"新媒体与传统媒体"先后成为新闻人常用的二元对立话语,而同时新闻社群也在冲击和维护固有秩序之间努力重塑身份认同和职业正当性。❶

树立角色模范是记者危机话语的叙事策略之一,白红义以范长江与张季鸾两位著名报人在记者节话语中被纪念的情况为例,发现角色模范的显著性、归属意义和政治效用都会影响其记忆机会结构,对角色模范的使用体现着不同的价值观传播需求。❷记者话语范式包括对著名报人的重述,还有经典格言、著名报道等能够唤起"常识性知识"的集体记忆,记者在无意间提及的新闻传统片段或角色折射出新闻界深层次的历史意识、文化与记忆,并试图通过将自身处境"历史化",标举自身的合法性与文化权威。❸以职业理想唤起职业精神认同也是媒体话语建构的主要方式,从民国时期的"新闻救国"理想,到20世纪80年代的理想主义,再到"黄金时代",新闻人结合不同的历史背景塑造和补充中国记者的"理想"话语建构。❹

不同的媒体话语建构方式都以凝聚集体认同为初步目的,这也成为对记者媒介形象建构的主要研究问题。集体角色认知和身份认同都是在"新

---

❶ 丁方舟,韦路.社会化媒体时代中国新闻人的职业困境——基于2010—2014年"记者节"新闻人微博职业话语变迁的考察[J].新闻记者,2014(12):9.

❷ 白红义.记者节话语中的角色模范:中国新闻业的记忆机会结构研究(2000—2018)[J].国际新闻界,2019(9):60.

❸ 李红涛,黄顺铭.传统再造与模范重塑——记者节话语中的历史书写与集体记忆[J].国际新闻界,2015(12):23.

❹ 丁方舟."理想"与"新媒体":中国新闻社群的话语建构与权力关系[J].新闻与传播研究,2015(3):10.

的历史背景下进行策略性建构"❶，传统新闻业的记者荣誉共同造就了媒体组织的集体性主体的新闻业资本。❷这种对于理想主义的推崇和坚守，以及对某些新闻观念的强调，意在重建新闻社群以及公众对职业新闻的信任，❸并以此应对新媒体时代下记者职业边界模糊的现状。专业媒体及媒体人利用专业的新闻话语以及专业新闻人的行为准则等对非专业媒体及媒体人进行的区隔策略，具有强烈的专业保护色彩。❹

（二）记者的职业社会学研究

对于职业社会学的研究通常始于对"职业"一词的概念讨论。20世纪60年代初，贝克提出应该将职业视为那些"在当今的工作世界的政治中幸运地拥有并维持着这一荣誉性的称号"的行业，即"职业"的意义在于从社会声望中获取合法性。职业社会学研究发展为四种主流理论视角，即功能学派、结构学派、垄断学派与文化学派。❺进入20世纪80年代，以阿伯特（Abbott）为代表的学者开始对"职业化"（professionalization）进行批判，他认为"职业化"忽视了职业活动的具体内容与不同职业之间的竞争，对"职业的组织形态的研究虽然能够显示某些行业对其知识的控制和引用，却无法解释为什么这些形态得以形成"。❻长期以来，医生和律师常被作为社会结构中最典型的职业群体而被加以分析。以律师为例，律师与客户之间"并非其他工作（occupation）般的雇佣与被雇佣的关系"，而是

---

❶ 胡沈明，冯淑闲.转型期媒体人职业存在感的建构策略与困境——基于2016年记者节媒体人言论表达的分析［J］.北京理工大学学报（社会科学版），2018（3）：168.
❷ 邓力.在新闻业的沙上"圈地"：非虚构写作的位置创立与领地扩张［J］.新闻记者，2020（9）：32.
❸ 余文斌，童岩.危机中的价值重审：转型语境下的新闻职业话语——对47篇休刊词的研究［J］.新闻界，2020（5）：64.
❹ 胡沈明，冯淑闲.转型期媒体人职业存在感的建构策略与困境——基于2016年记者节媒体人言论表达的分析［J］.北京理工大学学报（社会科学版），2018（3）：169.
❺ 刘思达.职业自主性与国家干预——西方职业社会学研究述评［J］.社会学研究，2006（1）：199.
❻ ABBOTT A.The System of Professions：An Essay on the Division of Expert Labor［M］.Chicago：University of Chicago Press，1988.

一种基于职业特殊性的"信托关系"(trusteeship),因此要求律师遵守职业伦理等。❶ 而与律师类似,记者与读者之间同样需要职业信任作为维系工具,因此在对记者职业进行研究时,职业社会学也为媒介形象建构提供了一个较为新颖且有效的分析视角。

目前学界对于记者职业社会学的研究,主要以阿伯特有关职业管辖权的论述作为理论工具。一方面,从记者职业的历史性发展角度探讨职业管辖权。有学者在对民国报纸编辑的研究中发现"发展专业技能、维护职业形象、建立学术体系"是民国编辑建构职业管辖权的三个维度,并在职业化的过程中不断构建,但对于编辑管辖权的质疑一直存在,❷ 从职业流动、职业意识、职业制度、职业组织四个方面来看,新闻职业形成于民初有其历史必然性。❸ 另一方面则是从变革视角探讨新媒体技术对新闻业的影响,认为其并未影响当下体制内的新闻管辖权,同时更倚重"新闻专业主义"的话语来获得正当性,虽然这种支持十分脆弱,但亦可被视为新技术带来的体制外新闻实践的多元尝试。❹

(三)记者的角色认知理论

在西方,最初将专业记者的职业角色认知分为把关人(gatekeeper)和鼓动者(advocate),❺ 同期也有研究者将记者角色概括为中立型记者或参与型记者(a neutral or a participant journalist),❻ 之后被逐步划分拓展为信

---

❶ 董进,韦冰一.对中国律师职业信任问题的分析与解决思路——以法律职业社会学为考察视角[J].学术论坛,2015(1):121.

❷ 王龙珺.民国编辑职业管辖权的构建——基于职业社会学视角[J].编辑之友,2020(5):107.

❸ 方艳,申凡.我国新闻职业形成于民初的社会学解读[J].新闻与传播研究,2011(6):97.

❹ 李东晓.界外之地:线上新闻"作坊"的职业社会学分析[J].新闻记者,2019(4):15.

❺ JANOWITZ M. Professional Models in Journalism: The Gatekeeper and the Advocate [J]. Journalism & Mass Communication Quarterly,1975(4):618-662.

❻ JOHNSTONE J W C, SLAWSKI E J, BOWMAN W W. The News People: A Sociological Portrait of American Journalists and Their Work [M]. Urbana: University of Illinois Press,1976.

息传播者、解释者和对立者三种角色认知。❶ 受调查性新闻和公民新闻兴起的启发与时代嬗变的影响，韦弗（Weaver）等研究者进一步丰富和细化了记者职业角色认知类型，将其分为传播者（disseminator）、解释者（interpreter/investigator）、异议者（adversarial）、动员者（populist mobilizer）四种认知类型。这一记者职业角色类型学在全球范围内得到广泛应用和普遍证实。陆鹏程等通过对中国环境新闻记者的职业角色认知研究，发现其认知程度最高的是解释者，依次是传播者、动员者和异议者。❷

对于中国记者角色认知的研究通常也沿袭了韦弗等提出的四种类型。有研究者指出中国媒体的主要功能仍是启蒙和宣传，而非提供信息。❸ 而随着互联网的使用加深，有学者认为，中国记者的媒介角色认知正由宣传教化角色转变为信息监督角色，❹ 并将新媒体环境下中国新闻从业者的媒介角色区分为监督与影响、服务与娱乐、宣传与动员以及提供信息四种，指出新闻从业者普遍认为媒介最重要的功能是提供信息。❺ 虽然新闻从业者在新闻生产和实践中对自我的角色认知越来越多元，但其职业角色的基本定位仍是"中立"与"参与"两大模式。❻ 白红义通过对中国调查记者职业角色的研究，认为其有从倡导向中立转变的趋势，且随着微博平台的出现，这种职业角色会呈现出更加丰富的面向。❼

影响记者角色认知变化的因素较为多样，通过对过往文献的梳理，可

---

❶ WEAVER D H, BEAM R A, BROWNLEE B J, et al. The American Journalist in the 21st Century: U.S. News People at the Dawn of a New Millennium [M]. London: Routledge, 2006.
❷ 路鹏程, 王积龙, 黄康妮. 徘徊在传播和动员之间：中国环境新闻记者职业角色认知的实证研究 [J]. 新闻记者, 2020（2）: 89.
❸ LEE C C. The Conception of Chinese Journalist: Ideological Convergence and Contestation [M] // BURGH H D. Making Journalists. London: Routledge, 2005: 107-126.
❹ 周裕琼. 互联网使用对中国记者媒介角色认知的影响 [J]. 新闻大学, 2008（1）: 90.
❺ 张志安, 吴涛. "宣传者"与"监督者"的双重式微——中国新闻从业者媒介角色认知、变迁及影响因素 [J]. 国际新闻界, 2014（6）: 73.
❻ 李思思. 从参与性媒介到媒介性参与：中国职业记者的微博实践与角色认知 [J]. 新闻界, 2017（5）: 4.
❼ 白红义. 从倡导到中立：当代中国调查记者的职业角色变迁 [J]. 新闻记者, 2012（2）: 9.

将影响因素简单归结为技术、媒介使用、话语建构以及媒介机制等。首先，程忠良研究人工智能技术在新闻传播及数字出版行业的应用，认为其加深了记者的技术依赖程度，使原属于编辑记者的专业领域开始失守，从而可能产生"人的异化、产业的异化和文明的异化等"，记者对自身的角色定位也由此变得模糊且摇摆。❶ 李思思以中国记者的微博使用状况为切入点，发现中国新闻从业者媒介实践和角色认知都更多地受到组织宏观因素的影响而非社交媒体的使用，他们最为看重的职业角色仍是中立式的信息传播者，但参与性的"监督与影响"角色有所提升。❷ 姜鹏则从话语效力入手，认为话语不仅是角色认知的文化表征，也对角色认知产生反向的建构效应。❸ 角色认知作为一种双向的身份博弈结果，必须在话语文本互动中达成意义共识才能被确认和强化，在此基础上，话语通过对共同利益的文本阐释来塑造或强化主体间的身份认同。其次，通过对"新闻民工"这一记者角色认知的研究，戴海波等借助劳动过程理论，发现在新闻生产过程中，媒体运用"弹性雇佣制度""绩效考核制度"和"传播技术手段"对记者的劳动进行控制，使生存理性和经济利益的实践逻辑开始凌驾于记者的新闻专业主义理念之上，新闻的公共物品属性也逐渐让位于商品性，记者已经被体制逐渐规训，并服膺于"新闻民工"的角色认知。❹

二、记者节话语研究

通过对相关文献的梳理，目前学术界关于记者职业的媒介建构研究主要集中于历史叙事研究与专业内涵研究两个方向，但二者实质上互为表里，互为因果。学者们的讨论不仅集中于媒体圈层，还包括读者、网民或

---

❶ 程忠良. 人工智能时代数字出版业构建反脆弱性路径思考［J］. 编辑之友，2021（10）：5.
❷ 李思思. 从参与性媒介到媒介性参与：中国职业记者的微博实践与角色认知［J］. 新闻界，2017（5）：2.
❸ 姜鹏. 角色认知与话语建构：美国选择性干预的政治逻辑［J］. 太平洋学报，2015（4）：23.
❹ 戴海波，杨惠. 劳动过程理论视域下记者"新闻民工"角色认知的形成机制［J］. 西南民族大学学报（人文社科版），2017（9）：164.

其他新闻行动者等多元主体的话语共叙，这充分说明媒体关于记者职业的话语建构并非只涉及以记者为核心的阐释共同体，而是具有丰富文化意义且产生广泛社会关系的复杂议题。

围绕记者节献词和停刊怀旧叙事的话语文本十分丰富，但其研究往往围绕某个特定时代背景的话语框架，且研究样本的时间性维度有限，未有阐释话语框架的变迁及其社会意义。当然，现有研究时间性的单一，很大程度是学界对记者职业话语的问题建构本就源自比报刊衰败更早出现的记者离职潮与在21世纪第二个十年时就已经甚嚣尘上的"报业寒冬论"。❶在新技术、新制度、新模式等共同构成的媒体转型期，对记者职业形象的研究意识还需反映"新闻业和技术之间边界的期待"❷以及对新新闻形态长期考察的态度。因上所述，已有研究的时间坐标多确立在"记者离职潮"与"报纸封停期"，而此后记者群体的角色认知与职业期望如何，是需要从话语样本的回溯与更新中继续追问的。

2016年至2017年初，《京华时报》《东方早报》相继停刊被视为传媒行业遭遇寒冬的标志性时间；❸此后，《东方早报》完成了向"澎湃新闻"的数字化转型，《京华时报》与《北京青年报》相继划归北京日报报业集团。在报业转型整合时期，新冠肺炎疫情暴发促使专业媒体的社会角色与话语权威被得以重申与修复。2019年末至2020年初，在全球疫情起源信息尚未明朗时，中国记者率先进入武汉华南海鲜市场，将一线疫情动态与政府治理行动向国内外传达。据《抗击新冠肺炎疫情的中国行动》❹统计，在武汉实行"封城"政策期间有480名媒体记者出征武汉，专业媒体在突发性公共卫生事件中成为可靠的信息传播者和必不可少的疫情治理参与者。因此，我们将2020年确立为记者媒介形象研究的新坐标，探讨媒体

---

❶ 赵准.中国报业广告下滑成因探析［J］.新闻记者，2015（4）：86.
❷ 彭兰.无边界时代的专业性重塑［J］.现代传播（中国传媒大学学报），2018（5）：1.
❸ 白红义."正在消失的报纸"：基于两起停刊事件的元新闻话语研究——以《东方早报》和《京华时报》为例［J］.新闻记者，2017（4）：13.
❹ 中华人民共和国国务院新闻办.抗击新冠肺炎疫情的中国行动［R］.北京：人民出版社，2020.

的话语实践是否映射出记者对自身职业的认知与态度转变。

本章采用话语分析的方法,从职业社会学的角度出发,以阿伯特的职业管辖权、涂尔干(Émile Durkheim)的社会分工理论及格鲁斯基(David B.Grusky)等对职业群体行为的观点作为理论支撑,对研究问题进行解答与论证。笔者主要使用慧科中文报纸数据库对各大主流媒体2016—2021年的元话语进行搜索,以"记者节"作为关键词筛选整理元话语材料共57篇,共计87819字(见表11-1)。通过对样本研读发现,自2018年开始,"逆行者"一词越来越多地用于记者形象自喻,2020年因新冠肺炎疫情报道增多而被更多地使用到记者节话语中。为对"逆行者"的话语建构作溯源性分析,笔者通过慧科中文报纸数据库以"逆行者"为关键词进行全文检索,获得2003—2019年共3320篇报道,将其作为媒介话语比较研究的补充样本。

表11-1 记者节话语样本(2016—2021年)

日期	媒体	标题	字数
2016年11月8日	中国青年报	《比新闻理想更接地气的是坚守准则》	1481
2016年11月8日	人民日报	《让初心照亮远方——写在第十七个记者节》	1083
2016年11月8日	河北日报	《我们依然出发——写在第十七个记者节》	1677
2016年11月8日	北京青年报	《愿不忘来路,不忘初心,我们是记者》	1369
2016年11月8日	中国新闻出版广电报	《写给:2016年记者节》	861
2016年11月8日	济南时报	《荆棘丛中,玫瑰必须绽放》	958
2016年11月7日	新华社	《履行职责使命 书写时代新篇——写在第17个记者节到来之际》	1556
2016年11月8日	经济日报	《牢记职责使命书写时代华章》	957
2016年11月8日	深圳晚报	《当情怀遭到嘲谑,我们仍然执着前行》	1215
2016年11月8日	凤凰网评论	《真正的新闻人不会有"寒冬"》	1672

续表

日期	媒体	标题	字数
2017年11月8日	新京报	《唯有真相不可辜负》	1226
2017年11月8日	人民日报	《记者节，在创新中回望初心》	1349
2017年11月7日	新华社	《凝心聚力奏响时代主旋律——写在中国记协成立八十周年暨第18个记者节到来之际》	2616
2017年11月8日	澎湃新闻	《初心在，就会有千山万水》	750
2017年11月8日	新闻晨报	《情怀不急，基本功先捡起来》	1565
2017年11月8日	北京青年报	《不忘初心，在新时代鞭策下奔跑》	1356
2017年11月8日	经济观察报	《这个时代如何承担媒体责任》	1830
2018年11月8日	澎湃新闻	《做时间的朋友》	827
2018年11月8日	新京报	《记者节：光在，亮在，人在》	1170
2018年11月8日	人民日报	《做无愧于时代的新闻人》	920
2018年11月8日	黔东南日报	《在追逐梦想的道路上不断奔跑——写在第十九个中国记者节之际》	1009
2018年11月8日	南方周末	《亲爱的，记者节快乐！》	505
2018年11月8日	三秦都市报	《新闻在 记者就在》	572
2018年11月8日	华商报	《有你热忱关注，我必更有力量》	1343
2018年11月8日	深圳晚报	《在守正创新中体现新担当新作为》	1166
2018年11月8日	大河报	《留下逆行背影，因我们逐光而行》	1206
2019年11月8日	人民日报	《写在第20个记者节：无数的人们，我们与你有关》	1950
2019年11月8日	新京报	《记者节20年：事实有穿透时间的力量》	1182
2019年11月7日	经济观察报	《写在第20个记者节：为你们，我们希望变成那个更好的自己》	2253
2019年11月8日	澎湃新闻	《记者节献词丨坚守自己所相信的》	1028
2019年11月13日	南风窗	《一个调查记者的自白》	4016

续表

日期	媒体	标题	字数
2019年11月8日	北京晚报	《日夜聆听是我们的职责 为民发声是记者的使命 职业荣誉要用汗水浇灌》	1129
2019年11月8日	齐鲁晚报	《写在第20个中国记者节：有你在，我们一定会做得更好》	1782
2019年11月8日	仙桃日报	《初心不改 逐梦前行——写在2019年中国记者节》	1220
2019年11月8日	济南时报	《时代需要合格的记录者》	648
2019年11月8日	资阳日报	《坚守初心 砥砺前行》	1363
2019年11月8日	新华社	《在变化的世界，致敬不变的你》	1126
2019年11月8日	无锡日报	《心有所持 一路前行》	890
2020年11月8日	新京报	《用记录去丈量纷繁的世界》	1799
2020年11月8日	澎湃新闻	《每个时代都需要讲故事的人》	777
2020年11月8日	深圳商报	《众声喧哗中，我们坚定前行》	764
2020年11月8日	南风窗	《无冕无王，只有光亮》	2068
2020年11月7日	每日经济新闻	《信仰于心：新闻决定影响力》	796
2020年11月7日	每日经济新闻	《"装嫩的努力"和"老炮的怒吼"》	939
2020年11月8日	天津日报	《记者节抒怀》	535
2020年11月8日	中国新闻出版电视报	《你好！记者！你好！记者节！》	638
2020年11月8日	成都日报	《记录时代风云 守望公平正义》	3873
2020年11月8日	汕尾日报	《我在路上见证成长》	5579
2020年11月8日	成都商报	《以笔为"枪" 他们坚守新闻战场》	1704
2020年11月8日	郑州日报	《总有一种温暖，让我们感动；总有一种力量，让我们前行》	7880

续表

日期	媒体	标题	字数
2021年11月8日	长沙晚报	《用青春书写，与时代同行——写在第22个中国记者节》	1529
2021年11月8日	南方都市报	《融媒时代，记者要做个手艺人》	1690
2021年11月8日	新京报	《在媒体融合变局下，成为更好的记录者》	1395
2021年11月8日	济南日报	《抵达就是态度，在场才有力量》	1232
2021年11月8日	郑州晚报	《欲借长风乘势起　敢凭豪气弄潮来》	1257
2021年11月8日	四川日报	《潮起又潮落　耕耘永不辍》	1009

三、记者形象的话语构建路径

（一）致敬体叙事："逆行者"语义的转变与征用

网络流行语作为一种模因，通过网民自发性的频繁使用，多次复制以达成广泛传播的效果。❶一部分具有价值观传递功能的网络流行语被媒体征用为致敬体叙事。传统致敬话语中通常以榜样人物作为致敬对象，根据不同时期的社会建设需求选择具有特定性质的人物，比如刘胡兰、董存瑞等英雄人物就经常被用来唤起群众的爱国意识，并以此引发社会性效仿。随着社会多元化价值发展，媒体的致敬对象开始从英雄人物转向普通的职业群体。比如"最美人物"报道，以不同的职业类别为核心，串联多个典型人物并将其建构为角色范本。致敬话语一方面有效缓解社会公众的"集体性道德焦虑"，塑造"共同体精神"，用以引导人们"更多地融入共同体和公共意识"并进行相关道德实践；另一方面，由于社会组织与社会公德具有强关联，道德共同体的形成也有助于职业伦理的提升。❷由此，媒体

---

❶ 何永念，孟俊一.模因论视角网络流行语"逆行者"探析[J].汉字文化，2021(18)：127.
❷ 张波，陆沪根.从榜样教育到共同体精神培育：社会道德教育模式的转变——以"最美现象"为例[J].中州学刊，2016（4）：99.

借助致敬体叙事，构建了一套以职业精神引导社会价值认同的叙事策略。

"逆行者"被《青年文摘》和《咬文嚼字》先后评为"2020年十大网络流行语"之一，在成为网络模因之前，"逆行者"一词并不用于媒体的致敬体叙事。"逆行"出自于《孟子·滕文公下》："当尧之时，水逆行，泛滥于中国"；《史记·孝景本纪》中也有记载："彗星出东北。秋，衡山雨雹，大者五寸，深者二尺。荧惑逆行，守北辰。"其均有"不按正常方向行进""倒流"的意思。最初媒体上的"逆行者"常用以指代物理位置上逆向而行的人或车辆，比如2012年12月19日《齐鲁晚报》的报道："两车相撞，逆行者反要索赔，在市民的指责下，逆行女子匆匆离去。"❶除交通新闻之外，"逆行者"还用以形容破坏规则的少数群体，代表着反叛与小众。

根据慧科中文报纸数据库，我们共获得3320篇有关"逆行者"的报道，经过分析报道主题发现，"逆行者"指代的职业排序中最为常见的是消防员，其次是警察和军人。以"逆行者"作为致敬体的书写范式源自2015年8月天津塘沽爆炸案，当时某位网友的绘画创作题为《世界上最帅的逆行》，熊熊烈火与逆向而行的消防员形成强烈视觉对比，随后"逆行者"一词便被媒体征用，作为消防队员的代名词频繁出现在新闻报道当中。比如《中山日报》2015年的一篇报道中提到："最勇敢的逆行者——消防员用他们的生命回答了信念和责任的意义"❷，此时的"逆行者"并不仅指方向相逆，而且被赋予了超越畏死恐惧的牺牲意涵。在其后的报道中，军人与警察也被纳入"逆行者"所代表的职业群体，集体主义与利他精神成为"逆行者"所引申的职业内涵。2020年新冠肺炎疫情暴发，医护人员开始作为"逆行者"大量出现在媒体的话语表述中，2020年1月25日《新华每日电讯》写道："这些'逆行者'受命于危难之际，他们唯一

---

❶ 李璇.两车相撞，逆行者反要索赔［N］.齐鲁晚报，2012-12-19（LB07）.
❷ 最勇敢的逆行［N］.中山日报，2015-08-14（A14）.

的选择是救死扶伤"❶,"受命于危难之际"为"逆行者"勾勒出了职业行为的背景与环境,而"救死扶伤"则与崇高职业道德的词义勾连。

由网络模因演变为媒体致敬体话语,"逆行者"一词是如何被逐渐赋予职业的共同体精神?其一,"逆行者"是代表正义的公权力象征。无论是消防员、军人还是医护人员,其"逆行"往往是一种解救危难之举,其职业属性带着天然的正义性和公共服务使命感。其二,"逆行者"与社会宏观方向同行。虽然仍有独行侠式的逆向意涵,但其蕴含的牺牲精神与利他意识最终服务于社会的前进方向。其三,"逆行者"是社会情感的隐喻映射。通常情况下,消防员、医护人员在个体的生命线上作业,却又与公众安危相连,必然承载着社会共同体的共通情感。比如《东南早报》2015年8月15日的报道就以"只要火场有人被困,再危险我们都会冲进去"作为消息题目,❷"只要……就"的条件关系突出了高度的执行力与对弱者的珍重,能引出更广泛的社会心理,达成群众的情感认同。❸因上,"逆行者"的媒体征用本质上是对其承载着的职业精神的叙事,并借用模因的情感传播构建社会价值共识。

(二)形象复制:媒体人自喻的话语实践

中国记者职业形象的话语实践历程体现出不同时代下新闻职业化的建构路径,其话语内涵来源于社会对记者行业的定义与职业规范的叙述。20世纪初,"无冕之王"的概念传入中国,独立自主的记者形象与报道观念也随之复制给国内新闻从业者,进而将英美新闻业的职业规范和职业精神与中华传统文化中的孔孟之道融合,形成了"内圣外王"的话语模式,除体现着对更高职业权力的追求外,还富含了超越普通人的人格精神与公正

---

❶ 仇逸,袁全.除夕夜点名出征!沪粤两地首批医疗队驰援武汉[N].新华每日电讯,2020-01-25(02).
❷ 傅恒.只要火场有人被困,再危险我们都会冲进去[N].东南早报.2015-08-15(A05).
❸ 陈龙.民粹化思维与网络空间底层叙事的天然正义性话语修辞[J].社会科学,2018(10):163.

独立报道的职业道德。❶"无冕之王"称谓根源自西方国家中与行政、立法、司法三权起制衡作用的"第四权力"❷，代表了媒体独立进行报道的权力。"在所有的新闻体系中，新闻媒介都是掌握着政治和经济权力者的代言人。"❸但是从20世纪中后期开始，"无冕之王"的神话随着市场化进程逐步瓦解，作为权力来源的报道独立被市场驱力吞噬。对"无冕之王"的抨击始于中国共产党的第一次新闻改革，《解放日报》1942年11月17日的发文就批判道："资产阶级的记者通讯员，把自己看成高于一切，自命为'无冕之王'"❹，直指"无冕之王"的根基"第四权力"是"自以为是"的气派。直至近几年，记者节的元话语中也还提到："时在变事也在变，如记者收入不再优厚，社会地位不再那么崇高，'无冕之王'的称呼，也像是顾影之后的自我慰藉。"❺"无冕之王"这一舶来的形象代称既无恒定的价值依傍，又缺乏其生存的制度和文化土壤，逐渐与记者当下的现实境遇渐行渐远，成为一种遥远的乌托邦叙事。

"公仆"形象伴随着对"无冕之王"的批判而提出，这一话语将服务意识提升为记者职业精神的核心。"公仆"形象实践最早出现在党报对记者职业的规范性话语中，1942年9月22日《解放日报》中就提到"党报工作人员对于党的每一个工作部门，对于各种实际工作中的同志，不可以自以为是，做'无冕之王'，而应当去做'公仆'，应当有恭谦的态度"❻，"公仆"形象及其带有的恭谦精神则被建构为记者角色的替代。"公仆"本是党和政府职能部门公务人员的代称，其所隐藏的职业精神意涵也带有公

---

❶ 姜红.现代中国"无冕之王"神话的建构与消解[J].新闻与传播研究，2012（3）：12.

❷ 刘建明."第四权力说"的历史滑落[J].现代传播（中国传媒大学学报），2006（4）：25.

❸ [美]赫伯特·阿特休尔.权利的媒介（第1版）[M].黄煜，裘志康，译.北京：华夏出版社，1989.

❹ 给党报的记者和通讯员[N].解放日报，1942-11-17（01）.

❺ 记者节：光在，亮在，人在[EB/OL].（2018-11-08）[2022-02-20]. https://www.bjnews.com.cn/detail/154164503714280.html.

❻ 党与党报[N].解放日报，1942-9-22（01）.

务人员的职业色彩。❶由于"公仆"形象由党媒提出，所复制的职业精神与规范虽立足于公共利益与公共服务的宣传目标❷，偏重传媒制度中的国家因素，而缺乏对市场、社会因素的考量，这一话语实践并未弥合公共利益与商业利益之间的关系，使其无法支撑完整的职业体系。

　　媒体对"逆行者"的话语实践出现在舆论混杂、真假难辨的"后真相时代"。通过慧科中文报纸数据库记者节话语的全文检索发现，"逆行者"自喻最早出现在2017年11月8日《台州日报》的记者节特别报道《"逆行"，我走过最直的路》："有这样一群人，在危难降临时，他们挺身而出，与时间抢生命，和死神比速度，他们的举动让人感动，被称为'最美逆行者'。他们是消防战士、是公益救援、是医护人员，也是新闻记者。"❸记者与消防战士、救援者、医护人员一样奔赴危难之境，与时间赛跑，记录真相，被赋予维系社会系统运转的重要职责。新冠肺炎疫情暴发后，记者为"逆行者"而逆行，亦向公众展现了超越个体生死恐惧的社会责任感。2020年《澎湃新闻》在记者节发文中写道："每当'大事'发生，需要不同的群体'逆行'奔赴前方，比如医护人员、消防队员等等，但每一次新闻人都不能缺席。"❹记者无畏的逆行姿态与医护人员、消防队员一起询唤公众的集体记忆，完成了从代称的复制到职业形象的复制。值得注意的是，在以往"逆行者"的媒介形象建构中，消防队员、医护人员等都将自我职业特征叠加于"逆行者"语义之上，从构词学而言，这是一种能够整合意义并形成新的结构式的概念叠加。❺然而，在以"逆行者"话语对记者进行职业形象的建构中，并未进行概念叠加，而是通过"他者叙述"来完成"我者建构"，这也与"无冕之王""公仆"等记者形象自喻的话语实

---

❶ 姜红.现代中国"无冕之王"神话的建构与消解［J］.新闻与传播研究，2012（3）：19.
❷ 冉华，戴骋.变革与超越：中国公共性传媒的建构——基于电视对农传播的现实［J］.江汉学术，2019（6）：120.
❸ 张欣."逆行"，我走过最直的路［N］.台州日报，2017-11-08（03）.
❹ 每个时代都需要讲故事的人［EB/OL］.（2020-11-08）［2022-02-20］.https：//baijiahao.baidu.com/s？id=1682744736612436742&wfr=spider&for=pc.
❺ 江蓝生.概念叠加与构式整合——肯定否定不对称的解释［J］.中国语文，2008（6）：484.

践相似，皆是对其他职业形象的复制和职业精神的吸纳。

"逆行者"职业形象经媒体报道建构完成后，通过致敬体叙事不断地重述记者与逆行者同行，从而实现了从媒体建构向公众集体记忆的转变。比如，2021年5月3日一位新华社记者重返疫情严重的印度采访，该则新闻下就有网友评论"记者也是最美逆行者"，且获得了1361次高赞置顶，说明记者作为"逆行者"的形象已经获得了较为广泛的社会认同。

（三）信任弥合：传统书写中的新范式

涂尔干的职业社会学研究表明，信任机制是一门职业在社会整体结构中得以存在的前提条件。❶职业信任是记者群体内部认同与外部公信力建构的重要前提。2016年报业寒冬最先引发了记者职业的内部认同危机。在技术发展与商业化侵蚀下，认同缺失还引发了职业伦理与职业道德的滑坡。同年，《中国青年报》记者节发文中写道："现实中新闻行业的准则屡屡被破坏，有损新闻专业要求和新闻职业道德的行为经常发生。"❷自媒体时代，强化价值输出的新闻表现形式迅速攫取读者眼球，完整性和客观性在网络传播空间中的叙事地位被悬置，❸传统媒体所擅长的"个体打捞式"的新闻生产被其他新闻行动者所挤占。于是公众关注度降低，公信力下降，消磨了作为立业之本的职业信任，此时"任何希望承担起时代责任的媒体，总是要想尽办法获得更多的正资产，避免这种资产受到任何损伤"❹，对于职业信任这一"正资产"的期求促使媒体重视对记者职业形象的重塑。

媒体的职业信任重塑策略包括对记者职业形象范式的重申与修补。范式重申即以经典媒体人为讲述对象，对新闻前辈进行回顾与集体怀念。《人

---

❶ 董进，韦冰一.对中国律师职业信任问题的分析与解决思路——以法律职业社会学为考察视角［J］.学术论坛，2015（1）：121.
❷ 王钟.比新闻理想更接地气的是坚守准则［N］.中国青年报，2016-11-08（02）.
❸ 黄金.意外·续写·母题：虚假新闻的话语生成述略［J］.中国出版，2021（7）：52-56.
❹ 文钊.这个时代如何承担媒体责任［N］.经济观察报，2017-11-08（A2）.

民日报》2016年记者节发文中写道,"回溯新闻史,范长江、邹韬奋、穆青等老一辈新闻工作者令人尊敬,就是因为他们不务虚名、不忘责任,始终以高尚的理想情怀、优秀的新闻作品诠释新闻人的担当",❶ 致敬从业楷模能唤起记者群体的"理想"、"情怀"与"担当"。这些优秀的前辈作为凝聚新闻专业主义理念的范例,❷ 将对过去的建构与当前的权威联系起来,以"增强职业共同体的群体信念与共享的历史叙事"❸。范式修补指的是在对前辈回顾的基础上,塑造新的角色模范(role model),从新时期视角对传统形象进行修补并引发怀念,通常情况下新的角色模范多被建构为一个时代的符号,❹ 通过纪念性的叙述使当下的新闻人获得反观自身的机会。❺ "逆行者"话语的增多,说明记者节塑造角色模范的传统书写在新时期产生了新的表达,从某一典型形象的叙述转变为记者职业集体形象的建构。

职业形象范式的建构也伴随着对职业精神的强化。笔者对2016—2021年元话语素材作词频分析(见图11-1),发现"初心"成为记者节话语的时代命题,"坚守""使命""价值""责任"等高频词则进一步诠释了"初心"所指。关于"初心"的话语叙事多为职业精神的传承,比如"铁肩担道义,妙手著文章,正是我们矢志不渝的职业理想,也是我们在兹念兹的初心"。❻2019年以前,"坚守初心"的表述大多停留在对底线意识的强调,比如"比新闻理想更接地气的是坚守准则"❼,"坚守媒体原则和底

---

❶ 李浩燃.让初心照亮远方——写在第十七个记者节[N].人民日报,2016-11-08(05).
❷ ZELIZER B. Journalists as Interpretive Communities [J].Critical Studies in Media Communication, 1993, 10(3): 219-237.
❸ 李红涛,黄顺铭.传统再造与模范重塑——记者节话语中的历史书写与集体记忆[J].国际新闻界,2015(12):9.
❹ 白红义.新闻权威、职业偶像与集体记忆的建构:报人江艺平退休的纪念话语研究[J].国际新闻界,2014(6):54.
❺ 李红涛.昨天的历史 今天的新闻——媒体记忆、集体认同与文化权威[J].当代传播,2013(5):21.
❻ 屈正州.不忘初心,我们是记者[N].北京青年报,2016-11-08(A2).
❼ 王钟.比新闻理想更接地气的是坚守准则[N].中国青年报,2016-11-08(02).

线"❶；2020年以后，有了更多表述"坚守初心"的实践路径："我们一直在一线奋战！抗击新冠肺炎疫情，脱贫攻坚，我们没有缺席，我们也是逆行者……"❷，"一线"报道是记者"坚守"的场域，"逆行者"成为记者"坚守"的职业脚本。"无冕之王"形象瓦解之后，"初心"所指代的职业精神缺乏有力的形象支撑，"逆行者"则作为一个新的社会身份将"坚守"的内容具象化。

图 11-1 2016—2021 年记者节元话语词云图

"逆行者"集体形象的叙述也在帮助记者强化职业边界。新冠肺炎疫情期间医学自媒体的知识传播被纳入社会辟谣机制中，他们阐释疫情事件的共有论述形成了新闻业的意义共同体。❸ 记者对疫情事件的阐释力则是通过"逆行"来巩固与强化，他们为公众提供了另一种阐释方式。2020年《中国新闻出版广电报》的记者节元话语中写道，"新闻工作者不畏艰难，

---

❶ 文钊.这个时代如何承担媒体责任［N］.经济观察报，2017-11-08（A2）.
❷ 记者节抒怀［N］.天津日报，2020-11-5（24）.
❸ ZELIZER B. Journalists as Interpretive Communities［J］.Critical Studies in Media Communication，1993，10（3）：219-237.

逆行疫区……为抗击疫情的伟大战争营造了强大的舆论氛围"，❶"舆论氛围"无疑也是维系社会结构稳定的重要维度。

（四）社会认同：权威叙事的隐秘表达

"逆行者"所包含的公共服务角色隐喻，为记者表达奠定了权威叙事基调。格鲁斯基曾提出三种用以维护职业群体利益的"集体行动"就包括从上层或国家获利的战略，当专业媒体记者的职业内容成为一种与国家利益相连的行为时，权威许可也象征着一种特殊的职业权力。话语由权力和意识形态所建构，也是维护记者社会地位和合法性的工具。❷疫情信息的搜集渠道被纳入国家公共管理体系，一方面能够更好地协助治理部门在舆情混乱的环境中维护社会秩序，另一方面也使得进入疫区采访的主流媒体具有了独特的话语权威。

长期以来，专业媒体在话语实践中不断强调记者在国家与社会间的中介作用，不同立场的记者根据自己编织的意义之网来"正当化"自身的职业行为。❸正如《新京报》2020年记者节话语所述："在中国经济的困难时刻，新闻记者始终与国家站在一起，报道政策，传递资讯，建言献策，服务经济复苏与发展。"❹"站在一起"鲜明地树立了媒体与"社会权威系统"的勾连，记者的职业行动皆为国家授意，具有强烈的行为正当性；专业媒体也正是在重大社会事件中不断通过国家叙事提升自我职业的文化权威及职业权力，增强记者作为"可信的发言人"的能力。❺

---

❶ 你好！记者！你好！记者节！[EB/OL].（2020-11-08）[2022-2-20]. https://mp.weixin.qq.com/s/AXnz1178s6Cko30IWslM4Q.
❷ [英]诺曼·费尔克拉夫. 话语与社会变迁（第1版）[M]. 殷晓蓉，译. 北京：华夏出版社，2003：58-61.
❸ 曹艳辉. 职业权威与工具理性：新传媒生态下调查记者的"忠诚话语"研究[J]. 新闻记者，2019（7）：36.
❹ 用记录去丈量纷繁的世界[EB/OL].（2020-11-08）[2022-02-20]. https://baijiahao.baidu.com/s？id=1682759496367846799&wfr=spider&for=pc.
❺ ZELIZER B. Covering the Body：The Kennedy Assassination, the Media, and the Shaping of Collective Memory [M]. Chicago：University of Chicago Press，1992：192-193.

相较之，2003年"非典"疫情暴发从初期媒体的集体失语到后期的集体喧哗，缺乏理性的叙事导致媒体信任下降，但政府信息公开制度化后，主流媒体的话语权威得以重塑并发挥了强大的舆论引导力量。❶2020年新冠肺炎疫情暴发期间，在政府通过积极抗疫行动重构社会信任体系的过程中，记者"逆行者"身份被赋予更高的社会信任，公权力与在场感共同塑造了记者报道的社会正当性与合法性。由于"逆行"体现了共克时艰的国家意志，置于"生命性境况"❷的角色自述更能帮助记者获得较高的社会认同。

四、记者形象建构的现实作用

以上研究表明，记者形象的话语建构一方面能够唤起记者职业的内部认同进而维系职业边界的稳定性，另一方面也映射出记者职业精神在时代更迭下的调节与拓展。记者对"逆行者"话语的征用既延续了职业形象建构中既有的叙事策略，又突破了传统书写中的范式表达。从"无冕之王"、"公仆"到"逆行者"，本质上仍旧是从权力认可与职业道德方面塑造记者的模范形象，在不同时空情境的话语实践中维系其社会地位，获得更多社会认同。"逆行者"自喻是否开启了记者节危机话语之后的新篇章，是否有助于构建其社会功能的新维度，仍需要另作讨论与总结。

（一）职业信仰升格的困境

从《新京报》历年记者节话语对比来看，虽然2020年之前该报每年的记者节献词都在强调记者职业的不可替代与新闻真相之重要，但其文字中始终萦绕着对职业道德现状的失望以及对记者职业前景的忧虑。例如，

---

❶ 夏倩芳，叶晓华. 从失语到喧哗：2003年2月—5月国内媒体"SARS危机"报道跟踪［J］. 新闻与传播研究，2003（2）：56.
❷ 蔡昱，龚刚. 论"人性"和"人之本性"——兼论中国文化激励下的"最美逆行者"［J］. 山东大学学报（哲学社会科学版），2020（4）：48.

新闻现场记者的缺席："以往那种媒体云集的景象，已经俱往矣"，❶理想与信仰如"顾影之后的自我慰藉"❷，"事实、细节，论证、观点，调查、监督，这些记者们曾经引以为傲的傍身之技，淹没在信息的汪洋大海里，看起来如此普通"❸。到了2020年则不再作悲情叙述，而是以逆行疫区的积极姿态唤醒新闻工作的基本社会责任，即"不让理性退步、常识远走"❹，以一种主观能动的叙事方式来调动记者的工作效能。

不过，"逆行者"形象的出现有其特殊的成立条件，其所描述的工作环境并不符合记者的工作常态。记者以"逆行者"自喻与媒体的时代命题有很大关联，无论是记者行业内部成员还是社会公众都很难持续地将"逆行者"形象与记者职业紧密连接，其所塑造的牺牲精神与集体主义意识超出了记者工作的普遍职责，较难建立长效的情感认同机制。

（二）权威许可下的舆情风险

新冠肺炎疫情引发的信任消弭与关系解构预示着危机社会的来临，❺降低公共危机事件对经济社会发展的破坏和冲击是人类社会发展的永恒主题，而政府主导则是国家治理公共危机的基本内容。❻毫无疑问，发挥社会中介作用的媒体应是国家危机应急预案的重要组成部分，这将有助于政府的公共治理。

因前所述，"逆行者"自喻是记者群体利用对上策略换取的权威许可，其职业形象建构与民众对政府工作的评价更为紧密，而传统媒体体制内的属地意识则进一步强化了主流媒体与政府之间的权力关联。当不同权威部

---

❶ 唯有真相不可辜负［N］.新京报，2017-11-08（A03）.
❷ 记者节：光在，亮在，人在［EB/OL］.（2018-11-08）［2022-02-20］. https：//baijiahao.baidu.com/s？id=1616534383611132211&wfr=spider&for=pc.
❸ 记者节20年：事实有穿透时间的力量［N］.新京报，2019-11-08（A03）.
❹ 用记录去丈量纷繁的世界［EB/OL］.（2020-11-08）［2022-02-20］. https：//baijiahao.baidu.com/s？id=1682759496367846799&wfr=spider&for=pc.
❺ 喻国明.重拾信任：后疫情时代传播治理的难点、构建与关键［J］.新闻界，2020（5）：13.
❻ 王立剑，代秀亮.重大突发公共危机事件中的社会保障应急机制［J］.西安交通大学学报（社会科学版），2020（4）：23.

门之间产生张力时，媒体就难以起到纾解矛盾的作用，反而加剧了舆情风险。

（三）式微的职业书写

从2000年至今，记者节献词的影响力逐年递减，其所形成的公共讨论也越来越少。作为职业宣言的记者节发文，渐渐沦为一种范式传播，其所撰写的内容也存在大量模板化书写。与高速传播的社交媒体话语相比，记者节献词显然很难通过有限的话语空间向公众传递其职业价值，而随着网络化社会的发展，记者已经较难清晰区隔公域与私域的话语边界，无论公共书写还是个体表达都极易被社交媒体展演，引发社会公众的道德审视。一些工作后台的半公开记录与非焦点视角反而形成了更加鲜明的公众记忆，比如"红蓝记者"在"两会"提问时的微表情、采访钟南山的女记者过于放松的肢体动作，引起无数网民的传播与审视，形成负面的公众认知。对职业道德的网络审视迅速浇灭了记者个体的职业表达欲，难以再现"离职潮"时期涌现的媒体人的独立书写，同行间的公开交流变得稀疏罕见，群体内部缺乏凝聚共识的对话通道。

（四）多样态的角色认知

突发事件中，混乱的传播环境使提供信息仍然是记者的重要角色，尤其在谣言四起的新冠肺炎疫情前期，出于对社会间信任的弥合与借权威叙事建构自我地位的目的，宣传者角色也伴随性提升，信息纠偏并开辟权威内容通道划定职业边界，成为多数媒体记者进行角色操演时的首要认知。不过疫情条件下信息需求的特殊性，使记者对未来的职业地位仍抱有忧虑，呈现出较为多样的角色认知。比如《南风窗》即认为"如果记者只是以提供信息为业，那么这样的记者和这样的新闻便是注定要死"[1]，提供信

---

[1] 无冕无王，只有光亮［EB/OL］.（2020-11-08）[2022-02-20］. https://baijiahao.baidu.com/s?id=1682864694822000606&wfr=spider&for=pc.

息已经不能作为记者的主导角色定位,"记者如果不满于只做安慰剂,就仍需肩负起审丑和看病的勇气与责任","审丑和看病"即指记者的监督角色,认为"安慰剂"式提供信息的角色已经难以维系其职业的认同,构建具有审视性的监督者认知更适应时代需求。而如《成都日报》等体制化媒体则"围绕中心、服务大局"❶,将职业建构的重心置于宣传与服务的角色认识中。总体而言,记者的角色认知较为多样,除提供信息外,不同新闻生产群体的媒体记者存在着多样化的职业定位。

最后,本章研究所关注的样本全部来自记者节话语,但记者的个人书写及他者叙说同样是媒介构建不可或缺的部分。记者职业的媒介建构的复杂性需要通过更多的媒介事件来加以展现,受众对新闻事件中对记者职业身份和角色的社会互动文本又构成了一种来自民间的话语建构,共同影响并塑造着记者的职业形象。对于记者形象的塑造不应该仅关注媒体发布的纪念性文章,同样也应关注其他元话语中有关记者职业形象的建构方式。媒体对新闻职业精神的社会修辞形式若要从"独白"转向"对话",则需要在受众与媒体之间建构修辞意义共享共识的通道,强调"社会修辞行为的公共性和对话性特征",才能重建职业态度、信念、脚本和归因等社会认知。❷未来我们将克服研究样本的缺陷,丰富研究理论的阐释性。

---

❶ 王雪钰.记录时代风云 守望公平正义[N].成都日报,2020-11-08(01).
❷ 郭远兵.美好生活之美好语言:社会心理学修辞转向的理路[J].西南民族大学学报(人文社会科学版),2021(8):205.

第十二章　新闻人才的培育创新

"数字新闻学"正成为全球新闻教育的创新方向。数字技术在新闻业的广泛使用引发了技术决定论与建构主义的理论纷争，新闻学科的合法性面临尖锐"诘问"。在欧美学界，以《数字新闻学》(*Digital Journalism*)为主要平台，数字新闻研究相关成果在新闻传播学大学课程范畴内产生了巨大的影响力。国内尽管尚未形成围绕"数字新闻学"的体系性研究，但国家业已通过《2020年度国家社会科学基金重大项目招标选题研究方向》明确"数字新闻学理论、方法与实践"的研究已经成为新闻传播学学科发展的紧迫议题。

数字新闻学具备成为一种新的新闻研究范式和新闻学学科体系的基本条件。伴随着"数字新闻学"这一学科体系的逐步建立，新闻从业者和研究者已意识到，数字技术对于新闻业的影响是生态性的而非工具性的。在数字新闻生态的视域下，数字新闻学研究范式中的关键概念和研究议题有别于传统新闻学对新闻文体、新闻价值、新闻专业主义和新闻的社会责任等的研究，而需要以"技术—文化"的理论视野探究新闻业的生态景观。

在教育领域，新闻传播领域发生的结构性变化亦改变了传统的职业布局，催生了如"流量工程师"和"用户体验设计师"等一大批令人目眩的新岗位。2019年人工智能专业首次独立招生，35所高校获得教育部首批建设资格。其中，中国传媒大学新增网络与新媒体（智能融媒体运营方向）、大数据管理与应用、智能科学与技术（智能媒体技术方向）、数据科学与大数据技术（传媒大数据方向）等专业。由此可见，传统新闻学教育还不能很好地培养技术时代所需要的实践者和研究者，现有的数据规模、分析方法和理论困境给新闻传播学教育带来前所未有的挑战。

数字新闻学研究的理论议题包含新闻从业者的技能体系升级、新闻生产的社交化、数字新闻室的构成与运作、新闻机构在信息网络中的角色变迁等。这些新的概念对于新闻学的研究来说，既是各种理论议程的新逻辑起点，也是未来将要使用的学术话语体系和研究方法。数字新闻学的课程内容建设需要解释新闻行业及其从业者、教育实践者所共享的知识和价值体系，以及如何以相同的认识路径去看待其共同面对的新的新闻本体问题。

随着自媒体的蓬勃发展和社会普及，传播专业技能与信息发布权逐渐被"平权化"，新闻传播专业教育因而受到更多冲击和挑战。为了培养适应媒介融合时代更为"高精专"的新闻传播人才，国内外新闻院校在实践教学方式方面进行了不断变革。

一、新闻传播实践教学的形式

（一）课程、活动及比赛

一般来说，实践教学可分为课内与课外两种形式。我们通过计算国内外138所新闻院校网站所展示的学生作品项目发现，在国外院校162项作品项目与中国院校212项作品项目中，占比最高的是课程作品（均超过50%），活动作品略少于课堂作品（占30%—40%），比赛作品的比例偏低（低于20%）。这说明，课程实践教学仍是各新闻院校最为普遍的教学形式。课程实践教学实际上是"拟态"授课，即通过具体的新闻传播议题模拟媒体工作环境，教师组织学生完成新闻产品的生产；课外实践教学的形式则更为多样，除了大多数新闻院校要求的校外实践外（国内院校通常强制要求为一个学期），更鼓励学生结合兴趣参与校内外实践活动或专业比赛。

（二）学生媒体社团

以兴趣小组、传播内容等原则设立的学生媒体社团，不受课程、年级与专业方向限制，更利于个人特长发挥，也更有利于激励学生的自主性，因此容易出实践成果；组织得好的社团甚至将其做成品牌工作室，在校内外承接业务。通过对比发现，中国开设学生媒体社团的新闻院校比例低于美国院校。由于是学生自发组织，大多数新闻院校对媒体社团疏于管理；而活跃度强、品牌传承度好、存活率高的媒体社团，往往出自注重社团管理的新闻院校——他们在学院网站建立集中展示平台，或特辟专区以作社团活动宣传之用。

（三）自办实践媒体

美国实践教学"密苏里模式"的核心理念是在现实的专业机构内实践，且学院为学生提供校内的媒体实践基地。"学院自创办开始，就把创办真正的媒体（real media）作为同教学一样重要甚至更为重要的举措……通过与真实媒体的零距离接触尤其是实务操作，密苏里新闻学院的学生毕业后即可在实践中独当一面。"❶ 这一教学模式的影响范围很大，连强调通识教育（general education）的威斯康星大学的新闻与大众传播学院也办有学生实践媒体《獾州人先驱报》（*Badger Hernald*）和 WSUM 电台。通过对比不难发现，国内与美国院校自办实践媒体的比例持平，甚至略超过国外总体的水平，可见中国大陆新闻传播教育较多以"密苏里模式"为范本；港台地区院校受此影响则更深。相较而言，英国高校的新闻传播学教育更偏重思辨式教学，鼓励学生的独立性与批判精神，在所调查的国家和地区中开展实践教学的院校比例最低。

从课堂模拟到课外较为松散的社团活动，再发展到有固定名称、固定生产周期和固定组织架构的媒体机构，无疑，实践教学的较好形式是在真实的媒体现场完成教学，自办实践媒体应当是较为理想的实践教学方式。

---

❶ 董天策.新闻传播教育的理想范型［J］.新闻与写作，2014（2）：58.

二、国内外实践教学的差异性对比

我们对国内外新闻院校采纳实践教学的个案进行具体调查,总结出三个方面的差异。

(一)媒体社会化程度

根据各高校自办实践媒体的报道议题分析,我们发现媒体的社会化程度存在较大差距。中国多为校园媒体,报道议题集中于校园事件,受众面较窄。而国外多为社区媒体,报道议题排首位的是本地新闻,校园新闻只是其中的一个报道板块。因而,优秀的自办实践媒体成为社区新闻的主力报道者,受众面更广。例如,密苏里大学新闻学院所办的 KBIA 电台的听众超过 4 万人,《Vox 杂志》网络版每周有 2 万独立访问量,印刷版周发行量是 1 万份。❶

不过国内媒体的社会化程度正在逐步提升,出现了不少亮点。如北京大学创意产业研究中心创办的微博账号@北大新媒体,以新媒体前沿资讯为特色,截至 2021 年 5 月,粉丝数已达 180 万,且粉丝群覆盖各大有名的互联网公司,同名网站的 PR(PageRank,是谷歌用于测评一个网页"重要性"的一种方法,7—10 级表明网站非常受欢迎)值为 7 级,其社会影响力与中型专业媒体不相上下。又如,中国社会科学院大学新闻传播学院的《青春报》因对新闻热点的跟踪而广受好评,同名微信订阅号推送的记者采访手记的媒体转载率极高,像《归来》电影专题中的专访作家严歌苓、对话"文姚恋"记者卓伟等报道的背后故事媒体转载率就较高。❷ 中国人民大学新闻学院学生教学与实践公众号 RUC 新闻坊年发文量超 140 篇,积极关注社会突发事件和长期性的社会议题,也有入驻澎湃湃客、知

---

❶ 密苏里大学新闻学院网站实践媒体介绍[EB/OL].(2014-06-16)[2022-02-19].http://journalism.missouri.edu/media/.

❷ 曾雨艾.学生记者谈专访卓伟:我与热点撞上了腰[EB/OL].(2014-04-04)[2022-02-19]. http://media.people.com.cn/n/2014/0404/c40606-24824414.html.

乎等平台，其数据新闻报道具有独立的数据立场和人文叙事特性。《被拐的她们：1252段被标价的人生》从涉及拐卖妇女的有效裁判文书616份中提取被告人、受害人、收买者的人员特征信息和相互关系，以及拐卖地点、过程等信息，用数据图描摹了1252位被拐妇女的命运以及拐卖链条背后根植于陈旧父权思维的权力不平等。❶

（二）媒体融合趋势

为顺应媒介融合趋势的发展，各新闻院校在实践教学中也越来越注重"融合新闻传播教育"，即新闻传播教育因应媒介融合的新形势，遵循博雅教育的理念，打破原有的以媒介形态为特征的学科壁垒，用带有媒介普遍规律的知识点进行教学的一种教育理念与方法。❷尽管许多新闻院校仍按照传统专业方向设置课程体系，但在实践教学环节却越来越普遍要求学生具有跨媒体的工作能力。我们统计了各新闻院校所开通的学生全媒体作品平台，发现这部分高校所占比例与美国比例相当。

具体而言，中国新闻院校大多以新闻传播实验教学中心为依托建构全媒体平台的实践工作坊，以此培养全能型新闻传播人才。中国人民大学新闻学院是国内跨媒体实践教学的范本。2005年学院自办跨媒体实践平台"接力传媒"，下辖报纸、网站、广播电视与广告工作坊等；2008年开设跨媒体实验课程，要求学生两个学期不能选择同一个专业教师开设的工作坊，以此保证学生可以在不同领域进行实践锻炼。

与之对照，国外院校的媒体融合实践更为先锋，通过强化新媒体技能以实现更广和更多类型媒体的融合。美国密歇根州立大学传播艺术与科学学院的"媒体沙盒"（Media Sandbox），是集电影艺术、新闻、广告和游戏开发于一体的跨媒体整合项目，要求学生额外掌握图表设计、网页设计、

---

❶ 被拐的她们：1252段被标价的人生［EB/OL］.（2021-10-14）［2022-04-10］.http://the paper.cn/news Detail_forward_14725026.

❷ 王君超.融合新闻传播教育的理念、实施与对策——香港公立大学新闻传播教育的经验［J］.国际新闻界，2011（11）：81.

App开发、视觉传播、3D动画等新媒体技能；学生作品按照传播内容表现形式分为信息制图、摄影、网页设计、视频、平面设计与电子游戏设计等六大平台，融合特色更为鲜明。❶

（三）新媒体转型开发

经过比较发现，国外自办实践媒体同其他社会媒体一样，很早就开始向新媒体转型，比如，报纸网站已经发展成形，印刷版发行量相对在萎缩，因而国外自办实践媒体的类型以网站和广播电台居多；而国内自办实践媒体稍滞后于媒介融合发展的趋势，报刊等传统媒体仍占较大比重。但印刷成本高涨、受众流失及出版周期延长等传播环境的变迁，依然会冲击校园媒体的生存。那么，利用社交平台推广媒体品牌和报道内容，不失为校园媒体应对新媒体挑战和扩展受众群体的有效路径。经统计，中国有18所新闻院校共创办了41家实践媒体，其中16家实践媒体开设了24个同名微博公众账号或微信订阅号。这些同名账号在社交网站的表现相当活跃，发布频次远远超出其依托的原有媒体，突破了传统媒体有限的报道容量。

三、媒介融合时代国内实践教学的新转机

中国新闻院校实践教学在以上三方面与国外的差距，部分是由客观办学条件不足造成的。中国无法完全复制国外模式，特别是对办学条件和社会资源都无法与"985"综合型大学相比的普通院校而言更难。但媒介融合时代也带来了一些新的转机，有利于提升新闻传播教育的整体水平。

首先，以网络平台整合全媒体实践，降低自办媒体成本。对于起步较晚的新闻院校而言，开展实践教学的首选媒体是网站。因为高校的网络服

---

❶ 密歇根州立大学网站介绍［EB/OL］.（2014-06-16）[2022-02-19]. http://mediasandbox.cas.msu.edu/.

务平台一般是免费的，新闻院校搭载校园网络可以轻而易举建立小而全的全媒体实践管理平台，更适用于培养媒介融合时代的"背包记者"。例如，西南科技大学新闻系自办媒体"龙新网"，下辖报纸、杂志、电视与电台四家媒体，是全系学生的课余实践媒体。而龙新网作为统一管理平台，除了推送四家媒体的新闻产品外，还承担收集学生作业、师生互动教学以及整合教学资源的功能。通过采访我们了解到，由于学生实践是学业要求，除了少量印刷成本外，龙新网的运营成本极低。另外，媒体实践平台既展现了学生风采，又起到了宣传功能，利于吸引优秀生源和推荐学生就业。

其次，社交媒体平台让学生媒体得以走出校园。过去学生媒体的社会化程度低，是因为热点事件的采访资源被社会媒体垄断，学生难以获取采访机会。社交媒体平台发展之后，人际关系被分享，采访资源不再遥不可及。通过社交媒体建立和积累有效的人脉渠道，遇到热点事件就可以快速顺藤摸瓜联系到采访对象。例如，中国社会科学院大学《青春报》的报道经常追访热点新闻的媒体报道者，而每一个媒体报道者都拥有一个"朋友圈"；通过不断采访媒体报道者，抓取其各个"朋友圈"内的关键人物，就可以获取严歌苓、卓伟等热点人物的联系方式。

最后，新媒体加强了校际间的教学交流，使整个新闻传播学的教育生态更健康。通过对全球新闻院校网站的调研，我们发现越来越多的高校注重其在新媒体平台的自我传播，高校网站的功能朝着服务教学、交流资源、形象宣传等多元化发展。新媒体成为高校相互了解办学特色、相互学习教学经验的第一窗口，有些实践新媒体也为校际优秀生源交换开辟了新渠道。比如，中山大学传播与设计学院曾与财新网合作开设过一个学生新闻博客"胡舒立·我们网"，该网站大量的博文征集自全国及海内外高校不同专业的学子，长期表现优秀的学子还获得了去"财新传媒"等一流媒体实习的机会。当今，新闻传播学教育重视培养复合型人才，许多学校鼓励学生至少具备一门其他方向的专业基础知识。比如，中国政法大学新闻传播学院要求学生必修法学基础课程，同时也向全校其他院系学生开放新闻专业辅修课程，但这种复合型人才的培养口径仍局限在校内。"我们网"

利用新媒体的传播优势将培养口径扩展至海内外各高校各专业,这实际上是利于中山大学吸纳优秀生源的。从长远看,如果各新闻院校通过新媒体平台开放更多的实践教学,新闻传播教育的行业交流必然会得到加强,是利于整个教育环境改善的。

四、新闻院系实践教学需要解决的问题

(一)学生记者身份问题

鼓励学生走出校园报道社会议题,必然会面临采访对象对其身份进行认定的问题。由于学生正处于职业培训之中,并不具备完备的记者资质,如果学生及指导教师对其身份的自我认定出现偏差,可能会导致报道结果的负面影响。

美国新闻实践教育中就发生过一宗关于学生身份的伦理案件。西北大学梅迪尔新闻学院1999年曾成立一个由大卫·普罗泰斯（David Protess）教授指导的调查新闻项目"无辜计划"（Innocence Project）,重新调查伊利诺伊州谋杀案中是否有人被误判。这个项目帮助了十多位人士洗冤,并受到媒体广泛盛誉。但2008—2009年,在一宗谋杀案的上诉案件中,公诉人批评为此案调查的普罗泰斯教授和学生违反伦理界限,从而引发了检察机关与普罗泰斯教授及西北大学之间一场复杂的官司,也引起了公众对学生采访伦理问题的关注。美国《西北日报》（*Daily Northwestern*）的一篇报道揭露调查案件的学生没有端正自己的身份:有位学生假扮公职人员获取涉案证人的信息;有些人轻描淡写地说他们"只是学生",希望提供信息的人认为自己所说不会对司法程序产生影响;有些学生甚至与证人结交,试图接近他们并取得信息。这些调查手段都违背了记者职业道德规范。此外,"无辜计划"调查所取得的信息是免费提供给辩方律师的,但没有提供给公诉方。因此学生们更像是替辩方翻案,而不像记者,也有悖于新闻报道的公正客观原则。最终,西北大学撤销了普罗泰斯教授作为调查性报道课程教师的资格,声称在学校管理层及其律师看来其行为已僭

越了身份。❶

西北大学"无辜计划"之争为新闻传播实践教学提出了警示——社会对学生记者的身份要求与普通记者一样。我们的职业道德教育需要超前于职业技能教育，这样才能确保实践教学的效果，最终让实践教学对社会产生贡献。

（二）自办媒体的属性问题

国内外新闻院校自办实践媒体的模式各有差别，有的是独立商业化的，有的是半附属的，也有的是完全附属的。自办媒体的首要目的是为学生提供实践平台，要求自办媒体实现商业盈利会使其丧失教学的公益性。国外某些完全商业化的学生媒体，也是在获得较好的社会传播效果之后，才逐渐在财政上独立于大学董事会的。因此，自办媒体更需要教育基金和社会捐助的扶持。

此外，教育部门应当引导社会对学校自办媒体的认可度，包括认可其记者的采访权、发表的学生作品等。2014年4月30日，深圳大学传播学院新闻系的一篇毕业设计作品《深圳渔村：远去的故乡》，被《深圳晚报》从头版头条开始用了9个版面完整刊载。❷实际上，学生作品的社会价值不仅有待有眼光的社会媒体挖掘，而且高校自身也需要积极推动其走向社会。2013年底以来，中宣部、教育部启动各省（区、市）党委宣传部门和中央主要新闻单位与高校共建新闻学院工作，实行部校共建。有关新闻院校应抓住完善部校共建机制的契机，一方面与共建部门或单位在实习实践基地方面展开深度合作，另一方面可以为校园媒体寻求一定的社会扶持。例如，引入社会媒体资源共建实践媒体，既可以解决高校自办媒体的运营经费问题，又可以为自办媒体提供丰富的社会报道资源；而优秀的学生作

---

❶ DOMINICK J R. The Dynamics of Mass Communication：Media in Transition（12th ed.）[M].New York：McGraw-Hill，2013.

❷ 传院新闻系毕业设计受晚报晶报关注[EB/OL].（2014-06-17）[2022-02-18]. http：//zsb.szu.edu.cn/587.html.

品也可以反哺社会媒体，是双赢的合作模式。

　　当今，新老媒体的市场差序格局已经形成，传媒机构对媒体人才的需求转向具备技术素养、新媒体素养和数据素养的人才，新闻传播学的教学理念与教学方法需要以变应变。新闻实践教学的形式、方法需要求新求变，师生之间的传授关系从单向性向双向性发展，媒体实践教学平台需要从上而下地统筹建构。与此同时，新闻传播学的教学评价体系也应重构，过去完全以学生理论知识为重心的主观评价方式应当被逐渐取代，应逐渐加入实践作品的社会化客观指标，如传播效果、商业化潜力等因素。不过也应当注意，新闻实践教学毕竟只是准社会化的新闻传播活动，应当正确掌握教学评价体系与社会化评价指标之间的差异，吸纳的评价指标要以培育正确的新闻专业理念为目的，重塑的评价指标仍要适应教学秩序和规范，特别是要把握好评价指标中的价值导向。

第十三章　新闻职业的荣誉制度创新

"权威"是建立在威望和尊重之上的权力,通过"呼吁"而非"发号施令"获得服从与认可。[1]新闻业的权威来自政府、社会、行业等诸多方面,随着新媒体技术的到来,这种凭借政治权力以及生产优势获得的权威正在被新技术带来的内容生产秩序消解,新闻界弥漫着"危机与转型"等话语,如何重新确立新闻权威是当下新闻人努力的方向。荣誉制度是强化权威的有效途径,荣誉标准的变化也影响着行业生态,甚至引领行业发展走向。

多元主体介入新闻场域后,新闻边界日益模糊,新闻成为多元主体协作竞争的产物,新闻内容泛化,新闻的对话性与个人视角增强,传统新闻基模面临社交媒体新叙事的颠覆。[2]职业新闻人的权威被打破,传统新闻社群的身份受到威胁,新闻业与其他行业的边界正在消散,由此,传统新闻从业者需要重塑职业社群与新闻职业话语权威。中国新闻奖作为荣誉的把关实践,[3]其制度演进、规则革新既反映了新闻业的发展现实,也引领着新闻业的创新;而职业荣誉的塑造也能激发新闻从业者的身份认同与职业信心。

尽管学界已经有以离职信、演讲、微博、论坛等形式发表的"告别话语",有以怀念过去新闻业辉煌时期以及集体回忆形式的"怀旧话语",转

---

[1] [美]乔·萨托利.民主新论[M].冯克利,阎克文,译.北京:东方出版社,1997:192.
[2] 蔡雯,凌昱.从"新冠肺炎"热点传播看新闻边界的颠覆与重构[J].新闻与传播研究,2020(7):18.
[3] 黄顺铭.制造职业荣誉的象征:中国官方新闻奖的制度实践[J].国际新闻界,2014(36):29.

型者构建新媒体创业的"转型话语",以及"危机话语""忠诚话语"等话语研究,但相对来说,针对新闻业"荣誉话语"的研究少之又少,尤其缺乏从制度变迁的视角对不同时期新闻业荣誉机制进行总结和提炼,使我们无法全面准确地理解新闻业荣誉机制演变的宏观过程和微观运行。正因为如此,本章将借助于制度变迁理论体系中的"间断—均衡"模型,以中国新闻奖为分析蓝本,力图勾画出新闻业荣誉机制演变的非线性特征,并尝试解读其制度变迁的内在机理。

一、制度变迁理论

(一)间断—均衡模型的分析架构及其解释力

间断—均衡模型(Punctuated Equilibrium Model)发端于生物学领域,后来经学者鲍姆加特纳(Baumgartner)和琼斯(Jones)引入制度变迁分析之中。间断—均衡模型对传统制度变迁的渐进主义进行了修正,认为制度变迁并非是线性演变的,许多制度变迁是制度长期渐进稳定和短期突变波动相结合的产物,制度变迁经常是脱节的、片段的和不可预测的。❶ 间断—均衡模型能够清晰展现间断和均衡两种情景下制度变迁的过程与具体内容,❷ 其在两个方面适应本章的研究需求。其一,该模型注重时间维度在分析中的突出作用。间断均衡模型认为,从短期来看,制度变迁存在失衡剧变的状态,从长期看,制度变迁又是以稳定和渐进为特征。❸ 与此相对应,新闻业荣誉机制的演变也是一个长期的、复杂的、动态的过程,需要引入时间维度进行把握。其二,间断—均衡模型重点剖析制度突变的各种

---

❶ JONES B D, BAUMGARTNER F R. From There to Here: Punctuated Equilibrium to the General Punctuation Thesis to a Theory of Government in Formation Processing [J]. Policy Studies Journal, 2012 (40): 11.

❷ 刘鑫,汪典典.整合与转型:改革开放以来的知识产权公共政策演进研究[J].中国软科学, 2021(10): 11.

❸ 李文钊.间断—均衡理论:探究政策过程中的稳定与变迁逻辑[J].上海行政学院学报, 2018 (2): 54.

因素，这与本章力求探讨新闻业荣誉机制变迁的内在机理不谋而合。

制度变迁理论必须回答从个人决策到制度变迁的逻辑顺序。经过多年的发展完善，间断—均衡模型完成了"从宏观到宏观"向"从微观到宏观"的跨越。在间断—均衡模型的宏观框架体系中，政策图景和政策场域是影响制度变迁的宏观关键要素，是该模型的结构基础。政策图景是指一个政策是如何被公众和媒体理解和讨论的，通常是经验信息和情感诉求的混合。政策图景会相应强化或削弱政策垄断（制度变迁处于缓慢或停滞的状态）。通过接受正面的政策图景，排斥可能与之竞争的政策图景，可以有效维持政策垄断。政策场域指的是针对特定问题作出权威性决策的制度性场所。❶ 政策场域既可能是垄断的，也可能是分享的，同一个议题在不同的政策场域归属于不同的管辖，也可能会产出不同的结果。因此，制度变迁有时就发生在陷入困境的议题被策略性地转入其他政策场域之中。

从过程角度说，政策图景和政策场域存在相互关系。制度是由政策场域中对某一议题具有绝对权力的子系统政治基于政策图景而制定。制度初期，政策场域通过采取措施把其余参与者排除在系统之外，使制度变迁呈现负反馈作用，从而也使制度在中长期保持相对稳定。其间，制度在媒体与公众之间呈现的正面政策图景有利于其形成政策垄断。❷ 然而，在正反馈作用的不断强化下，政策图景发生调整，负面政策图景开始出现并累积，从而推动政策场域也产生改变，其结果是子系统政治不足以抵御全部的外部冲击，政策垄断遭到破坏，制度呈现间断变迁的特征。❸ 新的制度会在经历一系列调试和修正之后，再次处于政策垄断状态，如此循环往复。

接下来的问题是，哪些因素会在政策图景和政策场域的相互关系中起到关键作用？间断—均衡模型通过构建一套微观机制来论述相关问题。这

---

❶ [美]弗兰克·鲍姆加特纳，布赖恩·琼斯.美国政治中的议程与不稳定性[M].曹堂哲，等译.北京：北京大学出版社，2011：30.

❷ 王妍妍，孙佰清.间断均衡理论视角下中国应急管理政策的演进逻辑及其提升路径[J].江淮论坛，2021（1）：56.

❸ 黄新华，赵荷花.食品安全监管政策变迁的非线性解释——基于间断均衡理论的检验与修正[J].行政论坛，2020（5）：61.

套微观机制就是不成比例信息处理。由于存在有限理性，人类在信息处理过程中并不会针对环境外部的信息成比例处理，相反会高估或低估信息，导致信息处理"偏差"，❶这就是不成比例信息处理。不成比例信息处理的存在使得间断—均衡模型选择从微观机制入手解释宏观制度变迁进程成为可能。在不成比例信息处理当中，焦点事件和制度联盟博弈尤其值得关注。焦点事件是指突然发生、相对少见，且引起广泛关注的公共事件，它能有效改变问题设定进而促成制度变迁。❷焦点事件通过引发关注社会问题和动员公众情感等手段尽可能地促成制度变迁。制度联盟博弈是另一个不容忽视的影响制度变迁的要素。显而易见，相较于原始政策价值观而言，决策系统内部的博弈获胜方将打破政策平衡，推行新的政策理念与政策方针，造成政策间断。❸

总而言之，间断—均衡模型认为，制度变迁是不成比例信息处理与政治制度、政策图景相互作用的结果。❹两者分别从"从微观到宏观"和"从宏观到宏观"层面完成了解释力的跃迁（见图 13-1）。近年来，国内学者也开始关注该模型并将其运用于中国语境下相关制度的变迁历程分析。如文宏对出租车政策的考察，❺朱春奎等对公共预算决策的探讨，❻魏娜等对社

---

❶ 杨志军，支广东.PET 框架对政策变迁过程的再解释与新应用——以中华人民共和国成立以来植树造林政策为例［J］.甘肃行政学院学报，2021（2）：46.
❷ 费久浩.公共政策的间断式变迁何以发生？——以全面"禁野"政策的出台为例［J］.公共管理学报，2021（3）：14.
❸ 杨志军，支广东.PET 框架对政策变迁过程的再解释与新应用——以中华人民共和国成立以来植树造林政策为例［J］.甘肃行政学院学报，2021（2）：46.
❹ 李文钊.间断—均衡理论：探究政策过程中的稳定与变迁逻辑［J］.上海行政学院学报，2018（2）：57.
❺ 文宏.间段均衡理论与中国公共政策的演进逻辑——兰州出租车政策（1982—2012）的变迁考察［J］.公共管理学报，2014（2）：70.
❻ 朱春奎，严敏，陆娇丽.公共预算决策中的间断均衡模型［J］.公共管理与政策评论，2012（1）：78.

会救助政策的研究，[1] 范晓东、曹堂哲等对教育政策变迁的分析。[2] 然而，间断—均衡模型毕竟发轫于美国的学术土壤，中美两国在政治体制、注意力配置和决策体制方面都存在不小差异，使得中国学者将该模型运用于中国不同类别的制度变迁时要十分小心地进行验证。

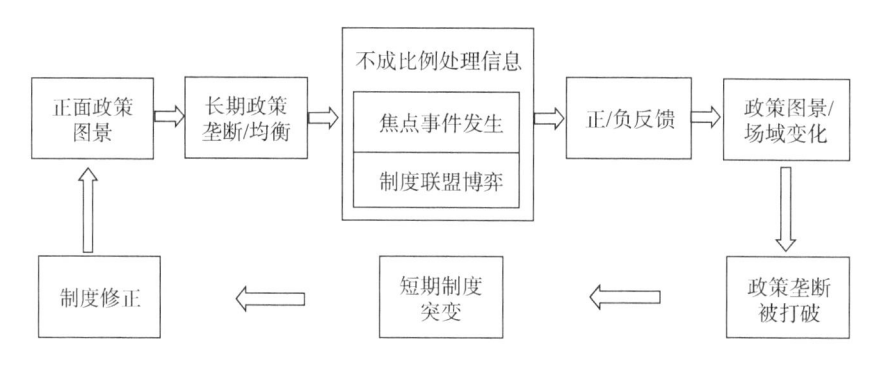

图 13-1 间断—均衡模型框架

观照本章的研究主题，新闻业荣誉机制非线性变迁能否用间断—均衡模型来阐释？其变迁的内在机理是什么？对这些问题的回答将有助于验证间断—均衡模型在新闻传播领域的适用性，同时从制度变迁的视角对新闻业荣誉机制的改进提供政策启示。

（二）荣誉话语的内容分析

荣誉是一种重要的社会资本和象征资本，"拥有荣誉意味着有资格获得他人的尊重"[3]。荣誉如何被生产出来，如何被兑换和转化，人们围绕荣誉开展何种话语和行动，荣誉如何作用于主体的锻造——荣誉如何被生

---

[1] 魏娜，缪燕子.新中国成立以来社会救助政策变迁：历程、原因与趋势——基于间断—均衡理论的视角［J］.教学与研究，2018（2）：78.

[2] 范晓东，郭彤彤.建国 70 年学前教育政策变迁研究——基于间断均衡模型的视角［J］.教育发展研究，2019（24）：61；曹堂哲，郝宇华.间断均衡理论视角下媒体注意力与议程设置的因果关系——基于我国教育议程设置变迁的检验［J］.治理研究，2019（3）：56.

[3] ［美］阿皮亚.荣誉法则：道德革命是如何发生的［M］.苗建华，译.北京：中央编译出版社，2011：42.

产、分配和"消费"的过程，构成了荣誉实践。那如何对这种荣誉实践以及运行机制进行分析？学者们普遍认为，文化奖项提供了一扇观察文化场域如何想象荣誉、尊敬、承认、声望以及名望等象征秩序的窗口。❶因此，本章将以中国新闻奖为分析蓝本，对新闻行业荣誉生产、消费的机制进行剖析，也即对象征资源如何进行控制和再生产，延续和重构新闻价值、规范新闻实践进行探讨。

为更好地梳理和总结中国新闻奖荣誉制度变迁的历程和背后深层次的原因，本章将对中国新闻奖的获奖作品进行编码分析。鉴于本章研究目标是描摹荣誉制度变迁的非线性特征，重点关注制度实践中变量的介入作用。2014年以来，中国记协作为中国新闻奖的主办方意识到新闻评奖制度"权威性"下降的问题，❷从奖项设置、评委结构到审核机制上作出诸多创新实践。2014年中国新闻奖评委会启动评奖规则改革实践，并于次年实施体制外推荐通道（自荐和他荐渠道），因此我们收集了2014—2021年共8届获奖作品目录。❸在此基础上，本研究逐条对每件获奖作品的内容主题、获奖单位与参评渠道进行分类编码。另外，本研究主要针对国家荣誉制度，因此剔除25个国外获奖媒体条目，最终获得有效编码条目2444个。我们还增加了新闻从业者对荣誉认知的话语分析，共搜集2014—2021年学界、业界在报刊、官方微博账号和微信公众号上发表的荣誉话语文本共37篇，研究者将相关文本归类编号，并标注其作者、标题和发布时间等信息，形成文本列表。由于以上公开发表的荣誉话语仅来自荣誉分配的获利者，无法全面反映荣誉制度变革对新闻社群的激励效果，因此笔者补充了对一家中央级媒体的12名新闻从业者的访谈材料，受访者均未有获奖经历，性别比例均衡，从业资历跨度较大。（见表13-1）。

---

❶ 黄月琴，何强.奖与罚：新闻奖的荣誉域及其荣誉实践[J].国际新闻界，2017（5）：64.
❷ 中国新闻奖获奖作品目录.中国新闻年鉴（2014—2020）[Z].北京：中国新闻年鉴杂志社，2021.
❸ 中国记协·第三十一届中国新闻奖评选结果揭晓[EB/OL].（2021-11-07）[2022-04-29].
http://www.zgjx.cn/cnnewsaward2021 publicly/index.htm.

表 13-1 访谈对象基本信息

编码	性别	年龄（岁）	从业时间（年）	所在部门	职位	专业背景
A	女	30	7	传统部门	记者	历史系
B	女	28	5	传统部门	记者	新闻
C	男	58	30	传统部门	编辑室主任	新闻
D	女	33	8	传统部门	记者	新闻
E	男	31	8	传统部门	记者	新闻
F	男	30	8	传统部门	法治记者	法律
G	男	35	12	传统部门	记者	中文
H	男	28	3	传统部门	法治记者	法律
I	男	30	8	新媒体部门	记者	动画
J	女	23	10	传统部门	记者	历史
K	女	29	6	传统部门	记者	历史
L	女	28	5	新媒体部门	记者	新闻

中央级媒体在官方荣誉机会结构中占有优势，获奖几乎被规定为从业者职称向上流动的必要条件，[1]因此这份补充样本为本章验证荣誉制度变迁的激励机制具有适用性。

二、荣誉制度变迁的间断—均衡呈现

间断—均衡模型认为，制度变迁遵循非线性逻辑，即一项制度在比较长时间里都会处于均衡稳定的状态，但在特定情境下，受到内外复杂因素的影响，会出现短期的间断变迁。中国新闻奖评选制度作为新闻业荣誉机制的重要表征，其演进历程也呈现明显的间断—均衡特征。具体而言，其

---

[1] 黄顺铭.官方职业荣誉的机会结构——对全国好新闻奖和中国新闻奖的比较研究[J].新闻记者，2013（4）：49.

变迁过程大致可分为两个阶段：1991—2013年中国新闻奖评选制度的长期均衡期；2014—2021年媒体融合趋势下中国新闻奖评奖制度的间断变迁期。

（一）中国新闻奖评选制度的长期均衡

中国新闻奖评选工作自1991年6月启动以来，已经成为新闻业全国性常设奖项，扮演着党和国家代理者的角色，赋予新闻人一定的制度资本与文化资本。30多年来，中国新闻奖总共经历若干次改革，1997—1999年相继将中宣部评选的"新闻名专栏奖"、中国新闻摄影学会举办的"全国新闻摄影年赛"合并纳入评选奖项，2009年又将中国新闻奖和长江韬奋奖合并评选，使中国新闻奖成为中央批准的唯一一项综合性新闻作品奖。进入21世纪后，互联网迅猛发展，国际国内形势瞬息变化，中国新闻奖作出重大调整，2006年开始将网络新闻作品纳入评选项目，2010年则大规模增设国际新闻奖。

中国新闻奖的评选机制是"推荐单位制度"，由各初评报送单位负责职权管辖范围内新闻机构的初评工作，并按照配额报送参评作品。初评单位主要分为五类，包括各地记协、中央新闻单位、中央军委政治工作部宣传局、专项初评报送单位和专业新闻工作者协会。通过初评单位推荐制度配额报送，中国新闻奖主办方将参评作品或参评者的总数以及由此而来的评委的工作量控制在一个合适的水平上；完成初评后，各类奖项等级的配额则最终通过评委会执行定评。尽管中国新闻奖的评选项目和设奖数额由首届的13个项目、150个奖，逐渐发展为2021年的29个项目、350个奖，但一、二、三等奖项占比常年维持在2∶3∶5的比例。

30多年来，"推荐单位制度"使中国新闻奖以一种制度控制的方式实现了全国性媒体的荣誉认同；中国记协通过每年颁布《评选办法》来限制参评作品的条件与范围，而每个省级记协都采取一套相同或相似的评奖程序，从而构建了垄断性的荣誉权威。譬如，只有获得省级新闻奖项的作品才能有资格进入初评，行政级别更高的地方媒体担负较重要新闻宣传任

务，且与省级记协等推荐单位更容易有利益交集，由此形成"官本位"的荣誉机会结构。❶

荣誉政策的制度控制排斥了另一类政策图景。对于新闻从业者来说，主动参与到中国新闻奖这项荣誉机制中，本应是个人发展的需要，也是树立职业声誉的最佳路径。然而垄断政策控制下，新闻社群对中国新闻奖的态度并不统一，存在积极迎合、淡然处之、疏离漠视、愤懑不平和排斥抗拒等不同的荣誉认同。导致这种荣誉认同分裂的重要因素是"宣传"和"新闻"的价值分离：一方面，市场化媒体在较长的一段时间里很难获得国家体制的荣誉承认；另一方面，体制内外共生而又分立的话语体系与荣誉域的存在，使新闻业陷入"表达与实践相分离"的状态。❷

（二）中国新闻奖评奖制度的间断变迁

2014年，媒体融合发展战略正式上升至国家层面。媒体融合的目标是构建新型主流媒体和新型媒体集团构成的现代传播体系。习近平总书记指出："读者在哪里，受众在哪里，宣传报道的触角就要伸向哪里，宣传思想工作的着力点和落脚点就要放在哪里。"新型主流媒体的价值引导力作为决策者的注意力，成为推动中国新闻奖的制度变迁的诱因。有效运用现代传媒的技术手段和方法以更好地引导受众、服务受众成了新的荣誉政策图景，这使得荣誉奖励机制中政治逻辑与媒介逻辑的结合成为一种必要。

1. 政策图景的间断变迁：荣誉规范的调试

2018年中国新闻奖增加媒体融合奖项，为移动新媒体增设6个评选项目，共50个奖项数额。同年设立中国记协新媒体专业委员会作为媒体融合奖项的推荐单位，报送作品配额达110件，为六家专项初评单位之首。媒体融合奖的设立初衷是"要立好范本标杆，好中选优，把坚持正确舆论导向、有较高业务水准、体现'走转改'精神的作品推荐出来"。评选标

---

❶ 黄顺铭. 制造职业荣誉的象征：中国官方新闻奖的制度实践 [J]. 国际新闻界，2014（6）：40.

❷ 黄月琴，何强. 奖与罚：新闻奖的荣誉域及其荣誉实践 [J]. 国际新闻界，2017（5）：77.

准强调"体现主流媒体的正向价值引导"。❶

这样改革的好处显而易见，新媒体以其技术优势、人才优势、市场优势在新闻创新实践中展现出良好的宣传效果。如 2018 年之前，澎湃新闻网只获得过新闻摄影奖；媒体融合奖项设立之后，澎湃新闻在融合创新、短视频新闻等奖项上连创佳绩。由其创作的《天渠：遵义老村支书黄大发 36 年引水修渠记》《海拔四千米之上》成为行业内主题宣传报道的创新样本。经过政策图景再塑造，地方媒体的移动端新闻在荣誉分配以及荣誉"制度控制"中，逐渐接受并担负起重要的宣传责任（见表 13-2）。

表 13-2　2018—2021 年媒体融合奖项数量分布

单位：项

年份	奖项总数	获奖单位		作品内容			参评渠道	
		中央级与行业媒体	地方媒体	主题报道	社会新闻	调查报道	传统推荐	自荐与他荐
2018	49	27	22	45	3	1	49	0
2019	49	23	26	39	7	3	47	2
2020	49	22	27	41	8	0	44	5
2021	50	20	30	43	7	0	42	8

2020 年中国新闻奖调整了媒体融合奖项的参评条件，要求作品须在移动端首发并且鼓励自有平台刊播，这就排除了部分传统媒体的"搬运作品"，推进媒体报道向屏端发布做作品策划；此外，将新媒体品牌栏目收录到新闻名专栏，新媒体报道界面与页面设计合二为一统称页（界）面设计，加速了平面媒体奖项的大类融合。

为"深度促融"，2021 年中国新闻奖评选办法有意削弱了媒体融合专项奖项，明确提出媒体评选的融合赛道，大幅提升报纸、通讯社、网络端

---

❶ 评委有话说｜第二十八届中国新闻奖媒体融合奖评析［EB/OL］.（2021-11-05）[2022-02-19］. https://mp.weixin.qq.com/s/EsKlXwJvAzk2Ab7H9A0X7g.

和移动端作品共同竞赛的奖项数量（除综合奖项外的文字消息、文字评论、新闻摄影和新闻漫画）。至此，平面类作品除了版面与界面设计分开评选外，几乎所有奖项都汇流在一起评选；而移动端在短视频领域的设奖数量接近于广播电视作品，可参评的奖项总数超越了其他所有媒体类别（见表13-3）。

表13-3 2021年奖项设置数量

单位：项

媒体作品类别	报纸、通讯社	网络	移动端	广播	电视
融合赛道	7	8	8	3	3
专设赛道	3	1	5	6	6
参评奖项总数	10	9	13	9	9

2.政策场域的间断变迁：多元主体的承认

由于媒体融合奖的设立，市场化媒体获得了被荣誉制度承认的机遇，政策场域由最初的传统媒体一元主导转向多元主体共同参与的格局，打破了一贯的荣誉权威垄断。商业平台以其互联网技术、产品服务意识与用户大数据等优势在新媒体领域展现出勃勃生机，他们与传统媒体合作开发，制作了符合新时代需求、传播广、引导力强的爆款作品。2018年融合创新获奖作品《"天舟一号"发射任务VR全景直播》，融媒互动获奖作品《你收到的是1927年8月1日发来的包裹》由传统主流媒体与腾讯新闻客户端、腾讯视频联合创意开发制作。获奖者阐述创作经历时写道："与地方公司的联合创意促使了我们的内容创意外延，我们想不到或者想不全的，地方公司帮我们想到了并想全了。"❶协作式新闻生产把优秀的社会资源和生产力纳入进来，官方奖项的承认也给予社会化媒体合作更多的创新实践空间。体制内外的新闻合作模式打破了以往行业荣誉版图上对边界工作者的政策驱逐。边界理论认为，基于职业权威和专业化的需求，新闻界往

---

❶ 你收到的是1927年8月1日发来的包裹［EB/OL］.（2021-11-5）[2022-02-19］. http：//www.xinhuanet.com/zgjx/2018-07/20/c_137335229_2.htm.

往对外部行动者进行驱逐，从而构筑、保卫自身的专业边界。❶中国新闻奖荣誉制度的跃迁表明，通过扩大奖励对象，得以弥合专业认知的主体间性，在机构内部、机构之间、社群之间尝试重建联系，重塑了新闻专业的"职业共同体"。

新闻奖的荣誉版图中，县级媒体是另一个得到承认的荣誉主体。四级办媒体建设模式下，县级媒体能源配备比较少，新闻产能较低，大多是市属媒体的转载平台。2018年开始，关于县级融媒体中心的基层试点开始在地方推进，体制机制被激活，自主权激发了编辑记者的内容创作热情。❷2019年获广播评论奖的江西分宜县广播电视台是中宣部确定的首批县级融媒体中心建设试点，从副科级单位升格为县委直属正科级全额拨款公益类事业单位，"财政支持更直接、人员的主观能动性强了、平台更大了、宣传氛围更浓了，传播力就更强了，经营也上去了"❸。尽管在获奖单位的数据统计中，县级媒体占比微乎其微，但作品获奖项目和专业性逐年有所突破，2019年和2020年获奖的作品限于小体量的消息和评论，2021年4件获奖作品则均为专题报道，现场性与创新性更为突出。例如，短视频专题报道三等奖作品《武汉记"疫"》制作精良，尤溪县融媒体中心采编团队通过文案、漫画等前期策划，结合真实场景及动漫人物的创新方式展现医护人员抗疫工作，属于行业内融合创新的优秀范例。可见，扩大荣誉空间，建立一个新的基于组织之间、主体与制度之间和谐共生的荣誉认同制度，才能激发新闻业态的良性发展。

3. 政策垄断的间隙：荣誉制度机会结构的改革

由于政策图景和政策场域的变化，盘踞在新闻业荣誉制度中的政策垄断开始出现裂痕，而此时荣誉制度机会结构的改革更是加大了这一间隙。

---

❶ 曾一果.重建新闻传播学科的"边界"[J].传媒，2020（9）：14.

❷ 陈国权，付莎莎.传播力建设的最后一公里——县级融媒体中心建设路径[J].新闻与写作，2018（11）：24；陈国权.中国县级融媒体中心改革发展报告[J].现代传播（中国传媒大学学报），2019（4）：16.

❸ 曲直.专访江西分宜县融媒体中心总编辑李建艳：媒体融合创新的根本是解放新闻生产力[J].电视指南，2019（14）：83.

基于官方荣誉域和职业荣誉域的分离状态，主办方在相对封闭的评选制度中引入了有限开放机制。2014年中国新闻奖增设自荐与他荐两个参评渠道，自荐渠道"以去科层化和去组织化的方式吸纳个体角逐荣誉的可能性，增加个体参与荣誉规则的自主性，从而扩大荣誉共同体范围"。❶他荐参评由全国记协指定的新闻院校和科研单位直接报送作品，区别于媒体机构可能掺杂的政治、人情、利益等关系，他荐单位趋于中立角色，更为注重作品的专业价值和实际的社会影响。

本章对2014—2021年自荐和他荐获奖作品进行内容分析（见表13-4），发现新增参评渠道渐进修正了"推荐单位制度"所形成的机会结构：每年通过自荐和他荐渠道的获奖数量相对稳定；他荐作品获奖占比逐年提升，尤其地方媒体的获奖数量近年来比较突出，还出现两家非中宣部试点的县级媒体通过自荐参评获奖。总体来看，全国性新闻单位仍然在高级别奖项（特等奖和一等奖）上占有明显优势，但地方媒体的获奖机会通过评选制度改革得以增多。

表13-4 新增参评渠道获奖作品聚类统计

年份	参评渠道	总计（件）	占比（%）	作品内容				获奖单位		
				宣传类主题报道（件）	社会新闻（件）	调查报道（件）	新闻论文（件）	中央级与行业媒体（件）	省市级媒体（件）	县级媒体（件）
2014	自荐	4	25	2	1	0	1	2	2	0
	他荐	12	75	7	2	3	0	3	9	0
2015	自荐	16	52	9	5	1	1	8	8	0
	他荐	15	48	6	5	3	1	5	10	0
2016	自荐	13	46	8	0	4	1	7	6	0
	他荐	15	54	10	2	3	0	7	8	0

---

❶ 黄月琴，何强．奖与罚：新闻奖的荣誉域及其荣誉实践［J］．国际新闻界，2017（5）：78.

续表

年份	参评渠道	总计（件）	占比（%）	作品内容 宣传类主题报道（件）	社会新闻（件）	调查报道（件）	新闻论文（件）	获奖单位 中央级与行业媒体（件）	省市级媒体（件）	县级媒体（件）
2017	自荐	13	43	8	3	1	1	7	5	1
	他荐	17	57	14	1	2	0	7	10	0
2018	自荐	10	34	8	0	1	1	5	5	0
	他荐	19	66	17	1	1	0	8	11	0
2019	自荐	10	31	8	0	1	1	2	7	1
	他荐	22	69	19	1	1	1	8	14	0
2020	自荐	8	31	7	0	1	0	1	7	
	他荐	18	69	17	1	0	0	5	13	
2021	自荐	11	35	8	2	0	1	3	7	
	他荐	20	65	17	3	0	0	5	15	

（三）中国新闻奖评奖制度的相对均衡

中国新闻奖的改革一定程度上扩大了媒体获得荣誉承认的机会，打破了旧的政策图景的垄断，这种新的政策图景和原有的制度要素相结合，又维持了长期制度的相对均衡。

1. 荣誉机会改革的负反馈

有限开放的评选制度仍然是以"推荐单位制度"作为主要规则，中国记协对新闻院校报送的作品有严格的配额、主题要求，这就限制了他荐单位对荣誉机会结构的突破力；他荐单位出于与其他推荐单位竞争荣誉的压力，推荐作品的类型仍以主题报道为主，进而考量评委会对不同新闻机构的配额，会更青睐地方媒体的主题类报道。从表13-4的统计数据可看出，在新增参评渠道中，他荐作品的获奖数额占比稳定增长，"推荐单位制度"

依然发挥了长期制度的正反馈作用。

荣誉机会改革亦没有突破参评作品选题价值判断的一元化倾向,"宣传目标"作为荣誉规则的核心标准对从业者产生规范和压力,新媒体记者的参评动机也更易于受"规则常识"影响,一位年轻的新媒体记者认为:"其实在一个选题出来的时候,我们几乎就能判断,这个作品能不能得奖。"(受访者 L)本质上,专业水平、社会效果并不是最重要的评选标准。中央级与行业媒体往往因政策资源优势而占有更多的新闻资源,在主题类宣传报道上具有绝对竞争力,部分央媒的优秀作品由于组织内竞争激烈甚至外溢到他荐和自荐渠道。传统媒体部门的资深记者会把他荐和自荐当作既有荣誉机会的延续:"我们单位每年有四个推荐名额,一般都是定了的。不过现在可以自荐,或者走高校推荐。"(受访者 G)

因上,主题类宣传报道的溢出效应加剧了荣誉机会改革的负反馈。离荣誉版图越远的媒体组织和从业者,其政策参与的热情越低,有一位受访的年轻记者表示:"我们部门的性质就很难接触到重大选题的报道,每天做的都是同质性的会议新闻,我怕是这辈子也拿不到新闻奖了。"(受访者 B)"社会能见度"是一种资源,它能带来政治和经济的回报。❶ 媒体组织往往将从业者的获奖资历与升职、加薪等员工激励机制挂钩。在高度社会化的新闻组织内,荣誉分配与职权分配紧密相关,对于年轻的新闻从业者而言更难有获奖机会,以致加深了荣誉认同与职业认同之间的隔阂:"这种奖评出来的都不是真正的新闻作品,就算你拿了,别人也不会觉得你业务能力有多强,只会觉得你'运气'不错。"(受访者 H)

2. 荣誉承认问题的政策配置不均

中国新闻奖的制度改革优先解决了媒体融合趋势下主流媒体舆论格局势衰问题,比如大规模增设媒体融合奖项以扩大主流媒体价值引导力。由此可见,改革决策者的注意力中"宣传危机"的排序高于"新闻危机",

---

❶ 潘忠党.作为一种资源的"社会能见度"[J].郑州大学学报(哲学社会科学版),2003(4):13.

导致荣誉制度问题的政策配置是不均衡的。担任第三十一届媒体融合奖项初评的一位专家在采访中指出参评作品的局限性："经过几年摸索，融合新闻报道逐步摆脱了技术花哨、表达不充分的炫技痕迹，但'头条工程'类的主题报道偏多，调查报道、现场报道偏少。获奖作品中不乏来自基层的优秀作品，但其中一些作品新闻价值仍不足。"❶

荣誉承认有利于缓解从业者对未来职业地位的忧虑，构筑职业专业化的碑界。职业专业化的发展是其职业精神与伦理水平的构筑。新闻职业精神是职业观念、职业理想、职业态度的集中表现，涵盖了职业群体中被广泛接受的思维方式、道德观念和行为准则。❷不少受访从业者表示，技术赋权下人人皆记者，从业门槛却明降实升："人人拿起手机就能拍，那么我们专业记者所做的就是提供他们传播不了的东西，比如思想、观点、更专业的知识。甚至是'学者型记者'，一个好的记者就要在某个领域达到专家的水平。"（受访者L）

新闻加速时代，新闻的完整性和客观性在网络传播空间中的叙事地位被悬置，❸调查新闻生产受到时效性和人力成本的双重挤压。有评委也强调了优秀作品的价值在于问题导向，而不是千篇一律的"显政宣传"。2016年在党的新闻舆论工作座谈会上，习近平总书记指出舆论监督和正面宣传是统一的："新闻媒体要直面工作中存在的问题，直面社会丑恶现象，激浊扬清、针砭时弊，同时发表批评性报道要事实准确、分析客观。"从近六年来获奖作品的内容主题分析可见（剔除掉新闻论文奖项），调查报道成为近年来获奖作品中的稀缺品（见图13-2），其背后成因存在更为深刻的社会、文化因素限制。中国新闻奖的改革政策并没有对荣誉承认的局限性作出政策配置，长期来看，如何通过荣誉承认挖掘新闻职业精神的内生动力仍是制度改革中的痛点。"记者如果不满于只做安慰剂，就仍需肩负

---

❶ 融合显功力！第三十一届中国新闻奖媒体融合奖项和新媒体新闻专栏初评评委有话说[EB/OL].（2021-07-13）[2022-02-19].http://www.zgjx.cn/2021/07/13/c-1310057830.htm.

❷ 季为民.新闻职业精神的内涵、演变及意义[J].青年记者，2021（11）：9.

❸ 黄金.意外·续写·母题：虚假新闻的话语生成述略[J].中国出版，2021（7）：53.

起审丑和看病的勇气与责任"❶,"审丑和看病"即记者的监督角色更多地得到荣誉承认,才能弥合专业裂痕,改善职业生态。

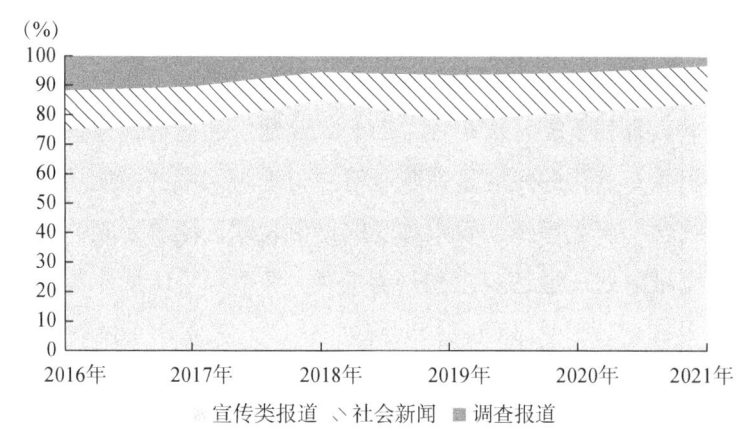

图 13-2 中国新闻奖获奖作品内容分类占比

三、荣誉制度变迁的内在机理阐释

中国新闻奖评奖制度总体上遵循长期均衡到短期间断到再均衡的非线性变迁过程。这种制度变迁究竟是如何发生的?间断—均衡模型认为,对这一问题的解答还须从微观机制来讨论。通过对中国新闻奖评奖制度变迁阶段的梳理分析发现,焦点事件诱致和制度联盟突围是促使政策垄断出现裂痕的重要变量。

(一)焦点事件诱致

2014年之后,平台型媒体逐步成为新闻分发的主要渠道,以微博、微信为代表的社交媒体舆情数据已经成为行业评价的重要参考依据,短视频行业成为迅速获得业内投资者关注的红海,这成为荣誉图景中的焦点事

---

❶ 无冕无王,只有光亮[EB/OL].(2020-11-08)[2022-02-20]. https://baijiahao.baidu.com/s?id=1682864694822000606&wfr=spider&for=pc.

件。间断—均衡模型指出，焦点事件的出现必然会引起决策者、媒体和公众的高度关注，如果其不能得到有效解决，随之出现的负面政策图景将最终导致政策垄断被打破。正如前文所述，中国新闻奖的改革即是对这一焦点事件的回应。2020年《羊城晚报》在总结短视频专题报道作品获奖经验时，归纳了新闻分发环节的重要性："必须踏踏实实地做内容的传播，在认真生产优质内容的同时，瞄准市场上头部互联网渠道和技术，将全新的渠道、技术与我们的优质内容深度融合。"❶ 一时间，"移动优先，用户优先，视频优先"成为新的新闻价值引领方向，媒体融合奖参评作品的推荐语开始纷纷出现"技术应用效果好，传播效果好"以及"发布量大、交互性强"等此类强调分发环节的评语。

2019年网络视听产业中短视频增速迅猛，到2020年短视频用户规模达到7.92亿，成为中国视频社会化元年，视频化社会中的视频社交成为构筑社会认同的推进器，在政务传播中视频成为重要的内容与方式。❷ 针对这一焦点事件，2020年中国新闻奖评奖办独立设置短视频现场新闻与短视频专题新闻两个短视频奖项，前者评选标准转向重视报道的"新闻性"与"现场感"，如2020年短视频现场新闻一等奖作品《习近平看望"快递小哥"》，就是记者用手机抓拍，一分钟的视频中画面虽略有抖动，却生动形象地展现了总书记跟快递小哥亲切交流的现场画面。在最新一届中国新闻奖的初评会上，短视频奖项的评委总结了参评作品的变化："这届短视频作品摆脱盲目技术崇拜，从'炫技'式过渡到有选择性的使用，树立了'技术服务内容'的良好风气。"❸

当然，中国新闻奖改革的目的除了被动回应环境焦点事件之外，还意在树立新闻创新实践中的角色模范，通过荣誉制度规定"什么是对的"，

---

❶ 几多获奖项，映照转型路！羊晚八年十获中国新闻奖：秘诀在哪？[EB/OL].（2021-11-5）[2022-02-19］. https://mp.weixin.qq.com/s/MJGv-Fz4VNHuPb2afr1V0g.

❷ 中国视频社会化趋势报告[EB/OL].（2022-1-30）[2022-02-19］. http://it.people.com.cn/n1/2020/1126/c1009-31945945.html.

❸ 融合显功力！第三十一届中国新闻奖媒体融合奖项和新媒体新闻专栏初评评委有话说［EB/OL].（2021-11-05）[2022-02-19］. https://mp.weixin.qq.com/s/rcWHTNjmzdKmwJl_wkLS-A.

让其他荣誉参与者在政策制定者框定的架构中逐渐走向正轨。一位新媒体部门的技术型记者认为奖项改革的导向意义重大:"我们部门成了香饽饽,社里的重大新闻选题策划一般都能参与,其他部门也会来跟你合作,领导也特别重视。"(受访者 I)

(二)制度联盟突围

间断—均衡框架认为,当子系统的其他制度联盟处于边缘状态时,制度就会在子系统内平稳运行。但当联盟力量足够强大并进入议程设定,制度变迁有可能就此发生了。

新闻业的制度联盟一直存在于新闻人的职业共同体之中,它最早发端于民国时期,在那个"新闻大爆炸时期",同行之间虽唇枪舌战、针锋相对,却有强烈的职业使命感、荣誉感——以笔为枪、救亡图存。这种崇高的职业精神是行业共同体形成的基础,也是成员对于荣誉守护的内生动力。只有认同荣誉并维护荣誉才能维系新闻社群的集体意识。中国新闻奖长期的制度实践所形成的垄断政策图景,造成了荣誉制度职权认同与新闻社群的专业认同的疏离与分化。

随着荣誉制度长期政策垄断的打破,新的荣誉主体更新了新闻社群对"荣誉共同体"的认知经验,为荣誉制度与新闻社群提供了一种"共通的意义空间"。2020 年报纸副刊一等奖作品《活在表格里的牛》用翔实的证据揭示了"借牛骗补""数字脱贫"等荒腔走板的现象,这篇调查报道获得了业内同行的大量转发与点赞,在认同话语的集体构建下产生职业荣誉的"共情"。一位受访记者认为,这篇"朋友圈疯传"的获奖作品突破了以往对官方荣誉主体的刻板印象:"这篇文章是真的好,标题好、内容也好,这年头很难见到关于扶贫的问题报道,况且还是一个实习生写的。"(受访者 G)见习记者的身份在荣誉制度中被公允承认,其示范效应提振了其他从业者的职业自信。

新闻从业者的职业坚守巩固了制度联盟的地位。调查记者和调查报道很少能获得官方荣誉机制的承认与吸纳,调查记者的获奖作品为新闻从业者树立了"新闻理想"的范本，一定程度上激发了新闻社群这个制度联盟的有机团结。通过荣誉制度的吸纳与创新，记者得以确立自身与其他领域相差别的职业权威与身份认知，表现出"个体对于社会寻求重新的'再嵌入'意愿"[1]。新闻从业者基于共通的价值认同和荣誉认同，让自己再嵌入这个"荣誉的共同体"中。

四、新闻业荣誉机制的创新意义

国家认同是社会建构的产物。构建一个基于承认的荣誉共同体是加强新闻界职业守护必要的路径，前提是理解并正视专业荣誉的生成，在体制上承认其正当性与合法性。社会利益多元化、个体追求世俗化、价值取向功利化越来越消解传统的国家认同，将直接导致个体对国家和社会缺乏足够的情感认同和主体责任。[2] 中国新闻奖的改革是基于对上述价值裂痕的修复而提出的一种制度创新实践。我们通过间断—均衡模型阐释了荣誉制度变迁的内在机理。从制度跃迁的非线性特征来看，中国新闻奖的改革解放了个体在机会结构中的能动性，合筑体制内外媒体和新闻边界工作者的社会价值与专业水平的承认体制；从制度修正的稳定性特征来看，荣誉承认所包含的政治承认意涵很难通过短期制度突变去改写，制度变迁的空间还受到正负反馈与政策配置等更多因素的影响。

中国新闻奖评选规则在不断调试政策，试图修正新旧媒体、中央与地方媒体以及不同体制下媒体的专业化差距。荣誉制度的改革实践推动了荣誉承认的规范再生与机会均衡，但政治图景中的媒体危机与从业者职业忧虑依然存在。荣誉政策的短期变迁是对部分问题作出的制度性修正，用宏观政治资源调控去激发媒体创新的动力；随后新的制度均衡状态是怎样的，是否会带来新的政策垄断，对这些问题的解答会是未来值得研究的

---

[1] 马中红.文化政治成为学术焦点，研究方法亟待与时俱进[J].青年探索，2017（6）：75.
[2] 郭根.国家荣誉制度建设的时代诉求、逻辑遵循与实践超越[J].学术论坛，2017（40）：161.

目标。

本章通过对新闻业荣誉机制的演变特征证明了间断—均衡模型对制度变迁的解释力，即制度变迁的短期失衡剧变与长期稳定渐进特征同时存在，这将帮助研究者对新闻制度变革的宏观图景作全面了解与理性预知。中国新闻奖的改革需要通过健全荣誉制度、荣誉评选程序和实践机制，形成科学完备的荣誉管理体系，使荣誉颁发有章可循。我们也发现，新闻行业经历的变革也势必带来新闻从业者的职业脚本和社会角色变革，荣誉制度创新的目的并不是设立一种职权承认体制，而是应修筑职业精神现代化体系，加强行业内部职业道德规范和职业精神认同将有助于促成"荣誉的共同体"。

第四部分

产业边界：数字劳动、数据价值与媒介规制

第十四章　社会再分工下的数字把关人

一、数字时代的新闻把关人

把关是指挑选、写作、编辑、定位、安排调度、重复或者修改那些即将成为新闻的信息的过程。在过去，传统媒体承担着重要的把关任务，成为一种元把关角色。❶在数字时代，传统把关生态遭遇重构，把关人的角色有所分化和延展。从大众媒体时代、社交媒体时代再到人工智能时代，把关人经历了大体三次分化，传统新闻机构的把关权力一次次被让逐给门户网站、社交媒体、用户和人工智能。❷

非传统媒体作为把关主体出现，构成了把关研究中最重要的一个变化，一些初创公司和平台媒体在事实上已经成为新闻把关人。❸互联网平台媒体汇聚了海量用户，这些用户通过平台进行交流，使平台成为网络中的基础设施和社会信息传播的枢纽。在推动信息传播的过程中，把关的权力也逐渐流向这些媒体平台，平台具备了对聚合的内容进行管理的权力，具备对平台中信息内容进行审查的权力，同时可以对平台认定为违规的内容进行处置。❹

在具体操作中，媒体平台通过动用内部和外部的力量将把关权力执行

---

❶ 白红义.媒介社会学中的"把关"：一个经典理论的形成、演化与再造［J］.南京社会科学，2020（1）：107.

❷ 刘海明，杨琦钜.位阶与底线：人工智能时代数字新闻把关人的伦理探究［J］.现代传播（中国传媒大学学报），2021（1）：82.

❸ 白红义.媒介社会学中的"把关"：一个经典理论的形成、演化与再造［J］.南京社会科学，2020（1）：111.

❹ 陈璐颖.互联网内容治理中的平台责任研究［J］.出版发行研究，2020（6）：15.

下去。在内部，以算法技术为核心的数字把关人成为具体的把关执行者，人工智能成为把关的主体。❶ 人工编辑或人工审核同样为平台或数字时代新闻业的内部把关执行者，开展人机结合的内容审核，进行多样化的人工编辑辅助推送，并协助完善算法的分发逻辑。❷ 在外部，媒体平台还引入用户、作者、专家等作为外部把关力量，通过用户反馈、专家监督等机制，对内容进行把控。❸ 担任把关工作的类群由此扩大到机器算法、人工审核编辑、普通用户等群体，形成了内部把关与外部监督相结合的双层联动。

数字时代的新闻把关人角色不断分化，把关权力从传统媒体流转到平台、机器、人工审核、用户等群体之手，形成新的把关局面。尽管互联网中的媒体平台因为其自有的权力、技术层面的优势等，拥有了重要的把关权力，但传统媒体并未完全失去其把关地位，它们仍可利用自身无可替代的专业性对平台的内容进行把关，从而延展到对整个互联网舆论环境进行把关。❹ 而与此同时，由于数字把关人即人工智能在把关过程中容易面临新闻真实性与客观性挑战、新闻知识性降低、算法偏见等伦理困境，❺ 人的把关作用仍然不容小觑。人工内容审核、人工编辑等群体在数字新闻时代拥有着不可替代的把关力量，他们负责对新闻内容进行审核、把控，业已形成了体量庞大的群体。

（一）作为数字劳工的内容审核人员

数字时代，大众面临着数字化生存，也由此催生了各种数字劳动。无

---

❶ 刘海明，杨琦钜. 位阶与底线：人工智能时代数字新闻把关人的伦理探究［J］. 现代传播（中国传媒大学学报），2021（1）：82.

❷ 刘沫潇. 从"把关人"到"守望人"——算法式新闻分发下人工编辑的功能角色定位［J］. 电视研究，2019（2）：63.

❸ 邵恒媛. 数字劳动视域下内容把关人工作的异化——基于今日头条人机协同审核机制的研究［J］. 媒体融合新观察，2021（1）：38.

❹ 胡翼青，马新瑶. 应对产能危机：传统媒体的生存困局与角色转型［J］. 上海大学学报（社会科学版），2021（3）：128.

❺ 刘海明，杨琦钜. 位阶与底线：人工智能时代数字新闻把关人的伦理探究［J］. 现代传播（中国传媒大学学报），2021（1）：81.

论是用户生成内容、自愿贡献数据的过程,还是培育数字机器的过程,抑或是数据商品的生产与消费过程,都可以被纳入数字劳动的范畴。❶将信息与通信技术和数字技术作为生产资料,开展数字劳动的脑力劳动者和体力劳动者,包括生产者和使用者,则被称作"数字劳工"。❷数字时代新闻把关人中的"人工内容审核人员",其工作实质则是一种数字劳动。他们一方面审核和甄别网络中不合规的数字内容,另一方面通过数据标注、分类等行为培育着平台中的数字机器,成为新的数字劳工。

在国外,内容审核人员的数字劳动多采用众包模式,即平台将数字劳动外包到菲律宾等第三世界国家,因为技术公司或平台能够在这些地方找到了解互联网、熟悉西方文化且说英语的承包商,❸同时第三世界的劳动低薪化也可以极大程度上减少运营成本。然而,从全世界范围来看,众包工人从事的工作流动性大,面临着薪酬偏低、难以获得社会保护津贴、工作不饱和、工作时间无规律等现实问题,并未得到体面劳动。❹具体到内容审核人员,他们拥有较低的社会地位,拿着较低的薪水,日复一日地审查一些色情、暴力、恶心的数字内容。为避免数字劳动众包模式对人力的资本剥削,人们试图将一些工作移交给数字机器。但大量研究证明,数字机器难以全权承担把关和审核工作。机器审核可能会恶化平台在制定内容政策过程中的既有问题,如使本就不透明的审核实践变得更加难以理解,使显著的社会公平和正义的问题复杂化等。❺因此国外学者多强调人工的审核人员在数字社会中的主体性,提倡内容审核工作的人性复归,期待以一

---

❶ 黄再胜.数据的资本化与当代资本主义价值运动新特点[J].马克思主义研究,2020(6):124.

❷ 姚建华,徐偲骕.全球数字劳工研究与中国语境:批判性的述评[J].湖南师范大学社会科学学报,2019(5):141.

❸ [美]香农·麦腾.数字基础设施的维护及其人文意义[J].汪蘅,译.山东社会科学,2019(6):47.

❹ BERG J, FURRER M, HARMON E, et al. 全球数字平台劳动者就业研究[J].中国劳动,2019(4):75.

❺ GORWA R, BINNS R, KATZENBACH C. Algorithmic Content Moderation: Technical and Political Challenges in the Automation of Platform Governance [J]. Big Data & Society, 2020, 7 (1):1.

种"关怀"的逻辑来对抗平台逻辑,将内容审核人员从机器般的角色中抽离出来,把他们当作网络中的主角。❶

国内的内容审核人员同样面临着机械的、剥削性质的数字劳动:内容审核的标准不统一、加班严重、工作门槛低、没有创造力,❷他们的初审工作呈现着低技能流水线化,能动性受到剥夺,只需要根据硬性标准完成机械化工作。而面对互联网中永不停止的内容生产,审核人员也面临着持续性的审核工作,其工作时间和空间的界限都渐渐消泯。❸

不过,国内的内容审核与国外的情况也存在明显的不同。首先,国内商业平台虽然"商业",平台的商业风险与内容的政治标准仍然相关联。在互联网领域存在着"约谈制度",当互联网新闻信息服务单位发生严重违法违规情形时,国家互联网信息办公室、地方互联网信息办公室将约见其相关负责人,进行警示谈话、指出问题、责令整改纠正。❹其次,由于语言限制,中文内容的审核无法像英文内容外包转移至劳动密集型国家。因此,国内互联网平台的数字审核劳动出现内构化,逐渐从劳动外包模式固化为平台内部的职能部门。互联网平台通过成立自己的安全中心或专门的内容审核团队,对互联网网站及各类平台、工具等承载的内容进行审查,并对部分内容进行监视、过滤和删除。出于对成本的考虑,互联网平台也会在除了总部以外的城市(尤其是二三线城市)开设内容审核分中心,协助总部完成内容把控。

当前,数字机器的出场并不能终结资本对劳动的控制和剥削,也不能完全忽视人的劳动。无论国内还是国外,人工内容把关成为一种必要,并且在国内,人工内容审核逐渐专门化、专业化。

---

❶ RUCKENSTEIN M, TURUNEN LLM. Re-humanizing the Platform: Content Moderators and the Logic of Care [J]. New Media & Society, 2019, 22 (6): 1.
❷ 叶铁桥. 内容工业流水线上的年轻人 [J]. 青年记者, 2017 (15): 112.
❸ 邵恒媛. 数字劳动视域下内容把关人工作的异化——基于今日头条人机协同审核机制的研究 [J]. 媒体融合新观察, 2021 (1): 41.
❹ 李佳伦, 谢新洲. 互联网内容治理中的约谈制度评价 [J]. 新闻爱好者, 2020 (12): 8.

（二）社会分工理论视域下的新闻职业

社会分工是贯穿现代社会的基本问题。作为社会分工论的创始人，涂尔干在《社会分工论》一书中充分论证了社会分工产生的原因与条件、分化后个体与社会的张力、如何通过职业群体来达到社会团结、社会分工的失范等论题。涂尔干将社会分工视为一种普遍的社会事实，解释了社会分工同社会团结以及道德规范的关系。❶ 涂尔干认为，在社会极度分化的情况下，社会中个体的异质性会增强，这使得个体的力量得到释放，与社会形成张力，带来社会性的缺失，表现为社会的混乱、无序。

不同于马克思关注分化后带来的结果，即分工如何异化社会中的个体，涂尔干更大力论述了如何利用社会分工和分工形成的职业群体来避免混乱与无序。社会分工能将分散的原子式的个体整合成有共同目标、责任义务、道德认同等的群体，达成某种社会的"有机团结"。尽管社会分工让不同的人分化成不同的群体，但群体之间具有较强的差异性，他们并不会因此产生竞争；同时，社会分工又让不同的群体之间相互需要，处于一种"离开了谁都不能活"的状态，因此，此种彼此各司其职却又相互依赖的状态就是涂尔干所指的有机团结。"有机团结"的维系，离不开涂尔干所称的"职业群体"或"职业共同体"，职业群体是缓和个人与社会之间张力的中间组织，它能重新把个人带入社会生活之中，将个人培育成社会道德的个体，同时又并不阻碍个人价值的实现。❷

在这一理论视域下的新闻职业，也是一种社会分工的产物。新闻业持续发展的过程，同时也是一个新闻职业不断突破传统分工进行"再分工"的过程。最早在民初，新闻领域逐步形成了职业制度、职业意识、职业组织，因此新闻得以作为一种职业在民初形成。❸ 当新闻成为一个职业，其内部也有具体的工种划分，基于业务不同，新闻职业中产生了专事采访、写作、编辑、评论等的新工种。不同新技术对新闻业的介入也将带来新的

---

❶ 李月莹.浅析涂尔干的社会分工论［J］.山西师大学报（社会科学版），2014（S2）：30.
❷ 陈凌剑.涂尔干视角下的法人团体与社会重建［J］.社会科学论坛，2020（5）：102.
❸ 方艳，申凡.我国新闻职业形成于民初的社会学解读［J］.新闻与传播研究，2011（6）：97.

分工，如广播、电视等新媒介出现，相关的岗位和从业者也随之涌入。

当前，以互联网为中心的"技术丛"重塑了新闻业，[1]使其版图不断拓展，界限变得愈发模糊。在这一状态下，机构、组织甚至公众、机器都开始涌入新闻领域，在互联网中生产、把关、消费并分享着新闻内容。而新闻聚合平台已经超越传统媒介，成为互联网中的"基础设施"，倚赖丰富的内容与精准的算法推荐收割了公众的大部分注意力。面临新技术、新主体的冲击，新闻业内部被冲乱打散，面临岗位和人员的分化与重组。

如上文所述，内容审核人员则是涌入新闻业内部，挑战传统新闻人把关权力的新角色。本章从社会分工的理论视角出发，以内容审核职业为焦点，探讨其职业化发展脉络，分析其在新闻领域的职业合法性，以期更清晰地梳理数字时代的新闻职业。

二、平台型媒体的田野研究

（一）研究问题

在数字时代，互联网平台已经成为社会信息的把关机构，内容审核人员作为把关实践的具体执行者之一，是互联网中"隐秘而伟大"的从业群体。早期的内容审核以外包形式开展，内容审核工作具有较高的流动性、较低的保障性，零工审核员从事着具有剥削性质的数字劳动。本章借助"社会分工论"，以一个较为宏观的视角，将目前国内的内容审核人员这一角色置入社会分工和职业发展的背景下。社会分工论关于分工条件、职业群体、集体情感、有机团结等的论述为分析内容审核人员提供了理论支撑与分析框架。与此同时，职业社会学考察某一个职业群体从非职业到职业的发展过程，补充了职业群体研究的视角（如图14-1）。基于既有的研究和社会分工理论、职业社会学理论，引导进一步思考：内容审核这一互

---

[1] 杨保军. "共"时代的开创——试论新闻传播主体"三元"类型结构形成的新闻学意义［J］. 新闻记者，2013（12）：32.

第四部分　产业边界：数字劳动、数据价值与媒介规制

网中的重要角色，作为数字时代的一种新职业和数字新闻业的新把关人，他们获得了怎样的职业化发展？这一研究问题可细化为以下的子问题。

首先，内容审核人员如何通过社会分工成为新的把关人？这一角色在面临重新分工时，哪些分工条件和社会支持使之形成了正式的职业？（R1）其次，根据职业社会学的相关理论，可以发现内容审核职业的哪些专业化建构路径？（R2）同时，借助社会分工理论来审视内容审核职业群体的内部、外部，在职业群体内部，内容审核人员是否形成了清晰且稳定的职业情感？（R3）在职业群体外部，内容审核人员如何与这一群体之外的人员协作和互动，互动中产生的关系将对内容审核人员的职业发展产生怎样的影响？（R4）

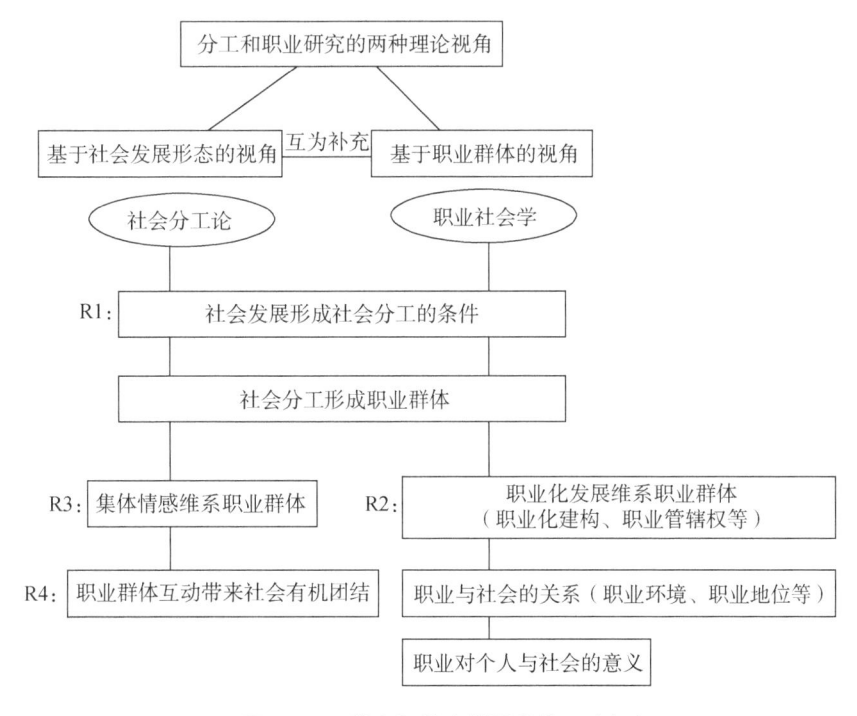

图 14-1　数字把关人的职业化理论框架

（二）研究方法

本章着眼于新闻聚合平台中的内容审核岗位及其从业人员，这些平台以算法初审为基础，辅以人工审核实现对平台的内容把控。通过质性研究方法，将内容审核的职业化情况分析大致分为三大部分。第一部分为田野观察，研究组成员以实习生身份加入设有内容审核岗位的平台，深入观察平台内部的审核机制及职业化情况，形成对该岗位的基础性了解。第二部分为资料收集，广泛收集关于研究对象的内外部资料，包括：①政府、官方机构发布的内容审核相关的信息，如包含职业定义、职业划归、职业规范、职业技能标准等内容的规范性文件；②设有人工内容审核岗位的平台、机构发布的相关信息，比如各平台对该岗位的描述与介绍，对平台内容审核机制规则的解释；③内容审核人员相关的报道或者自述，以充分了解其他群体对内容审核人员的评价，以及内容审核人员自身对分工和职业化现状的描述。这些材料均构成本章的经验材料。第三部分为深度访谈，选取在当前主流的互联网平台中从事内容审核岗位的从业者，对他们进行一对一的访谈，以电话或面谈的形式，获取内容审核职业的发展现状。为确保研究样本的访谈资料能够全面客观地反映研究问题，本次研究在选取访谈对象时尽量涵盖多个平台、多类审核岗位，以揭示内容审核人员的分工现状。

在内容审核人员中，本章重点访谈了以内容审核为基础工作的初级审核人员，将其编码为A类，他们负责直接对平台中的文章、图文、视频等内容进行初步审核。同时，为了多方位反映平台内容审核人员的职业情况，还补充访谈了"内容审核培训"和"内容质量把控"环节的从业者，前者向直接负责内容审核的审核人员传授审核规则、审核背景知识，传递舆情等；而后者不直接参与初级的内容审核，负责对初级审核筛查过的内容进行审核质量上的把关，将这两类人员分别编码为B类和C类。本次共访谈13名人员，所有访谈对象的基本情况如表14-1所示。

表 14-1 访谈人员基本情况汇总

岗位类别	编码	性别	学历专业	平台	岗位名称
A 类—初级审核	A1	男	本科／电子商务	字节跳动—今日头条	文章审核组
	A2	男	本科／新闻学	腾讯—天天快报	图文审核组
	A3	男	本科／新闻学	字节跳动—今日头条	文章审核组
	A4	男	本科／新闻学	字节跳动—今日头条	文章审核组
	A5	女	本科／政治与行政学	字节跳动—今日头条	文章审核组
	A6	男	本科／新闻学	字节跳动—今日头条	视频审核组
	A7	女	本科／英语	字节跳动—今日头条	内容审核组
	A8	男	本科／新闻学	字节跳动—今日头条	文章审核组
	A9	男	本科／广播电视学	字节跳动—今日头条	文章审核组
	A10	女	硕士／新闻学	网易	内容审核组
	A11	女	硕士／新闻学	字节跳动	初级审核时政小组
B 类—审核培训	B1	女	本科／汉语言文学	字节跳动—今日头条	审核培训组
C 类—质量把控	C1	男	硕士／广播电视学	字节跳动—今日头条	内容审核管培生

三、把关人的社会再分工

（一）内容审核规模化、职业化

在国内，内容审核人员并非一种全新的职业角色，早期负责书籍报刊"三审"的校对人员、门户网站上负责对内容进行管理的信息管理员、论坛贴吧等进行审核和删帖操作的吧主等，在某种程度上都和今天的内容审核人员从事着类似的工作。而目前，互联网技术作为原生动力，随之而来的市场需求与制度政策为内容审核提供了完备的分工条件，使其成为规模化与合法化的职业。

1. 完备的分工条件

首先，市场需求呼唤人工内容审核。互联网技术作为原生动力，导致内容体量的爆发式增长，作为承载内容的容器，互联网内容平台必须对这些大量涌入平台的内容进行审核与管理。平台的算法技术虽能在内容审核方面提供高效的技术支持，但在内容的语境判断、价值判断等方面缺乏精准度。为避免政治风险、维护平台生态以谋求商业利益，平台对人工内容审核的需求急剧扩张，这为内容审核的职业化和新分工提供了重要的外部条件，使人工内容审核初具规模。

其次，制度政策为人工审核提供合法性支撑。国家层面对于互联网新闻内容的监管力度的增强，让内容审核获得了成为职业的合法性与正当性。2017年，国家互联网信息办公室发布《互联网新闻信息服务管理规定》，明确规定："申请互联网新闻信息服务许可应当有与服务相适应的专职新闻编辑人员、内容审核人员和技术保障人员。互联网新闻信息服务提供者应当健全信息发布审核、公共信息巡查、应急处置等信息安全管理制度，具有安全可控的技术保障措施。"2020年，人社部发布通知，在"网络与信息安全管理员"职业下增设了"互联网信息审核员"工种，❶正式将

---

❶ 人力资源社会保障部办公厅 市场监管总局办公厅 统计局办公室关于发布区块链工程技术人员等职业信息的通知［EB/OL］.（2020-06-06）［2022-02-19］.http://www.cac.gov.cn/2020-07/06/c_1595589182407657.htm.

专事互联网内容审核、管理的从业者划归到国家的职业分类中。同年，人社部发布网络与信息安全管理员的国家职业技能标准，将互联网信息审核员定义为从事网络及信息安全管理、防护、监控工作的人员，并制定了相应的细致技能标准。这标志着内容审核正在逐渐成为一种规模化的新兴职业。

2. 清晰的职业图景

分工让内容审核的职业图景愈渐清晰。一方面，劳动关系有序化。从内容审核从业者与雇佣主体的劳动关系来看，零工式的审核员正在被具有稳定劳动关系的职业内容审核人员所代替，实现了从个体零工到正式职业的结构性转变，内容审核人员的劳动雇佣关系趋于成熟、有序，意味着内容审核工作的安全性与保障性的明显提升。互联网平台逐步在公司内部成立内容安全部门、安全中心，雇用专职的、正式的内容审核人员，专门负责对平台内容质量进行把控，例如字节跳动成立的内容质量安全中心 CQC（Content Quality Center）、B 站的内容安全中心等。出于对成本的考量，互联网平台也开始在二、三线城市设立内容审核分中心，协助平台完成内容把控。不过，为了最大程度降低内容审核成本，外包式的劳动关系在内容审核这一新分工中仍然存续。

另一方面，职业群体层级化。社会分工存在着"分工深化—新职业产生—专业化发展—生产率提高—市场扩张—分工深化"的循环持续机制。❶随着内容审核人员体量愈发庞大，审核人员内部的层级和结构也越来越复杂，形成了围绕内容审核的多层级岗位。根据审核流程，内容审核岗位依次划分为初级审核人员、高级审核人员、内容质量监督员等不同层级；按照内容形式，可分为图文审核、音频审核、视频审核、直播审核等不同类型；根据具体内容，可分为时政要闻组、生活组、时尚组、体育组等不同组别；按照职责，可分为审核组、培训组、舆情组等不同业务组。体量的

---

❶ 戚聿东，丁述磊，刘翠花. 数字经济时代新职业促进专业化发展和经济增长的机理研究——基于社会分工视角[J]. 北京师范大学学报（社会科学版），2021（3）：58.

增大与职级的分化，为内容审核职业发展奠定了基础。

市场的需求与国家政策的支持，为内容审核人员重新分工提供了外部合法性支持，使内容审核人员正式成为国家认可的新兴职业。

（二）审核职业规范化、专业化

内容审核作为一种社会职业，其演化也要经历从非职业到职业，从一般职业到专业化的过程。职业社会学认为，职业群体成员通过复杂的知识传授和训练，奉行某种道德规范或行为规范，从而获得处理某类专门社会工作的权威。❶职业社会学通过考察职业是否具备职业教育、职业意识、职业制度（包括外部的控制及内部的自律）、职业组织等要素，来衡量某职业的职业化情况，以及职业管辖权的框定情况。从内容审核实践来看，内容审核构建了自身的专业制度和规范，通过专业知识培训来培育其从业者，从一个初生的新职业迈向专业化。

1. 专业规范

在内容审核人员的职业发展过程中，形成了国家、行业、平台等多个维度、内外结合的制度与规范。首先，《网络安全法》和《国家安全法》在法律层面确立了内容审核人员存在的必要性与重要性，框定了内容审核工作的范围。《网络安全法》第47条明确规定："网络运营者应当加强对其用户发布的信息的管理，发现法律、行政法规禁止发布或者传输的信息的，应当立即停止传输该信息，采取消除等处置措施，防止信息扩散，保存有关记录，并向有关主管部门报告。"其次，《网络视听节目内容审核通则》《网络安全审查办法》等行业规范则在具体操作层面为内容审核人员提供了参照。面对互联网内容的迅速更迭，相关行业规范同样持续更新换代。2021年2月，中国网络视听节目服务协会发布《网络短视频内容审核标准细则》，对2019年的版本进行了更新与完善，确保审核工作能够与时俱进，为平台的一线审核人员提供了更具体和明确的工作指引（见表14-2）。

---

❶ 李东晓. 界外之地：线上新闻"作坊"的职业社会学分析［J］. 新闻记者，2019（4）：17.

表 14-2 内容审核工作管理制度

发布时间	出台单位	规范条例
2017年6月30日	中国网络视听节目服务协会	《网络视听节目内容审核通则》
2017年12月1日	国家互联网信息办公室	《互联网新闻信息服务单位内容管理从业人员管理办法》
2019年1月9日	中国网络视听节目服务协会	《网络短视频内容审核标准细则》
2020年1月1日	国家互联网信息办公室	《网络音视频信息服务管理规定》
2020年6月1日	国家互联网信息办公室	《网络安全审查办法》
2021年2月15日	中国网络视听节目服务协会	《网络短视频内容审核标准细则》

此外，平台规范成为内容审核工作最直接、最重要的参照标准。平台结合自身内容特性定制的审核规范，是在法律法规的基础之上，对其进行"本土化"改良，使审核规范更具体、更细节，更加符合平台的利益与逻辑。内容审核人员可以直接参照详细的审核规范开展工作，提高工作的效率与规范性。受访者C1介绍道："不管是平台也好，还是App也好，它的审核标准都不一样，每个平台都有一个个性化的审核规范，都是根据平台的特性、平台的内容来制定的。"

2.育成机制

尽管内容审核岗位不存在直接对口的专业，但部分岗位对新闻专业人才的需求较大，以确保内容审核工作的专业性。在时政新闻组开展审核工作的A11表示，组内90%—95%的内容审核人员都是新闻相关专业的。然而，研究发现内容审核的专业性并不主要通过设置专业门槛来获得，而是以定期或非定期的培训来培育，这种培训包括不同的类别。首先，内容审核人员在入职后需要经历统一的入职培训，对内容审核从业者进行上岗前关于审核规则的集中培训，旨在使从业者系统地了解基本的审核流程、规范。其次，内容审核人员在日常工作中需要经常参加舆情培训和业务培训，获取最新的舆情，与内容质量管理人员对接最新的审核细则，反馈并交流审核过程中遇到的问题。除了规则培训以外,内容审核群体还会开展其他知识与技能的培训,能够拓宽眼界,提升知识广度。这些审核均是为了提高内容审核人员工作的效率与平台内容的合规性。另外,内容审核人员还提到了"心理培训"和心理疏导,体现了企业乃至行业对内容审核人员的人文关怀,也体现了从业者培育机制的完善。可以看出,内容审核职业正在逐步推进审核工作的规范化,倚重专业性与规范性,建立职业权威。

(三)职业情感呈现游移倾向

在内容审核职业化与专业化的现象背后,需要更进一步去解释维系这一职业发展的职业群体内部要素。在社会分工论中,涂尔干提出集体情感概念,并强调这种情感认知在社会分工中的纽带作用。社会分工产生新的职业,个人凝结在职业群体中的集体职业情感是能否形成独立职业的决定性要素,也是维系职业发展、实现社会整合的纽带。职业情感很大程度上受到从业者职业价值体认的影响,即对职业价值的判断和内在认识对职业情感产生影响。研究发现,在职业群体内部,内容审核人员的价值体认相对矛盾和割裂,使得职业情感呈现游移倾向。

1."有意义":行业需求产生认同萌动

社会分工赋予了内容审核人员独特的职业身份,内容审核人员作为数字时代的把关人,承接着互联网平台的内容把关工作。从工作性质维度来看,把关工作的特殊性和行业需求使得内容审核群体普遍能够认识到自身职业的意义与存在的重要性,由此萌生出职业认同。这种认同来源于以下三个层面。

其一,平台需要。正如上文所述,内容审核职业的形成很大程度上归因于内容市场的需求,而审核人员对职业意义的感知也同样来自市场的需要。通过筛查对平台有害的内容,避免平台遭受公众的谩骂与指责、法律法规的惩戒与制裁,内容审核人员感受到自己发挥了重要的守卫平台安全的作用,意识到自己的"平台安全护航员"角色。如受访者 A2 所说:"内容审核人员对于互联网平台和产品而言，扮演的是一个安全把控人的角色，将直接关乎产品的存亡。"

其二，社会需求。在对职业意义的追问中，内容审核人员普遍提到了这一职业在社会层面扮演的"清道夫""清洁工"角色，并对这种角色抱有较高认同。对于内容生态而言，内容审核人员如同"网络清道夫"，他们通过人工审查，将不真实、不符合法律道德、不利于社会健康发展的信息进行过滤、删除，将有害内容与公众隔绝开来，传递更具价值的、更符合社会价值观的内容，提高了用户接触内容的平均质量，维护了互联网内容生态。就此，受访者 A11 表示："我们这个工作还是挺有意义的，能够净化网络新闻的环境，维护互联网的和谐氛围。"

其三，企业认同。内容审核人员对就职企业发展前景、企业文化、管理制度等方面的认同能够迁移和延展为职业认同。审核员 A1 则是因为看中公司的发展前景而进入了内容审核领域，并因此对职业产生了"爱屋及乌"的认同感。"这家公司就是前景比较好、比较大，发展成长的速度也很快，感觉机会也会比较多，所以就选择了内容审核。"企业的"官僚制控制"策略同样强化了员工的价值认同。"官僚制控制"由胡斯提出，即通过赋予媒介产业数字劳工一定的权力，或通过在办公室内的一系列制度设计和安排，创造出愉快的环境来激发员工的创造力和潜能。[1]体系庞杂的互联网平台被称为"大厂"，这些"大厂"往往有着可观的薪资、丰富的福利待遇以及成熟的人事管理体系，例如免费三餐、免费下午茶、免费班车、住房补贴、加班津贴等。被收编进"大厂"的内容审核人员能够共享"大厂"福利，获得高于零工的待遇和工作环境。这些隐匿的控制使被优待的内容审核人员对这一职业产生了某种欲罢不能的情感，负责审核培训的受访者 B1 就表示："公司的产假还有带薪假的福利是非常多的，对女生来说还是很好的。我现在的这个工作主要是做审核培训，它是比较安逸

---

[1] 姚建华.传播政治经济学视域下的媒介产业数字劳工研究［J］.南京社会科学，2018（12）：118.

的一个岗位，福利又挺好，一时半会儿割舍不下。"

2."无价值"：工作状态引发认同低效

比较矛盾的是，内容审核工作中体现出来的低技能化、高压化、劳工化等特征叠加在一起，引发了内容审核人员的认同低效。这种低认同感和上文所显现出的职业认同形成张力，使内容审核人员的职业情感呈现出游移的倾向。

首先，内容审核工作存在"去技能化"现象。随着数字化的新闻运作方式普及，传统新闻从业者的诸多创造性能力被操作性能力所取代，使新闻工作者彻底沦为高度依附于计算机的"鼠标猴"，记者的经验和知识被贬值，琐碎化的简单劳动不断将媒介产业的数字劳工转变为"非技术型"或"半技术型"工人。❶内容审核作为数字时代的新职业，其工作状态明显呈现出"去技能化"。他们坐在电脑前，在算法智能技术的辅助下，进行着简单僵化的点击操作。多位受访者都用"网络流水线上的民工"一词来形容这份工作。由于缺乏技能锻炼，内容审核人员在职业升迁和职业流动方面存在忧思。受访者 A2 觉得："审核干了五六年的老员工，跟我刚接触的状态，其实没有什么差别，个人提升上没有太大差距，所以我觉得这个岗位比较一般，没有太大上升空间。"受访者 A5 对内容审核的职业前景同样感到困惑："如果要换偏技能类的工作，我们就是一张白纸。"

其次，内容审核人员长期处于高压状态。一方面是来自高密度、高强度的工作压力。互联网平台内容的无限性、全时性给内容审核工作增加了特殊属性，内容审核人员需要随时待命，实行轮班制，加班和熬夜成为常态。另一方面，内容审核人员面临着严苛的绩效考核压力。互联网平台对内容审核人员的考核包括淘汰制、绩效考核等，工作的数量与质量将影响绩效，而绩效直接与薪资、职级调动挂钩。此外，一种容易被忽视的压力也正在折磨着内容审核人员。长期紧盯电脑、久坐、熬夜，威胁着审核人

---

❶ 姚建华.传播政治经济学视域下的媒介产业数字劳工研究［J］.南京社会科学，2018（12）：118.

员的身体健康。而审查不可避免要与负面内容打交道，使得内容审核人员还需要承受心理上的打击。受访者 C1 称："这个工作让我失去了生活的乐趣。"

因此，当提及长远的职业规划，多数内容审核从业者倾向于将这份工作当作一个折中的、保底的工作，认为这一岗位是转向其他部门或行业的一个跳板，并不是一项值得长期坚持或者有长远发展空间的工作。部分人对审核行业的未来发展持悲观态度，认为未来这种低技能的工作将迟早被人工智能取代。

梳理内容审核的职业发展路径可以看出，早期的内容审核人员并不具备职业身份，沦为"在互联网中游走的民工"。新的社会分工赋予了内容审核独有的意义，强化了内容审核人员的职业属性与身份意识，使内容审核人员成为"被需要"的人。职业属性和平台给予的优渥福利待遇，为内容审核人员编织起意义之网，使其产生认同萌动。然而，高强度、低技能的工作性质，以及随之而来的对个人发展和职业发展的隐忧，松动了职业群体的认同，"戳破"了内容审核群体的意义之网，"有意义"和"无价值"这两种矛盾的认知共存于内容审核职业群体内部，相互龃龉，难以平衡，意义之网亟待被修补。

（四）职业互动滋生偏见隐忧

社会分工论认为，分工并非让人变得更加分散，分工的真正功能是产生团结感。某一职业群体与外部的职业群体开展协作与互动，产生相互依赖、相互联系的关系，使社会达成有机团结状态。在职业群体外部，内容审核职业群体与其他群体的互动并不充分，"群体间的横向互动并不多"（受访者 A11），这可以部分归因于内容审核职业的隐匿性和工作性质的单一性。研究发现，从事新闻内容审核的审核人员在日常工作中，与生产新闻内容的新闻从业者和消费新闻内容的用户产生或多或少的联系。把关新闻内容的内容审核员和新闻从业者共同围绕着新闻内容开展工作，使得内容审核与新闻业的职业边界出现液态化。而在与用户的互动中，用户对内容审核人员这一职业的看法和评价,对内容审核的职业化发展产生影响。

1. 职业边界模糊

内容审核人员和新闻从业者的互动体现在"融合性"。其一,内容审核人员和传统的新闻从业者共处同一管理体制之中,接受自上至下的内容监管,共享关于互联网内容管理的宏观标准。其二,内容审核人员和新闻人的工作性质与角色定位相互交融。内容审核人员承接了黄金时代传统媒体所负责的把关工作,对新闻内容进行操控与把关,成为数字时代的新型把关人,获得了与传统媒体无异的神圣且威严的权力。同时,当前不少主流媒体也开展自主内容风控和内容审核实践,使媒体组织内也开始增设内容审核职业,职业分布呈现多元的、复杂的样态。其三,内容审核人员与新闻人在具体工作内容中存在交互。内容审核人员所受聘的互联网内容平台中不仅存在用户生成内容,也存在由专业媒体生产的新闻内容。在具体工作中,内容审核人员需要对媒体发布到平台中的内容进行审核,而平台的内容审核机制同时也会反过来作用于媒体的内容生产,驱动专业媒体进行内容自审,使媒体根据平台的指令和审核模式来调整自己的内容生产策略。

内容审核人员通过社会分工进入了新闻业的边界,与传统的新闻从业者协同,围绕新闻内容开展工作,在工作性质、工作内容、角色划归等方面与传统新闻人相重合,职业边界呈现液态趋势。这种液态的职业边界引发了模糊的认知。一方面,内容审核人员对自己和新闻人的关系存在模糊的认知,对自身的定位存在偏差。例如,从事文章审核的受访者A1和A5都认为内容审核人员属于新闻人的范畴,"因为我们是对新闻进行审核和过滤的人,可以辨别一些新闻的真假"(受访者A5)。但受访者A2认为,新闻是一个更加神圣的职业,与审核工作有莫大的差距。另一方面,社会也存在着对新闻人和内容审核人员的模糊认知。在招聘网站的岗位信息中,"内容审核"常常被"编辑""内容运营""内容编辑"等岗位名称代替,使得内容审核人员的归属与范畴不明晰。受访者A7就曾因为审核岗位名称与编辑的划归模糊,从而"误打误撞"进入了内容审核领域。在吸纳人才时，以新闻人之名模糊新闻人和内容审核人员二者之间的边界，其背后也暗含某种职业歧视，这些模糊的、带有偏见的认知，无疑将阻碍内容审核的职业化发展。

2. 社会承认焦虑

内容审核人员和新闻从业者的互动体现在"存在性"，即公众可以感知到内容审核人员的存在，并对这一存在及其工作的结果进行反馈，如用户评价、用户投诉等。工作结果被承认、被认可，将会推动职业的良性发展。在承认视域下，内容审核的职业化发展可以包括身份承认、能力承认、贡献承认。❶ 身份承认指职业身份获得了制度性，职业化发展满足政治导向和需要，也能获得必要的政治支持；能力承认指职业的专业性得到承认；贡献承认指内容审核的工作得到社会认可。在内容审核人员与公众的互动中，内容审核人员并未收获来自外部的贡献承认。公众倾向于认为内容审核人员通过审核和删除内容剥夺了公众的知情权和言论自由，因此将内容审核人员视为维护企业利益的帮手，并为其冠以"水军"或是"黑公关"的污名。受访者 A1 说："某个话题或文章没了之后，大家第一念头一般都是我们给删了，而不是考虑这个东西是不是违规。"受访者 A9 也提到了这种来自外部的误解："有很多人可能不太认同我们这个行业，对我们工作还存在一定的误解，他们可能将这个内容审核和舆论管控联系在一起，觉得内容审核让他们不能看到其他想看到的东西。"

内容审核职业的发展需要来自国家、行业、社会、自我等多个维度的承认与支持。在国家和社会环境层面，内容审核人员获得了天然的社会权力与崇高的社会角色，这也使得内容审核人员拥有了部分自我承认。但隐匿化和后台化的内容审核人员容易招来外部的误解，这种误解体现为，在平台性和社会性的角力中，内容审核人员的平台性超越了社会性，他们仅仅维护平台的利益，而并非维护公众的知情权益，也并非拓展内容的社会价值。这些他者认知与自我认知是互构的，外部对内容审核人员的评价，

---

❶ 张海. 承认视角下我国社会工作职业化发展的现状与趋势［J］. 探索，2016（5）：133.

直接导致了内容审核从业者的承认焦虑。

四、把关人的身份分化、转换与延续

社会分工带来社会角色与职业的新发展。以社会分工的视角来梳理内容审核人员的职业化发展过程，可以窥见：首先，内容审核已经具备了完善的分工条件，获得了相应的社会支持，形成了清晰且成熟的劳动关系。内容审核人员从廉价的数字劳工渐渐发展成为国家承认的规模化和固定化的新兴职业（R1）。其次，通过职业以及行业内部的专业化建构，内容审核职业逐渐形成了相对完善的规范与从业者培育机制，在复杂的内容把关工作中努力建构自身的职业边界，打造职业权威（R2）。再次，当内容审核成为新的社会分工，内容审核人员通过分工获得了稳定的职业身份，强化了身份意识，萌生出职业认同。然而，专业技能的缺失、职业发展的闭塞、工作压力的加剧，冲淡了因身份带来的认同，使得内容审核职业群体内部难以形成稳固的职业情感，群体缺乏了涂尔干所强调的维系职业发展的集体意识与情感（R3）。最后，在与职业群体以外的他者互动时，内容审核职业也存在新的隐忧。一方面，内容审核人员承接了以往传统媒体的工作职责与社会功能，成为新的新闻参与者，把控着互联网内容的流向、状态，扩充着新闻业的边界，使新闻业边界呈现出液化的、融合的状态，也使身处其中的内容审核人员难以明确自己的身份定位。而另一方面，公众对内容审核人员的误解与偏见也将带来社会承认焦虑（R4）。内部情感带来的认同低效与外部评价引发的承认焦虑，共同掣肘内容审核职业的发展，作为数字时代的新把关者，内容审核人员的分工亟待进行合理性调适。

（一）价值共识的专业化构建

在社会分工论中，道德与价值共识是维系社会团结与整合的基础。社会分工使内容审核人员得到了外在性的组织整合，然而内在性的职业伦理与价值共识有所欠缺。尽管内容审核人员通过培训能够获得相应的细致审核标准，但随着舆情指令的更新，存在"铁打的审核，流水的规范"现象，内容审核人员所面临的标准频繁变动，缺乏固定参照；而人工内容审核的机械化使审核员更多以"消耗身体"来开展工作，内部难以凝聚起关于审核的共识。如涂尔干所说，缺乏职业伦理与公共道德的职业群体只能是经济人的集合体，无法承担起重建社会道德的功能；而缺乏内部职业伦理与价值共识的内容审核人员，也难以在"价值"层面对新闻内容进行把关，难以成为智能机器的补充。因此，内容审核的职业化发展还需将目光置于共识价值的专业化建构。一方面，职业与行业要打造共识，内容审核需要构建一套稳固的标准体系，凝聚成关于新时代把关的价值共识，不能让平台审核的商业逻辑凌驾于公共逻辑、新闻价值之上。另一方面，内容审核人员要怀揣社会共识与自我意识，不能成为仅仅依照变动标准点击操作的空心人。

（二）开放有序的职业流动

内容审核人员的职业晋升和发展之路并不多，且每条都是"窄路"。一是以初级审核为基础，逐步走完"初审—审核组长—审核团队管理"的岗位向上流动路径；二是在业务上从审核人员切换为培训人员或舆情分析员。内容审核的职业天花板较低，成为信息分发平台一个较为底层和边缘的岗位。而内容审核人员自身专业性的缺失、知识结构的失衡也使他们的职业流动遭遇阻滞，难以实现劳动角色的转换与升级。平台给予的指令传达式的培训并不会改善内容审核人员低技能化的尴尬处境，其本质是为了确保内容审核人员操作的规范性以及平台内容的合规性，对内容审核人员本身专业性和技术性的提升并无益处，对职业升迁也就并无帮助。

组织规模上的横向扩张并不足以说明职业的良性发展，内容审核职业还需向纵深处迈进。一方面要进一步打造内容审核人员的专业性，通过设立门槛、专业培训等策略形成专业技术，为内容审核人员提供职业升迁与流动的社会资本。另一方面也需要进一步拓展内容审核的职业发展路径，制定可参照、可执行的晋升标准，让从业者在透明可见的、层次分明的职业发展空间中有序流动。

（三）权责分明的人机协作

有学者认为，当下的智能媒体时代，人的绝对主体性地位已经逐渐消融，而处于一种双重位置，在微观层面能够掌控自己的工作，而在宏观的媒介网络层面是媒介网络的一部分，受媒介网络的运转逻辑和技术演进的逻辑影响。❶ 在这一背景下，互联网平台中的内容审核人员与平台的内容生产者以及其他隐形工作者共同构成一个为媒介平台服务的次级网络。呼唤内容审核人员主体性的彻底回归仍遥不可及，但内容审核人员与平台及数字机器之间的协作关系需要重新审思。在现有的内容审核实践中，本是为了处理算法审核遗留问题的人工内容审核人员，却广泛开展着和机器无异的、高度机械化的简单审核工作，凸显了人机关系重新调适的紧迫性。人工内容审核在平台中的位置和角色应重新定位，人工与智能机器的审核任务也应重新再分配。长远来看，内容审核职业的核心任务不只在于清理劣质内容，还应助力提升优质内容的占比。按审核细则进行点击操作的低技能化初级审核工作可以大幅下放给智能机器，新时代把关人要从狭义的过滤者、删帖者转变为广义的信息管理者，从隐匿于后台的肉身机器化身为平台信息管理者，除了通过简单的数据标注对智能机器进行培育以外，还要更积极地统筹平台内容，参与内容讨论，培育平台的内容生态，引导社会形成对更优质内容的追求。

（四）和谐健康的职业生态

内容审核的职业化和长期延续还需倚赖良好的职业生态。长期以来，内容审核人员作为一种"幽灵工作者"隐匿在互联网平台背后，并未获得

---

❶ 吴璟薇，郝洁.智能新闻生产：媒介网络、双重的人及关系主体的重建［J］.国际新闻界，2021（2）：89.

广泛的关注与讨论。2022年初，B站内容审核员工猝死事件❶将内容审核人员这一职业及其工作性质的劳工化推向了公共领域，引发了关于内容审核职业化发展的忧思。要为从业者提供体面劳动的从业环境，首先需要对内容审核人员的工作时长、考核标准、管理制度等进行合理调试，建立行业监管机制，保障从业者的合法权益。其次，需要构建起内容审核职业良好的舆论环境。在认知层面，社会对内容审核人员的了解尚浅，并带着误解和偏见。为此，平台应积极与政府、媒体、公众等保持有效交流与沟通，业界与学界也应给予内容审核人员全面和客观的"可见性"。本章亦是希望在这一方向上做一些尝试。当前，对内容审核人员的报道和研究聚焦于其工作性质的"劳工化"，而对于如何"去劳工化"、如何实现进一步的职业化发展鲜有讨论。本章从分工视角审视互联网平台中内容审核人员职业化现状，是围绕智能媒体时代新闻业迎来的新兴职业进行的一次尝试性阐释，以期增进社会对新时代职业把关人的理解，形成多方合力，推进内容审核工作获得合理的职业化发展。

---

❶ 2022年2月7日，微博用户"王落北"公开了数位粉丝关于B站武汉审核组长25岁的"暮色木心"（ID名）加班导致猝死的爆料，引发公众对网络审核员生存状态的关注。2月8日，B站官方微博发文回应说明，并表示下一步将用最大力度扩招审核人员，同时加强关注审核员工身体健康。

第十五章　5G时代视频产品的测量标准

5G时代即视频时代。大带宽、高速率、广连接为特征的移动传输技术，使视频的应用场景拓宽，屏端无缝交互的收视行为势必成为基本现实，这将给视频行业的传播生态以及产业形态带来深刻的变革，跨屏传播效果的综合评估方式又再次面临革新之迫。早在4G时代，传统的电视收视率由于没有容纳受众的参与行为和互动行为，已经不能作为评估视频节目价值的主要指标来满足内容制作商、播出平台及广告主的需求。由于不同屏端的传受数据的收集方式不同，视频网站的评价指标（大数据）无法和电视收视率（小数据）进行对比性分析，难以综合测量用户的跨屏收视行为。新兴的视频网站及其对应的移动应用快速发展，但对应的收视数据测量分散且以自评为主，难免出现数据水分。电视台、视频平台、内容制作方、广告商及受众测量公司都在吁求推动行业认同的跨屏测量的标准化，促进新的"通行货币"的形成。数据科学手段是否可以解决当下的大小数据的融合问题？算法是否只能被数据垄断的一方所主导？如果以独立的第三方来监管是否有利于受众测量行业的良性发展？本章拟对受众测量新旧体系更迭的必要性展开分析，并试图探究更迭背后的市场逻辑与制度路径。

一、"行业货币"体系的"去中心化"与迭代

收视率调查能够为播出平台、内容制作商、广告主等市场共同体提供认可的基础性数据，是因为它呈现方式相对简单，更新速度快，满足商业运作的效率。因此，电视节目市场长期以来形成了以收视率为"通行货

币"的交易体系。由于视频收视行为的互联网化，收视测量的方法与手段不断创新，以收视率为中心的"货币体系"逐渐受到冲击。不断有新的大数据公司加入收视测量中来，能更好地服务于广告主，传统收视率调查公司主宰的市场话语权被多元主体所削弱。

（一）从唯收视率到唯流量，数据造假成行业顽疾

近些年，收视率造假的新闻不绝于耳，污染样本户、篡改数据等造假手段已经成为公开的秘密。根据媒体报道，目前收视率造假已经成为一条黑色产业链，这一地下网络每年从电视剧产业市场中分羹40多亿元，被称为行业中除制作方、电视台、广告商之外的潜在"第四方"。❶从根源上看，收视率造假之所以成为行业默认法则是由于视听行业的评价标准单一化，电视台、制片方、广告主等行业参与者长期以来主要依靠收视率进行商业交易。即使近年各级电视台也推行了节目综合评价体系，但只作为参考性指标，并没有替代收视率的主体地位。

4G技术被广泛商用之后，从规模和使用率上来看，使用互联网观看视频已经成为大部分网民的习惯。面对网络视频带来的巨大增量，视频行业依靠播放量对节目进行价值评估，实质上沿用了传统电视媒体的测评逻辑，还是以单一化、中心化标准来评判市场占有率。而播放量数据的造假成本更为低廉，因此刷数据、刷榜单才有了"可操作"的市场空间。拼抢播出市场的平台为了刷热话题不断拉高数据基准线，播放量已水涨船高至动辄以亿为单位度量。畸高的流量只能说明受众测量体系的单极格局并没有破除，只不过随着受众收视行为迁徙至互联网，而被新的播出市场主体所主导。

---

❶ 鲁伟.操控收视率［EB/OL］.（2017-01-20）［2022-02-19］.http：//magazine.caijing.com.cn/20170120/4227918.shtml；郭靖宇.起来，与操纵收视率的黑势力决一死战［EB/OL］.（2018-09-15）［2022-02-19］.https：//weibo.com/1864174862/Gzt5EEWml?from=page_1006051864174862_profile&wvr=6&mod=weibotime&type=comment#_rnd1575100768000.

(二) 收视数据需要多元释义，以适应定向应用

传播效果测量也可引入受众的满意度调查，即通过对节目的评价来收集。从电视技术的发展史来观照，受众对节目的交流先是从街头巷尾分化到自家客厅，接而随着网络公共空间的拓展延伸到论坛、微博等平台型媒体。随着诸多屏幕对电视观众的分流，观看行为较少表现为家庭集体行动，而越来越表现为个体行为，只有在少数仪式化场合，以家庭为单位的集体观看行为还保留了下来，如春晚等文化仪式性节目。因而，过去我们对收视率的解读可以包含对受众满意度的效果分析，即集体观看行为下高收视率意味着受众对节目的喜爱程度较高、满意度较高。如今，在个性化收视行为下收视率与受众满意度之间的释义性降低，我们需要引入多元指标来评估节目播出效果。有学者通过研究发现，网络口碑传播会对电视收视率产生影响，甚至直接影响受众的线上、线下的收视行为。❶ 这种影响力还可以进一步表现为长期的或短期的、正向的或负向的。例如，除了网络搜索指数和微话题热度对收视率在短期内有明显的带动作用，微博热议度和微信公众号文章数量对收视率的影响较为长期且负向。❷

由此可见，收视行为的效果分析完全可以引入网络大数据视角，更加有效地、精准地服务于节目内容提供商、媒介播放机构和广告商的价值评判。收视数据也需要加入多维指标来更新传统收视率的统计方式。对于内容提供商和媒介播放机构来说，新的收视数据可以为其制定内容模式来定向满足受众心理；而对于广告商来说，新的收视数据能降低硬广时代的沉没成本，制定可直接变现的精准广告投放模式。5G 时代网络传输速度比 4G 网络快了上百倍，数据回传、内容回传的能力将得以释放，用户在不同屏端的行为数据将可能获得整合，针对用户的收视需求分析也更为精准。

---

❶ 周小普，等.多屏发展背景下网络收视度的影响因素分析——以热播电视剧为例 [J].国际新闻界，2014（12）：127.

❷ 周勇，等.融媒体环境下视听传播效果评估的指标体系建构——基于 VAR 模型的大数据计算及分析 [J].国际新闻界，2017（10）：125.

（三）跨屏测量初起步，新"行业货币"远未成形

通过上文的分析可以看出，视频行业迫切需要跨电视屏、电脑屏和移动屏端的综合测量体系，各类市场主体也开始了这方面的尝试。目前行业内跨屏测量的机构主要分为两类：一是第三方媒介调查研究机构，如广视—索福瑞（简称CSM）和尼尔森网联（Nielsen-CCData）；二是互联网数据服务公司，如国双科技、艾瑞咨询、泽传媒等。目前各机构建立起的测量体系和提供的跨屏测量服务都尚未成熟，处于探索阶段。

CSM在2013年就提出了"全媒体收视率"的测量方案，该方案由电视直播收视率R1、电视时移收视率R2、PC网络视频收视率R3、移动网络视频收视率R4构成。CSM在55个城市推出了电视时移收视率产品，与凯度媒介（Kantar Media）和康姆斯科（ComScore）公司合作，2018—2023年为香港地区提供电视端和PC端、平板端、手机端的多屏同源测量体系。艾瑞咨询也曾使用iVideo追踪器监测国内15家主流视频网站，结合CSM Infosys提供的电视收视数据每月发布"视·屏全接触"报告，但并无测量技术的介绍。

总体来看，目前跨屏测量行业处在独立探索阶段，各机构建立的跨屏测量体系在数据来源、测量方法、指标体系等方面都不尽相同，短时间内出现权威的、公认的测量体系不大可能。行业发展离不开市场主体的多元竞争，但大数据的应用前提是公开的公共数据，只有在大家一致认可的基础数据上，测量指标和测量技术的争论才能纳入同一个对话体系中，因此，建立透明公开的数据库、打破数据壁垒才是推进跨屏测量体系建立的进路。

二、多元市场主体下的数据黑箱

随着网络视频行业的发展，不同的测量体系和指标也在不断建立。目前对网络视频进行测量的主体大致分为两类：一类是视频网站自身，另一类是第三方测评机构。每家视频网站都有一套内部的测量体系，各网站间

的测量指标缺少可对比性。2011年中国互联网协会把日均覆盖人数（日均UV）、视频播放量（VV）、浏览时长（TS）视为视频网站的基本指标，但每家视频网站的体系和测量指标算法都不尽相同。以点击量的算法为例，不同测量主体采取的算法大不相同，有以一个IP完整播放一个视频计算一个点击量的，也有以正片播放20秒算一个点击量的，还有以正片播放1分钟算一个点击量的，而有的平台刷新页面、缓冲、暂停再继续播放也会重新算点击量。不同的计算方法会出现差距巨大的统计数据。这造成了一系列问题，例如，即使是同一内容在不同平台的数据仍不具备融合性和比对性。此外，监测视频网站的第三方机构依据自身的技术向市场提供各类月报、排行和指数等，例如，艾瑞咨询数据提供的视频服务App指数和在线视频PC指数；骨朵数据每月发布的网剧、网络大电影、网络综艺月报等。虽然第三方众多，评价体系丰富多元，各式报告层出不穷，但缺少全行业认可的评价体系。

网络视频测量面临的问题是核心指标无法直接和收视率相比较。例如视频网站经常发布某电视剧播放量破N亿的消息，而同时期该剧收视率通常为0.N%，这样的数字差距总给人电视已经江河日下的错觉。但将播放量通过一定的算法转换成收视率后再进行比较，情况就不相同了。索福瑞副总经理郑维东曾以电视剧《平凡的世界》和《何以笙箫默》为例，将两剧的网络播放量换算成收视率，结果表明电视的收视率较高。❶虽然其立场和算法都不能完全代表真实情况，但这反映出目前网络视频数据满天飞，无法和电视进行对比测量的现状。而将网络视频的各项指标与电视节目评价指标进行科学对比，才能看清网络视频和电视的发展现状，更有利于整个视频行业的健康发展，市场主体竞争导致的数据壁垒是阻碍其发展的主要问题。

综上，国内跨屏测量面临的主要问题有以下三个方面。一是微观上，样本选取中同源测量和多源测量各有利弊，如何平衡二者，达到最优效

---

❶ 郑维东. 大数据对收视率调查的影响及思考［J］. 传媒，2015（21）：10.

果？二是中观上，跨屏测量带来了大数据，怎样进行大数据和小数据的融合？三是宏观上，拥有用户数据的市场参与者众多，它们各自为营，分别建立了独立的调查体系，如何破除行业和数据壁垒，建立标准的跨屏测量体系？笔者认为，微观和中观上的问题可以归结为成本和技术问题，业内已经有了初步的共识或解决方案，目前阻碍行业发展的最大问题是宏观上的行业数据壁垒问题。

微观上，国内外测量机构都认为同源测量是最理想的状态，但当前还难以解决其高成本问题，所以混合测量是当前业内采用的主流模式。如"大综合"模式（旧为主导）和"小分离"模式（新旧分合，各自为营）。❶中观上，大数据与小数据融合虽然是前沿课题，但也有了一定的解决方法。国外多利用两数据集的"连接变量"相勾连从而实现融合。尼尔森（Nielsen）进行数据融合的方法是找数据集的共同特征，包括人口统计信息，例如家庭和个人信息，地理信息媒介使用习惯和产品使用信息等。这些共同特征被称为"连接变量"（linking variables）或"融合钩"（fusion hooks）。❷两种不同来源的数据通过连接变量相勾连，实现数据融合。使用这种方法进行数据融合的可信度与连接变量解释消费者行为（包括产品购买和媒介使用）的能力相关。而连接变量的解释力可以通过算法计算出来。具体的做法是先采集部分样本用户的电视收视数据和互联网收视数据（或其他收视数据）并匹配好，通过训练决策树（机器学习的一种算法）继而进行海量数据的匹配，从而得到电视、互联网等多个媒体的海量同源收视数据。❸

但在宏观上，由于跨屏测量需要结合多屏端数据，而内容运营商、网络运营商、终端设备及应用软件生产商等利益相关方都掌握着大量用户数

---

❶ 刘燕南，张雪静.内容力、传播力、互动力——电视节目跨屏传播效果评估体系创新研究［J］.现代传播，2019（3）：16.

❷ 刘燕南，刘双，刘恬.国外跨屏受众测量的发展特征与思考［J］.中国地质大学学报（社会科学版），2016（6）：104.

❸ 尹培培，周文粲.大数据时代的电视收视调查与跨屏收视研究［J］.广播电视信息，2014（3）：48.

据，所以它们都具有在特定范围内开展受众研究与收视统计的基础与现实空间。❶2018年9月爱奇艺宣布关闭前台播放量，以根据用户行为、时间窗口等复杂指标综合计算的热度值来代替前台播放量，且只对合作方开放。爱奇艺作为强势渠道，表面上是出于肃清行业"唯流量论""唯数据竞赛"的现状而关闭前台播放量，但推行的热度值计算公式并不公开，实则意图率先垄断数据标准的裁量权。算法不公开，行业标准的制定只能是自说自话，沦为平台方针对合作方的一种营销手段而已。随着参与者的增加，整个市场形成了数据多源林立，独立测量体系众多的局面。在收视调查领域，人们追求的理想是"一个市场，一种货币"，即在一个市场上最好由一家公司提供数据，这样有利于"行业货币"标准的统一。❷ 而想在跨屏测量领域实现"一个市场，一种货币"，通过现有市场的商业竞争规律似乎难以达成。网络视频行业一直处于群雄逐鹿的局面，垄断用户数据是其达成投资目的的必要手段。如今，以短视频起家的抖音、快手和以PUGC崛起的微博、B站成为视频流量激增的新平台。经过几年的竞雄，视频行业似乎从未因市场的竞合而打通过数据壁垒，视频形式不断创新，新的平台不断崛起，数据孤岛无法消弭。

三、欧美国家收视测量标准的融合模式

欧美的跨屏测量较国内起步早、经验相对成熟，适当汲取国外经验，探索破除自身问题的新模式不失为一种解决方法。

（一）美国的市场先行模式

美国是通过市场主体的自由竞争和兼并实现了两家巨头企业引领行业标准的局面。自20世纪90年代出现门户网站后，美国的网络受众测

---

❶ 刘燕南，张雪静.跨屏受众收视行为测量：现状、问题及探讨［J］.现代传播，2016(8)：6.
❷ 刘燕南.再谈收视率造假：缘起、技术与监管［J］.现代传播，2012（10）：3.

量行业就发展起来，为后来的跨屏受众测量奠定了基础。木星媒体矩阵（Jupiter Media Metrix，JMM）是该行业的先驱和领导者，以其为代表的网络受众测量带来了更透明的信息、更精细的测量，倒逼传统受众测量机构作出改变。一直致力于提供传统收视率调查的尼尔森媒介测量为了进入新的市场，收购了 JMM 的主要竞争对手网络评级公司 NetRatings，并更名为尼尔森网络评级公司（Nielsen NetRatings）。几年的市场竞争后，JMM 和尼尔森网络评级公司成为网络受众测量市场的两大竞争对手。随着 2002 年互联网泡沫的到来，JMM 经济状况恶化，康姆斯科收购了 JMM 线上受众测量业务，替代其成为尼尔森的主要竞争对手。此后，康姆斯科又陆续收购了多家公司，致力于发展网络测量业务。

随着受众电视观看习惯的改变，市场对跨屏测量的需求越来越多，康姆斯科和尼尔森又开始在跨屏测量领域展开新一轮的竞争。尼尔森从 2006 年开始先后提出了 A2/M2 计划、跨平台测量计划、全受众测量计划，不断增加监测的屏端以满足客户需求。康姆斯科从 2010 年开始进入电视测量领域，先后与多家电视台和机构合作进行跨屏测量探索，2015 年康姆斯科与英国的凯度媒介（Kantar Media）合作，在全球开展 Cross—Media 跨屏测量计划。两家公司基本上主导了美国的跨屏测量行业，形成"一个市场，两种货币"模式。

在监管上，美国形成了行业协会与立法机关协同监管的体制。1964 年，美国国会批准成立行业自律组织媒体收视率委员会（Media Rating Council，MRC）。MRC 有三大职能：制定和实施收视测量的"最低标准"（Minimum Standards）；鉴定相关测量服务是否合格；通过独立审计机构审查相关测量服务。此外，美国国会众议院会对收视调查进行合宪性审查。[1]

---

[1] 吕岩梅，周菁，雷蔚真. 发达国家收视率调查的基本格局、主要方法及监管机制［J］. 文化产业研究，2011（8）：107.

（二）欧洲的监管先行模式

英国、德国、丹麦、荷兰、挪威等欧洲国家则形成了行业协会主导收视调查监管的模式。行业协会发布的数据就代表"行业货币"。

英国广播受众调查委员会（Broadcasters' Audience Research Board，BARB）自1981年成立以来一直代表官方立场发布全国电视观众收视数据，其工作模式是委员会将收视率调查工作拆分成几个部分，委任不同的调查公司进行测量，最后得出的数据由委员会发布。BARB将通过"鸠尾项目"（Project Dovetail）实现跨屏测量，该项目数据来源有二，分别是样本户的回传数据和观看设备的普查数据。测量内容为四部分：搜集线上电视观看的普查数据；测量样本用户在私人电脑、平板电脑和智能手机等不同终端上的观看行为；建成数据融合技术；融合回路数据。该项目的执行方式是BARB和相关公司签订协议，例如，目前BARB和凯度媒介、尼尔森签订了数据融合模型方面的协议，与RSMB签订了调查设计和方法的协议，和易普索莫里（Ipsos MORI）签订了制定调查和样本招募方面的协议，和凯度媒介签订了样本处理、测量仪安装、数据收集和处理方面的协议。❶

丹麦、荷兰和挪威等国家也都有相应的指导委员会来发布官方数据，不过这些国家主要通过和凯度媒介等国外公司签订协议，让国外的调查公司为本国提供服务，例如上文提到的康姆斯科和凯度媒介进行合作后在全球开展跨屏测量（Cross-Media）计划，首先实施该计划的国家就有荷兰和西班牙。

通过上文的分析可以看出，目前我国的跨屏测量行业现状与美国网络受众测量行业发展初期类似，即多家公司进入新行业，市场形成百家争鸣、多标准并存格局。这种状况让行业应用变得困难甚至混乱，而我国的政治环境和经济模式与美国差异巨大，很难通过行业自身竞争形成统一标准。更重要的是，我国的互联网产业发展水平早已超越了美国，视频网站

---

❶ Introduction to BARB［EB/OL］.（2019-11-30）［2022-02-19］. http://www.barb.co.uk/about-us/how-we-do-what-we-do/.

发展势头强劲，随着移动互联网的发展，这些视频网站又将用户发展到手机、平板等新终端上，形成了庞大的网络用户群体，是跨屏测量中的核心数据来源。而目前这些网站的用户数据并不对外开放，这让市场上的第三方调查机构无法获得视频网站电脑端、移动端的后台数据，只能通过前端的有限数据来进行分析。也就是说，目前跨屏测量行业不仅面临竞争者之间的行业壁垒，更面临着视频网站的数据壁垒。虽然测量机构可以与某家视频网站开展合作，但得到的数据也只是局部数据，并不能代表全体网络用户群体。打通测量公司与视频网站的数据壁垒依照美国的市场先行模式在短期内无法实现。那么，欧洲的监管先行模式是否能为跨屏测量提供制度路径呢？

四、第三方监管机制的前景构想

2022年我国5G消息进入商用准备期，通信系统之间的网络制式将得到统一，广电系统与通信系统之间更进一步走向技术融合、形态融合、产业融合。传统的广播电视网络架构和传统的电信网络架构都可能会被新的融合构架所取代，最终构造一个万物互联的智媒大生态系统。基于整个行业的重构之下，受众的收视行为会变革，测量指标会被改写，多屏端收视行为的统一测量愈发亟须找到解决方案。

政策规范上，国内对受众测量行业的监管主要集中于收视率调查方面，在网络测量领域以及跨屏测量领域还没有相应的规范性文件出台。2018年12月，国家广播电视总局试运行"广播电视节目收视综合评价大数据系统"，旨在推动收视大数据调查统计纳入政府部门统计范畴，规范标准体系、项目设置、组织实施、数据发布使用与管理。[1]但从其2019年发布的纪录片收视报告来看，仍然主要服务于传统广播电视行业，既没有

---

[1] 国家广播电视总局、国家广播电视总局广播电视节目收视综合评价大数据系统开通试运行［EB/OL］.（2018-12-26）［2022-05-11］.http://nrta.gov.cn/art/2018/12/26/art_114-40072.html.

涉及网络纪录片，也没有在测量指标中体现多屏端的纪录片收视行为。其实在传统电视收视测量领域，行业协会和监管部门推行的标准也难以落到实处，只能沦为指导性意见。2009年，中国广播电视协会受众研委会推出了第一个行业规范性文件《中国电视收视率调查准则》；2014年，国家标准委批准颁布了国内首个电视收视率调查国家标准《电视收视率调查准则》。但不论是行业规范性文件还是国家标准，其实施情况都不甚理想，想要将纸面上标准落到实处，需要政府各部门和行业携手共同建立行之有效的监管机制，成立一个相对刚性的机构去付诸实施。在监管主体上，跨屏测量涉及电视、互联网视听节目服务、统计等多个行业，国家广播电影电视总局、工信部、国家统计局、国家市场监督管理总局多部门都有监管职责，多头管理导致各机构的责权不明晰，监管效果不佳。

2020年5月15日至6月30日，中央第十一巡视组对中共国家广播电视总局党组开展常规巡视。国家广电总局加大推广应用"广播电视节目收视综合评价大数据系统"。2021年1月，经国家统计局批准，国家广电总局制定、印发了《广播电视节目收视大数据统计调查制度》，将广播电视节目收视大数据统计调查纳入政府统计调查项目管理。❶由此可见，多头管理问题的化解需要在更高层级的制度调整和产业管理的动态博弈中逐渐形成相对稳定的权力主体行动边界。❷

笔者认为，从目前国内的管理现状出发，重新成立一个政府部门的可行性低，而由各部门配合成立一个准政府组织或半官方组织是较好的选择。在成员组成上，第三方监管机构应该得到行业的认同，需要监管部门和行业主体共同协商建立，成员应该包括电视台、制片方、视频网站、广告代理组织等行业代表、专家学者、政府人员、利益相关方等多方，以保

---

❶ 中央纪委国家监委.中共国家广播电视总局党组关于十九届中央第五轮巡视整改进展情况的通报［EB/OL］.（2021-04-22）［2022-05-10］. http://ccdi.gov.cn/yaowen/202104/t20210422_240138.html. 国家广播电视总局.广电总局印发《广播电视节目收视大数据统计调查制度》[EB/OL].（2021-01-12）［2022-05-10］. http://nrta.gov.cn/art/2021/1/12/art_114_54733.html.

❷ 周逵，黄典林，董晨宇.国家与市场之间的"调和人"：传媒转型与治理中行业协会的角色功能［J］.新闻与传播研究，2020（12）：51.

证其行业的协商性、权威性和公信力。在角色定位上，第三方调查机构应该是非营利性的平台。该平台可以和不同的数据调查公司开展合作，制定相应的行业标准，形成一套行业认可的跨屏测量体系，推动"行业货币"的建立，确保行业内相关服务的客观、公正和透明。该机构应该努力推动调查系统各环节的公开与透明，接受大众监督、塑造权威性和认同感。该机构的具体工作目标应该融合美国MRC和英国BARB的职能。首先，需要建立类似MRC的"最低标准"，为国内跨屏测量树立行业标准。其次，由于当前国内跨屏测量市场处于"群雄逐鹿"局面，该机构可像BARB一样将"行业货币"的部分指标分化，交由不同的受众测量公司来参与竞标，待行业逐渐达成共识之后，再将这一职能归还给市场。最后，也是最为重要的，该机构最大的任务是打破国内行业的数据壁垒，力求让各类服务在透明、公正的环境下运行。

5G时代的到来激活了视频行业的发展前景。以往的受众测量工作是在媒介产业发展不充分下所建立的中心化、单极化的测量体系，很难适应当下媒介融合产业背景下的时代应用。我国正在积极主导5G技术国际标准的制定，政府应该借新旧产业破除旧识、迎接新生之际，尽快部署规划，努力促成各方达成跨屏测量标准的共同认知；应该倡导公开、公平的测量原则，为多屏时代视频行业的良性发展打好基础政策架构。

第十六章　互联网视听服务的规制变迁

产业融合（Industry Convergence）就是指原先处于产业分立状态的两个或者两个以上的产业，由于技术、市场、服务和管制等因素的推动，其产业边界逐渐模糊乃至消失，其市场和服务逐渐趋向融合的一种产业现象。它是媒介融合的经济维度中最高级、最深层的融合形式。[1] 媒介融合在早期主要聚焦于电信业和传媒业之间的产业融合，奥诺（Ono）和奥基（Aoki）在1998年构建了一个分析框架，用以揭示电信、广播等媒体信息服务融合的过程，他们指出，从专用平台到非专用平台的转换，以及从低带宽要求到高带宽要求的转换，基本上反映了产业融合的发展方向。[2] 实际上，这仍然是今天传媒产业的融合方向。

近年来随着"互联网+"经济的推广，传媒业与其他相关产业的边界被消融得更甚。互联网超级平台上由于汇聚了海量用户，把垂直市场中的受众聚合在一起，得以实现跨行业的生产、产品、技术、市场、服务等各方面的重构与重组。荷兰阿姆斯特丹大学的媒介研究学者马克·都泽（Mark Deuze）把产业融合与产消融合放在了一个框架下考虑，认为媒介产业融合是跨企业、跨渠道、跨体裁、跨技术的媒介生产与消费的融合。媒介产业融合涉及不同利益相关方的联系与参与，不同媒介公司的并购与重组，技术、价值和创意在生产网络中的流动等。[3]

需要注意的是，由于产业融合离不开政府对产业规制的作用力，比如

---

[1] 傅玉辉. 大媒体产业：从媒介融合到产业融合 [M]. 北京：中国广播电视出版社，2008：25.
[2] ONO R, AOKI K. Convergence and New Regulatory Frameworks: A Comparative Study of Regulatory Approaches to Internet Telephony [J]. Telecommunications Policy, 1998, 22（10）：817-838.
[3] 陈昌凤，吕婷. "互联网+"时代的媒体创新与产业融合 [J]. 新闻与写作，2015（7）：39.

对传媒产业边界的放松以及政府间协作管理等，因此媒介融合的产业维度亦包含了一定的政策意涵。近年来国内学者认同传媒产业规制变革和市场准入的放松是发展媒介融合的前提条件。媒介融合可以提升新闻产品和新闻服务的质量，政策规制的限制和放松是合作能否进行的关键性因素。❶媒介融合作为一种发育中的媒介进化力量，不会从一开始就完美无瑕，而是需要政策规制放大其积极面，规避其消极面，进而使规制力量作为一种建设性的保护力量推动传媒业的理性繁荣。❷政策规制作为政治主导力量，政治、经济与专业协作方式的呈现，需要有足够的勇气善待媒介融合所表现出的行业自理的基本特征。此外，一些学者也开始介绍和引入其他国家和地区对传媒监管模式的变革路径，研究了从分业监管到统一监管、从机构监管到功能监管的模式变迁，且认为随着媒介融合的不断深入，未来传媒监管模式的变革将是一个持续不断的过程。❸

由于互联网业务打破了新老媒介产业之间、媒介产业与电信产业之间的界定，互联网业务的经营权往往无法简单地被归属于某一类产业，传统媒体、新媒体等相关市场主体对牌照的争夺也导致几大产业之间的利益矛盾升级。在此情形下，政府通过设立融合媒介的归管机构，以发放经营牌照的方式达成新老媒体市场的产业融合。

一、经营监管规制

（一）市场准入

我国网络视频服务提供商经营资质的监管，是由国家广电总局实施的前置审批，侧重于网站资格审查和准入控制。在视频网站发展之初，因其数量不多、规模还小，国家对这类网站并未采取一些严格的监管和把控措

---

❶ 喻国明，戴元初.媒介融合情境下的竞争之道——对美国电视的新竞争策略的观察与分析[J].新闻与写作，2008（2）：20.
❷ 朱春阳.媒介融合规制研究的反思：中国面向与核心议题[J].国际新闻界，2009（6）：27.
❸ 李红祥.媒介融合下传媒监管模式的变革[J].新闻爱好者，2010（18）：12.

施。随着视频分享网站的日渐发展和壮大，国家对视频分享网站的监管思路也有了变化（见图 16-1）。

对不同内容进行分类管理 → 颁发播放许可证限制市场准入 → 只能是国有独资或国有控股单位才能从事

图 16-1　我国对互联网视听节目准入经营监管的变化

初期，国家只是对视频分享网站的不同内容进行分类管理，如国家广电总局颁布的《关于加强通过信息网络向公众传播广播电影电视类节目管理的通知》（1999 年）、《信息网络传播广播电影电视类节目监督管理暂行办法》（2000 年）等。而后，政府相关部门颁发了播放许可证来限制市场准入，如国家广电总局颁布的《广电总局关于互联网视听节目服务许可证管理有关问题的通知》（2009 年），这一通知就是对互联网视听节目许可证的审查和监管；直至 2018 年，国家部门要求申请从事互联网视听节目服务的只能是国有独资或国有控股单位，明确规定办理《信息网络传播视听节目许可证》须"具备法人资格，为国有独资或国有控股单位，且在申请之日前三年内无违法违规记录"。其中，国有控股单位包括多家国有资本股东股份之和绝对控股的企业和国有资本相对控股企业（非公有资本股东之间不能具有关联关系），不包括外资入股的企业。这一规定的出台，为国内一批以"国"字号出头的广电、报纸等单位提供了先天优势和政治开放；而在此规定出台前的拥有外资和民营资本的近 200 家视频网站仍旧可以照常运营。

根据国家政府部门出台的规制演进，可以看出政府在视频网站的市场资质上逐步建立起管制和把控。高门槛、严把关的准入制，有利于政府进行监管管理，对于集中力量发展视频网站有一定帮助。

（二）归属地监管

1. 平行归属地监管

在国内，网络用户原创视频侵权引起的官司纠纷越来越多，但是很多原创视频的官司纠纷往往因为管辖归属地不明晰而导致权责不分。最为常见的是用户物理存在地与服务商注册地、传播行为发生地不同所导致的管辖归属不明。

《民事诉讼法》第29条规定，"因侵权行为提起的诉讼，由侵权行为地或者被告住所地人民法院管辖"。最高人民法院《关于适用〈中华人民共和国民事诉讼法若干问题〉的意见》第28条规定，侵权行为地包括侵权行为实施地、侵权结果发生地。侵权行为实施地是指实施侵权行为的地点，又称侵权行为发生地；而侵权结果发生地是指造成损害后果的地点。这些法律条文规定实则形成了"服务器标准"，即只要确定了服务器所在地就可以确定司法管辖权。但是，因为网络是一个具有全球开放性的虚拟空间和平台，网络用户可以在任何地点对不特定的人和原创视频实施侵权行为，同样，侵权结果也极有可能发生在世界的任何一个角落。因此，服务器的物理位置与网络传输不一定有必然联系，而且将一个网络地址和一个特定的法域联系起来更是十分牵强。不仅如此，对网络用户原创视频的侵权行为可分为多个环节，如果侵权环节的地点不同，那么"服务器标准"就不一定适用了，如对网络用户原创视频的侵权编辑地、原创视频的侵权复制地、视频侵权上载地、视频侵权传输地等。所以，传统的归属地管辖法律规定如何合理合法地作为判定侵权行为的法律根据，还需仔细斟酌甚至重新审视。由于直接侵权标准的众多局限性，中美欧的司法实践不约而同地向服务器标准等间接侵权责任方向发展。[1]

2. 自上而下的归属地监管

我国对视频分享网站的监管模式沿袭"自上而下"的传统媒介监管模

---

[1] 刘家瑞.为何历史选择了服务器标准——兼论聚合链接的归责原则[J].知识产权，2017（2）：31.

式，并没有特别考虑到个别城市（如北京市）作为重要产业聚集地的独特性。

以北京为例，北京是视频网站集中注册之地，同时也集聚了很多影视公司。在上级主管部门的政策指导下，北京市发布了一系列加强互联网视频传播监管的规制，取得了显著的效果，但也存在某些问题：一是自上而下式的监管条例无法充分考虑到北京市作为视频产业聚集地的独特性，如许可证的指标数、资格审核时间、侵权案诉讼效率和处罚力度等；二是随着网络用户的增多、传播科技的突破，再加上服务平台的开放，管辖归属问题将会日益加深；三是各部门出台的管理条例各自为章，监管主体重复交叉、监管时机不同等问题均会对监管对象造成困扰。对于侵权案件地方监管机构而言，如何既维护视频服务商版权的合法性，又协调好与其他管辖地区的关系，已成为多起侵权诉讼案件中暴露出来的重要议题。

（三）广告监管

在视频分享网站平台上，通常会出现个人或机构账号利用网络用户原创视频而进行某一产品的营销推广传播现象。这确实是一种精准的产品投放和营销渠道，对于扩大产品知名度和提升广告效用都十分有利。然而，因为对发布视频的用户账号并未完全实行实名制，所以无法对其可能产生的营销传播行为及营销传播的内容进行有效监管。目前，这些灰色区域在国内外都引起了争议。

一是营销账号监管。因为没有具体合法的账号监管措施，这就容易形成视频分享网站上的账号"水军"，尤其是一些产品商家为了推广产品而重复注册视频账号进行视频发布行为，容易混淆网络个人用户原创视频的原创性和真实性，扰乱网络环境秩序。

二是营销传播内容的监管。2016年，国家工商行政管理总局审议通过《互联网广告管理暂行办法》，对于网络广告的制度监管和立法监管还在逐步完善阶段。2018年3月国家工商行政管理总局职责调整，重新组建国家市场监督管理总局，于2021年11月发布《互联网广告管理办法（公开征求意见稿）》公告。在市场监管法律依据不完备的情况下，很容易滋生"问题"广告视频（如常见的未成年人产品或者网络游戏广告）的广泛传播；视频网站"青少年模式"仍存在监管漏洞，使得这部分特殊群体容易暴露在"不良"信息之下。

三是营销方式的监管。一些商家利用视频中插对受众进行"强制"点击或是"陷阱式"营销，让受众不得不点击打开该网页收看某一营销类的视频。那么，对于这类营销方式，也应该通过对其营销行为方式的判定而作出相应的行为监管。

二、版权管理规制

视频分享网站为网民提供了一个信息内容（主要指音视频）的存储空间和发布平台，网民可以在线自行观赏或下载视频。如果网友希望上传自己创作的原创性视频，首先必须注册该视频分享网站成为其用户，在通过简单的审核程序后，用户便可自行上传视频。一般而言，由于其用户基数大、视频数量过多、视频内容繁简不一等，视频分享网站无法一一审核网络用户上传的原创视频是否具有版权侵权问题，这样一来，就给原创视频的版权管理造成了漏洞。具体来说，版权管理又可分为以下三个方面。

（一）原作复制

原作复制即完全复制，没有加入或揉入其他任何有关的创作理念思想。具体表现为网友们原搬复制其他网友上传的原创性视频，从而进行第二次甚至更多次的传播。多数网友的分享行为是基于 P2P 行为，因为网络复制技术的简化和易学性使得分享行为迅速扩散，再经由社交网络平台，P2P 行为极易扩散到基数庞大的受众，最终爆发为群体传播或大众传播。这种由点到点，再由点到面的传播过程容易忽略该分享视频的原始作者，网络上极容易出现一个视频火了，但很难甚至找不到该视频的初始创作者这种情况。

由于互联网原创视频的作者是出于兴趣或娱乐而创作和上传作品,网友的分享行为又并非具有明确的商业目的,即使原作者希望追究侵权责任,网络追责成本太高,往往难于应付。一旦作品具有商业利用的价值,势必会对原作者造成经济损失。

我国对视频分享网站在版权侵权中的权责认定遵循"避风港"原则,即网络内容提供商无监控网络的义务,给予内容提供商在侵权作品上传后合理的删除时间,强调权利人在侵权作品上传后的通知要求,将"合理人"的注意义务作为评价内容提供商有无过错的标准。❶ 例如,《信息网络传播权保护条例》中追究网络服务提供者明知或者应知所链接作品侵权时应当承担的共同侵权责任,但同时也给予了权利人、服务对象与网络服务提供者之间互相通知、处理涉及作品的协调时间。但《信息网络传播权保护条例》对于协调时间的上限没有明示,这些监管不力区域无疑是侵权行为的高发地带。

例如,在服务对象上传之初,视频网站审核稍不严谨,可能并未知晓其侵权性质,过一段时间之后原作者发现侵权并通知视频网站撤销视频,但很可能此时视频网站已经利用其获得的点击率赚取商业利益。甚至,无法规避视频网站投机追责迟滞性而故意侵犯个人版权,获得"避风港"原则的庇佑,占取商业先机谋取经济利益。因此,仅仅依靠视频作者的自我取证和视频分享网站的自查机制,尚无法有效杜绝侵权行为。

(二)二次创作

不同于原作复制,二次创作主要是指发布者在他人的原创性视频基础上加入自我想法和创造。创作者主要从形式上进行二次加工,属于创意衍生品。相比原作复制,二次创作中的"合理使用"(fair use)❷ 与侵权之间的界限更为模糊,更难以对其性质进行识别和辨认。正是因为其侵权辨识度

---

❶ 胡开忠."避风港规则"在视频分享网站版权侵权认定中的适用[J].法学,2009(12):72.
❷ 这项法律规定最初发端于美国,指非版权所有人未经版权人同意而以某种合理方式使用其作品的特权,尽管版权人享有作品垄断权。

低,很难让视频分享网站及相关监管机构发现,这也给原创性视频的版权监管造成了很大阻碍。

网友或一些团队组织对网络用户原创视频的二次创作现象已开始慢慢成为原创作者和网络渠道商的难言之隐。其根源在于经过二次创作后的视频和原视频还是有区别之处,这并不是简单的完全复制行为。一般而言,尊重原作品的署名权,是有效防范版权侵害的一种方法。但二次创作的作品中往往存在忽视、淡化或不规范提示原作署名权的现象,而"拼贴"式原创在网友制作的视频中颇为流行,无疑使得各方利益主体的权利纠纷更为复杂化。

短视频著作权侵权认定的难点在于合理使用认定,理论上讲,二次创作短视频对长视频片段的使用构成"转换性使用",即可认定为合理使用,对原作品使用的"转换性"越强,越有可能构成"合理使用",甚至商业性地使用原作品也可因此而构成合理使用。在短视频版权问题的争议中,最为集中的就是短视频平台的责任承担问题。由于短视频制作者和上传者分散隐蔽、数量庞大,难以追究其著作权侵权责任,即使能一一追究,维权效率低、效果差。而短视频平台不但提供了高效便捷的短视频储存传播平台,而且获得了不菲的广告费收入。事实上,长视频著作权人的一系列维权行动针对的就是各大短视频平台,长视频行业与短视频行业的利益冲突实质上就转化为长视频平台与短视频平台的利益冲突。早期有2012年5月发生的腾讯视频与PPS之间的互诉,索赔金额动辄上亿元。近期有腾讯就《斗罗大陆》版权诉抖音,索赔8亿元。短视频是否构成侵权不像上传长视频那样"非常明显"、容易判断,短视频平民化和种类繁多的特点,决定了短视频侵权事实的状态不再是已然明显,难于达到"鲜艳的红旗"的程度。并且二次创作短视频是否构成合理使用本身具有不确定性,短视频平台难于判断,也不应过分要求短视频平台承担判断是否构成合理使用的注意义务。❶

---

❶ 许春明.行业共治视角下短视频版权保护规则分析[J].中国出版,2021(17):8.

（三）版权交易

互联网原创视频版权属性的不明晰，势必会连带其版权交易。尽管大部分互联网原创视频发端于网民的自娱自乐，并不以营利为出发点，但作为经济生产结构中重要组成部分的"产消者"不可避免地会被卷入利益关系中。实际上，通过互联网原创视频一举成名，从此走上专业创作者的人不胜枚举。网络用户原创视频的版权交易是指原创视频作品版权中全部或部分经济权利，通过版权许可或版权转让的方式给网络渠道商，以获取相应经济收入的交易行为。在网络用户原创视频的版权交易上，版权纠纷屡屡发生。应如何更好地去监管版权交易时间及版权交易细则，这些都是尚待解决的问题。

2021年4月9日，70余家影视视频公司和行业协会发表联合声明，共同呼吁保护影视版权，公众账号运营者和短视频平台要尊重原创、保护版权，未经授权不得对影视作品实施剪辑、切条、搬运、传播等行为。4月23日，"爱优腾"三大视频平台又携超500名艺人发布了联署倡议书，呼吁国家对短视频平台推进版权内容合规管理。❶当前短视频版权保护深受关注的根本原因是长视频行业与短视频行业的利益冲突。

三、内容监管规制

"视频牌照"是互联网业界对《信息网络传播视听节目许可证》的俗称。无论从事专网及定向传播视听节目服务，还是互联网视听节目服务，均须取得《信息网络传播视听节目许可证》，但二者的主体准入条件不同，在业务类别、传输网络、接收终端等事项上也有所区别。具体而言，交互式网络电视（IPTV）、专网手机电视、互联网电视的集成播控服务、内容提供服务属于广播电台、电视台形态的网络视听节目服务，系"专网及定

---

❶ 李不凡.影视剧二次创作：违法侵权当"禁"，合法授权当"立"[N].新京报，2021-04-25（A02）.

向传播视听节目服务"，取得的视频牌照为互联网电视服务许可证、IPTV 服务许可证、移动通信网手机电视集成播控服务许可证。除此以外的通过互联网（含移动互联网）公网向公众提供的视听节目服务，管理对象主要包括视音频网站、视音频客户端软件等，俗称"互联网试听节目服务"，取得的视频牌照为互联网视听节目服务许可证。网络视频牌照的发放从某种程度上导致了网络视频内容提供商与传统电视媒体之间的合作。以"国"字头单位为主，电视台、电台和报社、出版社成为拿到"互联网试听节目服务牌照"最多的机构，其中包括各地报纸和报业集团，这意味着报社的网站将获得从事视频服务的资质。在这种情况下，尚未涉及视频业务却又拥有牌照的报纸和报业集团，为了与其他牌照持有者竞争市场，亟须从其他电视台或视频网站购买内容以填补空白；而尚未获得牌照的民营视频网站，亦会主动与牌照持有者合作，以期获得市场准入的正式身份。

互联网电视服务牌照资源更为稀缺。互联网电视集成平台只能选择连接广电总局批准的互联网电视内容服务机构设立的合法内容服务平台，互联网电视集成平台不能与设立在公共互联网上的网站进行相互链接，不能将公共互联网上的内容直接提供给用户。这就意味着持有互联网电视内容服务牌照的电视台、电台，拥有进入互联网电视集成服务平台的优先权。而对于民营互联网视频服务商而言，在首先取得"视频牌照"之后，同样需要与互联网电视内容服务执证机构合作来获得大批量的节目，然后再与互联网电视集成商之间建立排他性合作关系，❶这样才完全打通了互联网视听市场的播出通道。

综上，国家广电总局通过网络视频服务牌照的发放，建立了一套管控互联网视频内容传播的体系，同时催生了新旧电视媒体发生相互资本渗

---

❶ 持有"互联网电视集成业务"牌照的机构与电视机厂家签订委托植入协议时，协议中应注明：每台电视机中只能植入一个互联网电视客户端，一个互联网电视机客户端中只能嵌入（包括技术支持）一个互联网电视集成平台的地址。对于同一品牌同一型号的电视机，持有"互联网电视集成业务"牌照的机构与电视机厂家签订的委托植入协议应当是排他的，不得再植入其他平台的客户端。但是，同一品牌不同型号的电视机，可以植入不同平台的客户端。

透，进而影响业务及产业的融合。其实我们更应认识到随着手机、平板电脑等新兴传播形式和传播载体的流行，媒介融合带来越来越多的产业边界正在消失，无论是传媒产业内部的边界还是传媒与其他产业之间的边界都变得越来越模糊，由此产生的监管问题也越来越多。例如，手机上网这一融合技术延伸到以视频传播为主的广电产业和以电子支付为主的消费实业，由此产生了电信欺诈等新型社会矛盾与问题。监管主体的混乱，重复监管或零监管的地带，以及监管方式的不明晰，这些现象已然成为当下研究媒介融合规制变革的纵深课题。另外，将研究视野从媒介内部融合拓展到传媒产业边界融合的监管上，有助于解决和缓和新型社会矛盾，最终为建构和谐信息社会服务。

我国对网站传播内容的动态监管主体由十个部门组成，且部分依靠网站的自检系统。2006年，中宣部、信产部（后整合为工信部）、国务院新闻办公室、文化部、广电总局、新闻出版总署等16个部委联合出台的《互联网站管理协调工作方案》中就明确规定，国务院新闻办公室、教育部、文化部、卫生部、公安部、国家安全部、国家广播电影电视总局、新闻出版总署、国家食品药品监督管理局、国家保密局等十个专项内容主管部门负责对互联网内容的监管，被形象地称为"十龙治水"。❶

同样，对于视频网站内容的多头治理容易导致政府部门之间职能交叉、管理职权混乱的局面。又因为一些管理部门和机构对视频网站同时具有审批权，这就容易造成重复立法、缺乏统筹、监管不力的负面作用，影响了视频网站发展。不仅如此，多头管理还易增加视频网站经营成本，影响网站与监管部门的关系。

根据国务院会议精神，推进"三网融合"的基本原则是"统筹规划、资源共享"，将通信网和广电网建设和升级改造纳入国家统一规划，实现互联互通、资源共享，避免重复建设；"分业监管、共同发展"，广电与电信主管部门按照各自职责分工，分别履行行业监管职责，鼓励广电与电信

---

❶ 任军庆.互联网视听节目监管模式研究［J］.声屏世界，2007（8）：54.

企业合作、优势互补，实现共同发展；"加强管理、保障安全"，要改进和完善信息内容监管方式，提高监管能力，保障网络信息安全和文化安全。基本原则中涉及的运营主体、运营市场、运营业务均有交叉，而监管主体虽然强调了合作，但管理仍然是"分业"的。尤其是监管主体的非独立性特征，影响市场公平竞争的监管，当涉及各自利益的时候，难免会出现意见分歧，其结果是实行单方利益保护。❶

从西方发达国家的监管体制来看，美、英、法等国设立了专门的媒体监管机构，专门负责监督和处理多网融合过程中的相关事宜。比如，随着英国视听产业不断发展和壮大，英国政府先后颁布了《2009年视听媒体服务条例》和《2010年视听媒体服务条例》，两次条例的颁布都对先前的《通信法》（2003年）进行了修订，特别对基于互联网的视听新媒体业务形态添加了规制条款。依据这些法则和条例，2010年3月18日，英国Ofcom将视频点播的规制职权授予英国电视点播协会，并将该协会改组为独立于行业利益并以保护消费者为目的规制机构——英国电视点播管理局（ATVOD）。因为视频点播是互联网视频服务的主要形式，因此相比之前在Ofcom笼统的管理下，ATVOD的成立则是明确了互联网视频服务的规制主体。

设置管理权限相对独立的监管机构，明确界定监管机构的监管权责，是发达国家新媒体监管体制的重要途径和手段。该监管体制的最大优点在于监管权力集中，监管行动快捷迅速，避免政出多门，能够有效防止多个监管部门之间相互扯皮、相互推诿。❷

我们应该清醒地看到，目前我国网络立法跟不上互联网发展的速度，互联网管理从现实到法规、从红头文件到法律规范的距离还很远，许多网络新技术、新应用的管理无法可依。网络内容政策法规的颁布主体多达62

---

❶ 石长顺，石婧."三网融合"下的传媒新业态与监管［J］.现代传播（中国传媒大学学报），2010（8）：4.
❷ 张仁汉.视听新媒体协同监管体系建设研究——以国家文化安全为视角［J］.社会科学战线，2016（6）：276.

个，其中新闻出版行政部门、电信主管部门、广播电视行政部门、文化行政部门是参与网络内容治理的主力。网络内容政策法规主要由通知、规定、办法、意见等构成，立法层级仍然较低，颁布主体多元造成交叉立法，不利于监管职权划分。❶

因此，完善相关法律法规，为加强互联网视频的监管提供法律依据，要充分用足用好现有法律法规，加强适用于视频分享网站及网络用户原创视频的司法解释，并根据网络用户原创视频的新情况、新特点进行修订。建议对《互联网信息服务管理办法》等法规进行修订，❷ 特别是对其中有关行政审批主体和网络接入服务方面的规定要进行修改、补充和完善，明确电信主管部门、网信部、网络信息服务管理部门和公安部门在互联网网络接入服务、互联网信息服务方面的职责要求，增加经营性网站注册的条件，提高非经营性网站备案的标准。《个人信息保护法》于 2021 年 11 月 1 日起正式施行，该法明确了对网络用户个人身份信息的保护条款，确保公民个人信息安全，为推行实名制管理创造良好的法律条件，为网络安全保驾护航。但在法律实践层面仍受到更多新兴技术应用的挑战，如 AI 换脸技术、人脸识别技术在互联网视频服务中已有普及趋势，个人身份信息在互联网上"动态生成的行为规范"才应是个人信息保护的重点，这些基于社交活动的身份识别符号（匿称、虚拟肖像、生物识别、文化或社会身份等）并不能为姓名、肖像、名誉、隐私等具体人格权保护所涵盖，个人信息的一系列制度安排有重新梳理和解释的必要。❸

---

❶ 黄先蓉，程梦瑶.我国网络内容政策法规的文本分析［J］.图书情报工作，2019（21）：7-8，10.

❷ 国家互联网信息办公室.《互联网信息服务管理办法（修订草案征求意见稿）》公开征求意见［EB/OL］.（2021-01-08）［2022-05-13］.http://www.cac.gov.cn/2021-01/08/c_1611676476075132.htm.

❸ 陆青.数字时代的身份构建及其法律保障：以个人信息保护为中心的思考［J］.法学研究，2021（5）：3.

后 记

本书是对本人从教十余载的回溯与总结。2011年我获得资助的首个科研项目即是以"传媒产业边界监管"为题，主要关注媒介融合出现后产业边界模糊所引发的媒介规制的变革需求。十年后，边界理论成为新闻传播学科的一项显在研究，这也顺理成章地成为串联我上一阶段学术历程的关键词。

本书大多数章节内容陆续刊发在学术期刊上，按照写作框架略作分类后，更新和增补了部分内容。前期研究成果中受到多位师友的帮助与启发，本人所指导的硕士研究生亦有参与合作，在此一并说明并致谢。

由本人主要撰写的章节包括：第一章（部分内容为"新媒体舆论生态治理研究"课题组的结项报告，本人担任课题组组长，中国政法大学光明新闻传播学院阴卫芝教授亦参与指导）、第二章、第十一章（研究生陈玥彤参与写作）、第十四章（研究生吴林格、朱双健参与写作）、第十三章[有中共中央党校（国家行政学院）公共管理教研部黄振威教授合作，研究生王岚芳、宋昭然参与数据搜集与整理]。

由本人独立撰写的章节包括：第三章（初稿刊发于《湖南师范大学学报（社科版）》2015年第4期）、第五章（初稿刊发于《中国出版》2020年第4期）、第十一章（初稿刊发于《新闻记者》2020年第12期）、第十二章（初稿刊发于《教育传媒研究》2017年第5期）、第十五章（初稿刊于《湖南大学学报（社会科学版）》2020年第4期）。本书在初稿基础上做了修改与补充。

由本人担任第一作者的章节包括：第四章（初稿刊发于《法治新闻传播》2020年第4期，研究生潘红豆是合作者）、第六章（初稿刊发于《传媒》2014年第12期，研究生张娜是合作者）、第七章（初稿刊发于《中国出版》2017年第15期，研究生张艺真是合作者）、第八章（初稿刊发于《传媒》2016年第17期，研究生韩文涛是合作者）、第九章（基于两篇原作整合完善，曾分别刊发于《法治新闻传播》2016年第7期和2017年第10期，研究生李晓芳、张艺真和王芳萍是合作者）、第十六章［部分内容刊于《首都网络文化发展报告》（人民出版社2013年6月）和《媒介融合与融合新闻导论》（湖南师范大学出版社2021年5月），研究生戴晓玲是合作者］。本书在初稿基础上做了修改与补充。

衷心感谢以上作者、刊物编辑对本书的贡献，本人在征得合作者同意后将这些成果收入书稿，并根据全书的体例做了相应的修补与更新，如著述中有不妥之处，由本人承担责任。

黄　金

2022年3月